W0071167

ALEXANDRA ENDRES

WER SINGT, ERZÄHLT
WER TANZT, ÜBERLEBT

EINE REISE DURCH KOLUMBIEN

© *2017 DuMont Reiseverlag, Ostfildern*
Alle Rechte vorbehalten
Gestaltung: Herburg Weiland, München
Titelfoto: laif/Politiken/Mads Nissen (vorne), Sarmiento/Archivolatino/laif
(Rückseite)
Fotos im Innenteil: Alexandra Endres, Waosolo (S.193)
Karte Alexandra Endres, Gerald Konopik, DuMont Reisekartografie
Printed in Spain
ISBN 978-3-7701-8284-8

www.dumontreise.de

INHALT

6

Auftakt

Alles begann am Rand einer Kohlegrube im Nordosten Kolumbiens. Ich stand inmitten einer wüstenhaften Einöde und versuchte, die Ausmaße dieses Tagebaus zu begreifen. Unter mir fuhren Lastwagen und Bagger, die aussahen wie winzige Matchboxautos. In Wahrheit waren sie haushoch, das wusste ich. Dies war eine der größten Steinkohlegruben der Welt, viel größer als die deutschen Braunkohletagebaue im rheinischen Revier oder in der Lausitz.

Ich war hierhergekommen, um die Auswirkungen des Bergbaus zu verstehen, denn die Kohle, die hier gewonnen wurde, war auch für deutsche Kraftwerke bestimmt – und in Kolumbien richtete ihr Abbau großen Schaden an. Nach der Recherche schrieb ich über ermordete Gewerkschafter und darüber, dass andere Gewerkschafter in Lebensgefahr schwebten; über Menschen, die ihre Heimat verlieren würden, weil die Luft, die sie neben den Gruben atmeten, zu schmutzig war, um dort zu leben; und über Kohlekonzerne, die ihr Geschäft trotz allem nachhaltig nannten.

Es war eine niederschmetternde Geschichte. Aber das Land hatte mich gepackt, denn überall, wo ich auch hinkam, begegneten mir die Menschen freundlich, nahmen sich Zeit, öffneten ihre Türen. Vor allem: Sie gaben nicht auf. Sie vermittelten mir Lebensfreude, selbst wenn die Kohle ihre Existenz bedrohte. Als ich zurück nach Deutschland fuhr, ahnte ich, dass Kolumbien viel mehr sein musste als das, was ich gesehen hatte.

Zwei Jahre später kehrte ich zurück – und wieder beschäftigten mich Gewalt und Konflikte viel zu sehr. Es war die Zeit des Präsidentschaftswahlkampfs. Die Friedensverhandlungen zwischen Regierung und Farc gingen in ihr drittes Jahr, und die Auseinandersetzung darüber, ob man mit der Guerilla überhaupt reden soll, wurde unversöhnlich und mit schmutzigen Mitteln geführt. Zugleich wurde Kolumbien immer sicherer. Aber viele Gegenden waren für Reisende immer noch zu gefährlich (und sind es bis heute).

Zehn Wochen lang war ich im Land, arbeitete bei einer Zeitung in Bogotá und reiste zwischendurch, soviel es ging. Und erfuhr erneut, dass Kolumbien viel mehr ist als das allgegenwärtige Klischee von Drogen und Krieg: ein unglaublich vielfältiges Land, landschaftlich und kulturell, mit Regenwald und Wüsten, schroffen, schneebedeckten Bergen, grünen Hügeln und weiten, fruchtbaren Tälern; afrikanisch, indianisch, europäisch und alles zugleich. Vor allem aber mit Menschen, die sich nicht unterkriegen lassen von ihrer gemeinsamen Geschichte der Gewalt. Die dem bewaffneten Konflikt eine unwahrscheinliche Selbstbehauptungskraft entgegensetzen, eine Lebensfreude, getragen von Musik und Traditionen, von ihrer Vorstellung von einem besseren Leben und ihrem Zusammenhalt.

Das ist die vielen unbekannte, die schöne Seite Kolumbiens. Auf meiner dritten Reise wollte ich mich auf die Suche nach ihr begeben und endlich einmal auch über sie schreiben. Davon handelt dieses Buch. Und weil Kolumbien ohne Musik nicht vorstellbar ist, beginnt die Reise hier: mit Trommeln.

Kapitel 1

Trommeln: Cartagena

»Denk an deine Zukunft!«

Tun-*tiki-tak-tun*. Das ist ein ganz einfacher Rhythmus. *Fácil. Simple.* Was für Babys. Aber ich krieg ihn nicht hin. David schaut mich zweifelnd an, dann schlägt er noch einmal auf die Tischkante: *Tun-tiki-tak-tun.* Mal mit flacher, mal mit gekrümmter Hand; mal fest, mal sanft; mal nah an der Kante, mal voll auf die Tischplatte. Jeder Schlag klingt anders, klar, das kann ich hören. Aber es nachspielen? Als rhythmisch im Vergleich zu dem siebenjährigen Jungen, der inmitten von Trommeln, Tänzen und Gesängen aufgewachsen ist, anders begabte Mitteleuropäerin?

Hoffnungslos. Ich setze trotzdem an. *Tak-taka-tak-tak.* David schaut ungläubig, so als wollte er mich fragen, was bloß mit mir schiefgelaufen sei. Die andern am Tisch amüsieren sich sehr.

Ich bin in der Trommelschule der Tambores de Cabildo in La Boquilla, einem Stadtteil von Cartagena de Indias, an der kolum-

bianischen Karibikküste. Nur ein paar hundert Meter entfernt
glitzert ein Sandstrand in der Sonne, türkisfarbene Wellen lecken
träge daran – noch träger sind nur die paar Badegäste, die unter
Sonnensegeln dösen.

Der Strand ist verführerisch. Aber ich bin nicht zum Baden
hier. Vor drei Tagen bin ich in Cartagena angekommen, um zu erleben, wie sie hier an der Küste Musik machen. Eine Freundin hat
mir den Kontakt zu Rafa vermittelt, dem Gründer der Trommelschule, und Rafa hat mich eingeladen, den Samstag in der Schule
zu verbringen. Der Samstag ist ein guter Tag dafür, denn an Sams-
tagen unterrichten sie hier den ganzen Tag.

Vormittags üben die Kinder direkt am Strand, unter einem
Sonnenschutz aus Holz, Palmblättern und Plastik. Sie spielen den
Llamador, die rufende Trommel, die der ganzen Truppe sagt, wo es
langgeht. Sie schlagen den Tambor Alegre, die fröhliche Trommel,
die dem Llamador folgt, und die große Basstrommel Tambora, die
auf einem Gestell liegt und mit Stöcken gespielt wird. Später, am
Nachmittag, werden die älteren Jugendlichen auf Fässern trommeln. Sie sind besonders laut. Ein Mädchen, vielleicht dreizehn,
vierzehn Jahre alt, kann kaum über das Fass schauen, aus dem ihre
Trommel gemacht ist. Aber das macht gar nichts. Sie steigt auf
eine kleine Holzkiste und spielt mit so viel Power, Konzentration
und Präzision drauflos wie alle anderen.

Wenn keine Instrumente in der Nähe sind, nehmen sie hier
alte Farbeimer, Tüten, Flaschen, Plastikbecher, ihre Knie, ihre
Wangen, ganz egal. In La Boquilla verpassen sie jedem noch so
leblosen Ding den Groove. Thiago ist der Jüngste. Vielleicht zwei
Jahre alt ist er und spielt, als hätte er nie etwas anderes in der Hand
gehalten als Trommelstöcke. Mit dem Sprechen klappt es noch
nicht so flüssig.

Unter dem Palmdach am Strand wärmen sie sich jetzt auf für
den Unterricht, denn ein lockerer Körper macht bessere Musik. Die ersten Rhythmen klatschen sie mit den Händen; dann

setzen sich die Kinder gruppenweise an die Instrumente und spielen nach, was die Großen ihnen vortrommeln: laute und leise Rhythmen; schnelle und langsame; zurückhaltende und fordernde. Die Gruppen wechseln sich oft ab, so kommt jeder dran. Zwischen ihnen ist Rafas schmale Gestalt ständig in Bewegung. Er läuft die Reihe der trommelnden Kinder auf und ab, feuert sie an, spielt vor, horcht konzentriert zu, korrigiert – er strahlt die ganze Zeit.

Die Lehrer erklären nicht viel, denn die Schüler lernen nach Gehör und indem sie versuchen, alles nachzuspielen. Eine Methode, die bei mir erwiesenermaßen nicht funktioniert. Aber die Kultur der Afrokolumbianer basiert auf mündlicher Übermittlung. Erinnerungen geben sie hier durch Gesänge weiter, Wissen durch Erzählungen, Können durch gemeinsames Tun. So ist es auch mit der Musik. Eine schriftliche Geschichtsschreibung gibt es hier kaum. Theorie ist was für Anfänger – oder für minderbemittelte Weiße.

Es gibt nur einen Merksatz, den einer der Lehrer immer wieder ansagt: »Wir, die Trommler von La Boquilla, modulieren die Klänge!« Soll heißen: Kinder, variiert euer Spiel und bearbeitet euer Instrument nicht immer stumpf auf die gleiche Art!

»Wir modulieren die Klänge!« – An den Satz erinnere ich mich noch, als wir später ein paar Sträßchen weiter im Hof der Trommelschule beim Mittagessen sitzen. Es gibt Fleisch mit Soße, Kokosreis und Zuckerwasser, alles selbst zubereitet. Mit am Tisch sitzen Rafa und die anderen Trommler, Cecilia, eine Sängerin, und Wilfran, ein strenger Tänzer, der heute gemeinsam mit zwei Kolleginnen und den Kindern eine kleine Choreografie erarbeitet hat. Wilfran fordert von seinen Schülern Disziplin.

Und am Tisch sitzt auch David, der Siebenjährige, Wilfrans Sohn, der keinen Moment vom Trommeln lassen kann und meinem Unvermögen völlig verständnislos begegnet. »Wir modulieren die Klänge!«, sagt sein Blick. Also noch mal: *Tun-tiki-ta-tun*? Diesmal scheint es ein wenig besser zu klappen, jedenfalls ernte

ich Lachen und Nicken von den Erwachsenen am Tisch: »*Sííí!*«
David scheint zufrieden. Vielleicht gibt er auch nur auf, ich kann
es nicht recht erkennen. Wilfran grinst. Er kennt seinen Sohn. David ist ehrgeizig, »und er ist streng mit anderen«, sagt Rafa. Das hat
der Kleine wohl von seinem Vater geerbt.

Rafa – vollständiger Name: Rafael Ramos Caraballo – stammt
aus Cartagena und ist mit den Trommeln aufgewachsen. Klar, dass
auch er als Junge trommeln lernte, vom Vater und vom Großvater.
Rafa wurde Profi und ging mit Totó la Momposina auf Tour, einer
der bekanntesten Sängerinnen Kolumbiens; heute produziert er
Musik und organisiert Kulturevents. Der Entschluss, die Trommelschule zu gründen, sei in einer privaten Krise gefallen, sagt er.
»Es gibt hier in der Karibik so viel Talent.« Talent, das sonst oft unbeachtet bleibt. Jugendliche, die nichts mit sich anzufangen wissen und auf die schiefe Bahn geraten.

Wer in Cartagena den richtigen Nachnamen hat, der die Herkunft aus der richtigen, einer etablierten Familie signalisiert, dem

Im historischen Stadtkern Cartagenas: Passanten suchen Schutz vor der
Mittagssonne, ein Limonadeverkäufer wartet auf Kunden.

steht die Welt offen. Alle anderen müssen nehmen, was übrig bleibt. In der Trommelschule wollen sie etwas dagegen unternehmen, und sie opfern ihre Freizeit dafür. Alle, die heute hier unterrichten, tun das ehrenamtlich.

Je mehr ich von La Boquilla sehe, desto besser verstehe ich, warum sie das tun. Der Ort steht in starkem Kontrast zu dem Cartagena, das Touristen kennen. Links und rechts von ihm erheben sich die schneeweißen Türme der Strandhotels. Es sind moderne Häuser mit allem Komfort, gebaut von internationalen Ketten, die in den vergangenen Jahren in Cartagena investiert haben.

Kolumbien wird friedlicher. Die Touristen kommen, und die Stadt hat, was viele suchen: kilometerlange weiße Strände, Sonne, Meer, eine malerische Altstadt mit dicken Schutzmauern; eine wechselhafte Geschichte, in der Piraten und Freiheitskämpfer, der Sklavenhandel und die Inquisition eine Rolle spielen. Einen Literaturnobelpreisträger, Gabriel García Márquez, der diese Geschichte in seinen Romanen einfing. Abends fahren Pferdekutschen die Besucher durch die historischen Straßen der Altstadt. Es gibt schicke Restaurants. Noble Hotels. Ein prächtiges Theater. Gerade kommt viel frisches Geld nach Cartagena.

Den Leuten von La Boquilla wäre es lieber, die Investoren blieben weg. »La Boquilla wird gentrifiziert«, sagt Rafa. Für die Einheimischen bleibt im wortwörtlichen Sinn kein Platz mehr. Denn die Hoteltürme rücken immer näher.

Früher war La Boquilla ein einfaches Fischerdorf. Doch seit so viel gebaut wird, gibt es keine Fische mehr. Für die Hotels hat man den Zufluss gekappt, der die Lagune an der Küste mit dem offenen Meer verband. Das Gewässer veränderte sich, die Fische starben. Vom Fischfang kann hier deshalb keiner mehr leben. Jeder nimmt, was sonst zu kriegen ist. Während in Cartagenas Altstadt die Wohlhabenden vor dem Problem stehen, sich zwischen vielen schicken Restaurants entscheiden zu müssen, geht es hier schlicht

Auf der Stadtmauer des alten Cartagena. Im Hintergrund erheben
sich die neuen Hotel- und Apartmentkomplexe.

darum, die Familie satt zu kriegen.

Wenn sie Glück haben, bekommen sie einen Job als Zimmer-
mädchen, als Kellner oder auf dem Bau. Wenn sie Pech haben,
bleiben sie daheim und leben von dem, was Angehörige und Freunde nach Hause bringen. Wer Pech hat und nicht daheim bleibt,
wer die falsche Wahl trifft, der wird zum Drogenhändler – oder
Konsumenten. Für Jugendliche bietet La Boquilla keine tollen
Perspektiven. Dass Mädchen aus Sehnsucht nach Zärtlichkeit
und einer intakten Familie früh schwanger werden, ist hier – und
anderswo in den Armenvierteln Cartagenas – ganz normal. Normal ist auch, dass die Elite aus Politik und Wirtschaft sich um solche Verhältnisse nicht schert, solange sie ihre eigenen Schäfchen
ins Trockene bringen kann.

Die schneeweißen Hoteltürme sind den kleinen bunten Häusern des Ortes schon bedrohlich nah gekommen. Manche Fischer
haben ihre Grundstücke verkauft; doch weggezogen sind sie
nicht. Wohin sollten sie auch gehen? Die Nachbarn haben einfach
zusätzliche Trennwände in ihre Häuschen eingezogen, damit jeder

wenigstens ein bisschen Privatsphäre hat, und die Obdachlosen aufgenommen. Jetzt leben alle so beengt, wie man sich das nur vorstellen kann. In manchen Betten schlafen drei Personen, sagt Rafa, mit allen Konflikten, die eine solche Enge verursacht. Das Geld aber, das die Verkäufer für ihre Grundstücke bekommen haben, ist längst verfrühstückt.

Was so ein Leben bedeutet, darüber haben die Kinder der Trommelschule Lieder geschrieben. Eines geht so:

Algunos padres maltratan a sus hijos sin razón, sin razón
Algunos padres maltratan a sus hijos sin razón, sin razón
Te ha crecido la maldad de instinto animal
Te ha crecido la maldad de instinto animal
Cuando maltratan a un niño, siembran ira en él.
Y el corazón se entristece, se entristece, se entristece.
La violencia, la violencia, no sirve para ná
La violencia, la violencia, es signo de maldad.

Manche Eltern misshandeln ihre Kinder ohne Grund.
Manche Eltern misshandeln ihre Kinder ohne Grund.
In dir ist das Böse gewachsen, der tierische Instinkt.
In dir ist das Böse gewachsen, der tierische Instinkt.
Wenn sie ein Kind misshandeln, säen sie Wut in ihm.
Und das Herz wird traurig, wird traurig, wird traurig.
Die Gewalt, die Gewalt führt nirgendwohin.
Die Gewalt, die Gewalt ist ein Zeichen des Bösen.

Ein anderes:

Hijo no es cualquier cosa que tú lo coge, lo compra, lo vendes,
lo empeña en la esquinaaaa
Hijo no es cualquier cosaaaa
Piensa, piensa en tu futuro

Y en lo bueno de la vida y en lo que te ha dado el mundo
Escucha consejo antes de quedar embarazada
Piensa, piensa en un futuro
Piensa en tu familia
Piensa en las cosas que ya no podrás hacer
Piensa en las cosas que quizás quieras hacer

Kind, es ist nicht irgendetwas, das du an der Ecke nimmst,
kaufst, verkaufst, worauf du dich einlässt.
Kind, es ist nicht irgendetwas.
Denk nach, denk an deine Zukunft.
Und an das Gute im Leben und daran, was die Welt dir
gegeben hat.
Hör auf Ratschläge, bevor du schwanger wirst.
Denk nach, denk an deine Zukunft.
Denk an deine Familie.
Denk an die Dinge, die du nicht mehr tun können wirst.
Und an die Dinge, die du vielleicht tun willst.

So singen sie von Gewalt, Drogen und frühen Schwangerschaften
und schlagen im Takt auf ihre Fässer. Die Stimmen der Mädchen
sind noch dünn. Aber die Trommeln klingen entschlossen: Denk
an deine Zukunft!

Das ist der Sinn der Schule, sagt Rafa: »Sie soll Impulse geben,
damit die Kinder und ihre Familien sich Gedanken darüber machen, was aus ihnen werden kann. Damit sie in ihrer freien Zeit,
sagen wir: keine Angebote wählen, die ihrer Entwicklung, ihrer
Ausbildung, ihrer Gesundheit schaden.« Stattdessen, hofft er, sollen sie ihre kreative Energie in die Musik lenken.

Es scheint zu klappen. Beim Üben am Strand ist von den Pro-
blemen nichts zu spüren. Die Sonne scheint, die Trommeln klingen,
ein Bus fährt vorbei, wenige Meter entfernt steigen Touristen in
Bikini und Badeshorts ins Meer. Die Kinder bemerken sie nicht.

Sie sind mit Feuereifer und hochkonzentriert bei der Sache. David, der Siebenjährige, und zwei andere Jungs suchen sich in der Mittagspause eine ruhige Ecke, in der sie weiter üben können, ohne die anderen zu stören. Weil gerade keine richtigen Trommeln in der Nähe sind, benutzen sie alte Farbeimer.

Als David, mein strenger Lehrer, mich entlassen hat, wird der Mittagstisch aufgehoben. Rafa und ein paar Lehrer ziehen sich zu einer Besprechung zurück, die anderen dösen im Hof: Siesta im Schatten. Cecilia und ich sitzen vor dem Haus.

»Cecilia, seit wann singst du?«, frage ich sie.

»Seit ich denken kann, schon als kleines Mädchen«, lautet ihre Antwort. »Ich habe immer gesungen, und um mich herum war immer Musik. Aber ich bin nie auf die Idee gekommen, dass sie einmal meine Berufung werden könnte.«

»Welchen Beruf hast du denn gewählt?«

»Ich habe Bakteriologie studiert. Und in meiner Freizeit weiter gesungen. Dann suchten Freunde eine Sängerin für ihre Gruppe, und von da an war klar, was ich wirklich machen wollte. Jetzt studiere ich Musik, ich bin fast fertig. Und ich habe Kontakt zu den alten, erfahrenen *cantaoras* gesucht. Ich bin mit ihrer Musik aufgewachsen, von ihnen kann ich viel lernen. Sie singen, aber sie sind viel mehr als nur Sängerinnen. Wenn sie singen, erzählen sie eine Geschichte. Daher kommt ihr Name.«

Ich weiß, dass der Begriff *cantaora* sich aus zwei Worten zusammensetzt, *cantar*, singen, und *orar*, was so viel bedeutet wie predigen, öffentlich beten oder sprechen. Aber was heißt das genau?

»Sind Cantaoras Predigerinnen?«, frage ich Cecilia.

»Sie kommentieren den Alltag«, erklärt sie mir. »Sie singen, wenn die Sonne untergeht, während sie durchs Dorf gehen, und wenn sie sich um ihre Kinder kümmern. Sie besingen wichtige Ereignisse: die Ernte, das Wetter, die Arbeit der Fischer und der Bauern. Eine Cantaora singt von dem Ort, aus dem sie stammt, und von der Gemeinschaft. Sie assistiert bei Geburten. Sie kennt heil-

kräftige Pflanzen. Sie singt, wenn jemand stirbt, um ihn auf seinem letzten Weg zu begleiten, und sie bejubelt die bessere Welt,
die den Verstorbenen erwartet. Es ist eine ganz alte Tradition.
Aber in den Städten geht sie leider verloren. «

Von Cecilia lerne ich, dass die Cantaoras das lebende Gedächtnis der afrokolumbianischen Gemeinschaften sind und in ihnen
eine wichtige spirituelle Rolle spielen. Ihre Gesänge helfen den
Menschen, nicht verrückt zu werden, bei sich zu bleiben ange-
sichts der Gewalt und Diskriminierung, die viele ertragen müssen.

Welche Bedeutung ihre Lieder – und die Musik – für die afrokolumbianischen Gemeinschaften besitzt, hat der Kulturforscher
und Journalist Alfredo Vanín Romero einmal in einem Satz tref-
fend beschrieben: *El que canta, cuenta, el que baila, vive.* Wer singt,
erzählt, wer tanzt, lebt.

»Cecilia, bist du auch eine Cantaora?«, möchte ich wissen.

»Nein, so weit bin ich noch nicht. Manche jungen Frauen nennen sich zwar selbst Cantaoras, aber in Wahrheit sind sie ganz normale Sängerinnen. Das bin ich auch: eine professionelle Sängerin,
eine, der diese Trommelschule sehr am Herzen liegt.«

»Kannst du mir zeigen, was eine Cantaora über den Unterricht
von heute Vormittag singen würde?«

Spontan improvisiert Cecilia ein Lied für mich. Ganz zart beginnt
sie, der Melodie hinterherspürend, aber dann wird ihr Gesang fester, und sie klatscht den Rhythmus mit den Händen. Sie singt:

»Fröhlich gehe ich und singe, gehe und singe.
Fröhlich gehe ich und singe.
Ich gehe und singe, gehe und singe. Fröhlich gehe ich und
singe.
Fröhlich, fröhlich gehe ich und singe.
Fröhlich gehe ich und singe.

Dieser wunderschöne Morgen war ein Fest.
Fröhlich gehe ich und singe.
Oh, dieser wunderschöne Morgen war ein Fest.
Fröhlich gehe ich und singe.
Und das ist noch nicht alles,
denn heute Nacht singe ich auch.
Um Euch zu zeigen, dass es mich auch
zum Bullerengue hinzieht.
Fröhlich, fröhlich gehe ich und singe.
Fröhlich gehe ich und singe.
Fröhlich, fröhlich singend gehe ich,
Fröhlich gehe ich und singe.
Und das ist noch nicht alles,
denn heute Nacht singe ich auch,
um Euch zu zeigen, dass es mich auch
zum Bullerengue hinzieht.
Fröhlich, fröhlich singend gehe ich ...«

Die Bullerengue ist ein afrokaribischer Musikstil aus Trommeln, Händeklatschen und Gesang; die Musiker lernen durch Nachahmung und Übung, so ähnlich wie in Rafas Schule. Mehrmals singt Cecilia, lächelnd, mit sanfter Stimme, und jedes Mal ist der Text ein wenig anders. Die trommelnden Kinder kommen darin vor, ihre Begeisterung fürs Üben, die Freude der Lehrer, die strahlende Sonne. Ich bin hingerissen. Ich kenne ihre Stimme auch ganz anders, dunkel, kraftvoll und selbstbewusst, wie ich sie mit den Trommlern habe singen hören. David hört uns zu und holt seine Instrumente heraus, gebastelt aus zwei mit Kunstleder bespannten Farbeimern. Er fängt an, Cecilia zu begleiten. Jetzt will auch er mir zeigen, was er kann.

Viel später, am Abend, fahre ich mit Rafa durch die unbefestigten Straßen von La Boquilla, auf dem Weg zurück in die Innenstadt von Cartagena. Über dem Meer geht gerade die Sonne unter und färbt den Himmel in einem spektakulären Rosa. Die Leute sitzen draußen in der milden Abendluft, hören Musik und unterhalten sich. Drinnen haben sie ohnehin kaum Platz. Rafa muss immer wieder anhalten, weil Kinder nach ihm rufen: »Rafa! Hallo, Rafa!« Dann grüßt er sie und fragt: »Wie geht's? Warum warst du heute nicht im Unterricht? Ah, du hattest zu viel zu tun. Aber nächste Woche sehen wir uns, oder?!«

David wird dann bestimmt auch wieder dabei sein. Ich leider nicht, denn meine Reise führt mich schon bald weiter. Aber seit ich David kenne, habe ich unterwegs ab und zu geübt: Tak-taka-tak-tak! Manchmal, bilde ich mir ein, klang es schon ein wenig wie Tun-tiki-ta-tun. Zumindest an guten Tagen.

Die Heldenhafte

Die Altstadt von Cartagena, Weltkulturerbe seit mehr als dreißig Jahren, ist wie ein bewohntes, lebendiges Museum – mit ihren bunten Häusern aus der Kolonialzeit, den alten Kutschen, die übers Pflaster holpern, und der dicken Festungsmauer, die sich um die Altstadt zieht. Auf dem Wall flanieren Touristen. Sie ziehen vorbei an den Straßenhändlern, die ihnen mit erfundenen Geschichten Schmuck aus falschen Steinen aufzuschwatzen versuchen, und den schweren Kanonen, die – immer noch aufs Meer gerichtet – die Heldentaten längst vergangener Schlachten bezeugen.

Jetzt, Ende Juli, sind die Tage in Cartagena besonders heiß. Ich sitze in einer Schießscharte, den kühlen Stein der Stadtmauer im Rücken. Von hier aus habe ich einen guten Blick auf den Hafen und zugleich auf die Häuser der Altstadt. Das Beste an meinem Platz ist aber, dass die Löcher in Cartagenas Schutzwall die Luft anziehen wie Kamine. In der Stadt herrscht ein feuchtwarmes, schwüles Klima. Doch an mir vorbei streicht unaufhörlich eine leichte Brise.

Nicht weit entfernt steht das ziegelrote Eckhaus, in dem Gabriel García Márquez gelebt und gearbeitet hat. Er setzte dem his-

torischen Cartagena – und angeblich auch seinen Eltern – ein
Denkmal mit dem Roman »Die Liebe in den Zeiten der Cholera«,
der Geschichte von Florentino Arizas, der sein Leben lang Fermi-
na Daza geliebt hat. Sie aber erhörte den Arzt Juvenal Urbino und
wurde ihm in der Kathedrale von Cartagena angetraut. Erst nach
dem Tod Urbinos, in hohem Alter, erfüllte sich Arizas' Verlangen,
und die beiden kamen zusammen. In »Von der Liebe und anderen
Dämonen« erzählt García Márquez von den Grausamkeiten der
Inquisition, die im 18. Jahrhundert in Cartagena sehr mächtig war.
Touristen kommen in die Stadt, um die Schauplätze seiner Roma-
ne zu besuchen.

Sie kommen auch, um die alte Pracht Cartagenas zu bestau-
nen. Die Stadt war einst reich – ihre alten andalusischen Paläste
innerhalb der Festungsmauer lassen erahnen, wie reich. Hier belu-
den die Spanier ihre Schiffe mit dem Gold aus den Kolonien, das
ihre Kriege in Europa finanzieren sollte, und sie entluden Waffen
und Pferde für die Eroberung des Kontinents. Cartagena war einer ihrer wichtigsten Handelshäfen in ganz Südamerika. Das
machte die Stadt zur begehrten Beute. Piraten griffen sie über
Jahrhunderte immer wieder an. Einer von ihnen war Sir Francis
Drake, der Cartagena 1586 einnahm, um die zweihundert Häuser
niederbrennen ließ und erst abzog, als man ihm ein Lösegeld von
107.000 Goldmünzen, Schmuck, Kirchenglocken und Waffen
übergab. Danach beschlossen die Bürger, ihre Stadt mit einer
Mauer zu schützen. Fast zweihundert Jahre später widerstand sie
dank des Walls einer erneuten Belagerung durch die Engländer
und galt fortan als uneinnehmbar.

Cartagena ist eine wehrhafte Stadt geblieben, und sie zelebriert ihre kriegerische Vergangenheit bis heute. Die kolumbianische Kriegsmarine hat in Cartagena ihren wichtigsten Stützpunkt.

Cartagena, die Heldenhafte *(la heroica)*, die allen Angriffen wi-
derstanden hat; die Ummauerte *(la amurallada)*; die Stadt des Gol-
des und des Magischen Realismus. Das ist die offizielle Geschich-

te, die hier gerne erzählt und stolz vermarktet wird. Ihr fehlt jedoch ein großer Teil. Denn was meist unerzählt bleibt, ist die Geschichte der Menschen, die man in Afrika versklavte, in Schiffe pferchte, zu Tausenden nach Cartagena brachte und hier verkaufte. Sklaven mussten die Stadtmauer bauen, mit der sich ihre spanischen Herren vor Angriffen schützten. Ihr eigenes Schicksal verbesserten sie dadurch nicht.

Es gibt einen Sklavenplatz in Cartagena, die Plaza del Esclavo, aber nur wenige kennen ihn noch unter diesem Namen. Einst befand sich dort der größte Sklavenmarkt in ganz Südamerika. Heute heißt der Ort Plaza de los Coches, weil hier, direkt neben der Stadtmauer, die Kutschen parken und auf Kundschaft warten. Händler bieten unter den Arkaden Nüsse, Trockenfrüchte und Sonnenhüte feil; Touristen fotografieren die alten Gemäuer und die vier *palenqueras,* die auf dem Platz Mangos, Papayas und Erdbeeren verkaufen. Die dunkelhäutigen Frauen mit ihren leuchtend bunten Turbanen und Rüschenröcken geben ein malerisches Motiv ab, doch ihre Geschichte hat mit Obstverkauf reichlich wenig zu tun.

Die Spanier selbst waren im transatlantischen Sklavenhandel nicht aktiv, aber sie brauchten Arbeitskräfte in der Landwirtschaft und den Goldminen der Pazifikküste. Für die Sklavenschiffe anderer Kolonialmächte, vor allem der Portugiesen, wurde Cartagena deshalb zum wichtigsten Anlaufpunkt in ganz Südamerika. Im 17. Jahrhundert soll pro Jahr rund ein Dutzend dieser Schiffe hier im Hafen eingelaufen sein, an Bord eines jeden Hunderte Menschen, unter Deck mit Ketten so gefesselt, dass sie sich auf möglichst wenig Platz transportieren ließen. Wenn es stimmt, was moderne Skulpturen zeigen, wurden die Versklavten im Schiffsbauch quasi bewegungsunfähig gestapelt. Viele starben auf der Fahrt, viele andere wurden krank. Ihre Händler interessierte das nicht, für sie war die Überfahrt trotz der Verluste ein gutes Geschäft.

Manchen der Versklavten gelang in Cartagena die Flucht. Im

unwegsamen Dschungel gründeten die entlaufenen *cimarrones*
wehrhafte Siedlungen, die *palenques,* so genannt nach den Palisaden,
die sie umgaben. Die Palenques waren die wehrhaften, ummauerten
Siedlungen der Schwarzen. In ihnen fanden sie Schutz vor ihren
weißen Verfolgern. Die Bewohner der Wehrdörfer wurden Palen-
queros und Palenqueras genannt. Das ist die Geschichte, die hinter
den vier Obstverkäuferinnen auf der Plaza steckt.

Im Dschungel an der kolumbianischen Karibikküste gibt es
diese Wehrdörfer heute noch. Ein Beispiel ist San Basilio de Pa-
lenque, etwa fünfzig Kilometer von Cartagena entfernt, dessen
Bewohner angeblich schon im Jahr 1691 von der spanischen Krone
zu freien Menschen erklärt wurden. Sie sollen die ersten freien
Schwarzen in ganz Lateinamerika gewesen sein.

Erst 1851 wurde die Sklaverei in Kolumbien verboten, da war
das Land schon mehr als dreißig Jahre unabhängig. Die Lebensum-
stände der Befreiten verbesserten sich aber kaum. Viele von ihnen
entschieden sich, eine möglichst große Distanz zwischen sich und
ihre ehemaligen Herren zu legen, und zogen sich wie die Palenque-
ros zurück in den unwegsamen Dschungel. Bis heute ist die Bevöl-
kerungsmehrheit in den unzugänglichsten Gebieten Kolumbiens
schwarz; vor allem an der Pazifikküste, dort, wo es keine Straßen
gibt und man nur mit dem Boot oder dem Flugzeug vorankommt.

An der Plaza de los Coches ist von diesem Unabhängigkeitskampf kaum etwas zu spüren. Nur am Stadttor Richtung Hafen
erinnert ein Schild an die Afrikaner, die hier ihren Widerstand begannen. Seine Inschrift ermahnt jeden Bürger Kolumbiens, keinen Rassismus zu dulden. Es ist ein ziemlich neues Schild, angebracht vom Kultusministerium. Etwa zehn Prozent der Einwohner
Kolumbiens haben afrikanische Wurzeln. Das Land beginnt erst
jetzt, sich um ihre Geschichte zu kümmern.

Einen Ort aber gibt es in Cartagena, an dem es um die Geschichte geht: das Kloster San Pedro Claver. Es liegt ganz in der
Nähe des Hafens in der Altstadt, und es ist mein nächstes Ziel.

Der Heilige der Sklaven

Wenn alle anderen schliefen, immer freitags tief in der Nacht, wanderte der Heilige durchs Kloster. Niemand sollte sehen, wie er sich selbst Schmerzen zufügte. Auf dem Kopf trug San Pedro Claver einen Dornenkranz, in der Hand hielt er ein Kreuz. Beide Gegenstände sollten ihm helfen, sich tiefer in seine Meditation zu versenken. Denn der Heilige, der im 17. Jahrhundert in einem Kloster in Cartagena lebte, wollte das Leid Jesu besser verstehen. So hat es zumindest ein Zeitgenosse von ihm aufgeschrieben.

Fünfhundert Jahre später stehe ich in Clavers ehemaliger Klosterzelle. Es ist ein schmaler, bis auf wenige Möbel karg eingerichteter Raum, in dem feuchte, warme Karibikluft steht. Es gibt zwar zwei kleine Fenster, aber sie lassen kaum ein frisches Lüftchen herein. Durch sie blicke ich auf eine Mauer, Bauzäune, Sandsäcke und ein Moped unter einem Baum. San Pedro Claver soll von hier aus den Hafen gesehen haben.

An der Wand hängt ein Schild, zu Ehren des Heiligen, das beschreibt, wie er in seiner Zelle der ständigen Plage der Stechmücken ausgesetzt war, wie er weder Licht zum Lesen und Schreiben hatte noch einen anderen Komfort. Das Bett ist schmal. Die Matratze dünn und hart. Aber San Pedro Claver, so steht da, hat ohnehin meist auf dem Boden geschlafen, den Kopf auf ein Holzscheit gestützt. Seine Zelle war vollgestopft mit Lebensmitteln, Kleidung und Medikamenten: Er selbst brauchte davon so gut wie nichts. Die Sachen waren Spenden der Leute von Cartagena für die Sklaven, denen San Pedro Claver half.

Sobald ein Sklavenschiff im Hafen einfuhr, machte er sich auf zur Mole, um den überlebenden Ankömmlingen Zwieback, Wasser, frisches Obst, Datteln, Tabak und Wein zu bringen. Die Kranken nahm er auf, um sie gesundzupflegen. Sie lagerten in einem großen Raum im Kloster, nur ein paar steinerne Stufen von seiner Zelle entfernt. Heute fällt durch die Fenster des ehemaligen Krankenzimmers helles Sonnenlicht. Draußen strahlen die Hochhäuser des modernen Cartagena mit zahnpastaweißen Yachten um die Wette.

Im Kloster zeigen Ölgemälde und Skulpturen das Leben von Pedro Claver. Der Heilige scheint ein ernster Mann gewesen zu sein, mit gleichmäßigen Gesichtszügen und schmalen, im Alter eingefallenen Wangen, der nie aus dem Kloster ging, ohne den dunklen Ordensmantel der Jesuiten anzulegen. Man sieht, wie er die Versklavten missioniert, die hoffnungsvoll zu seinen Füßen sitzen – Hunderttausende soll er getauft haben; wie er brutalen Sklavenhaltern in die Arme fällt, wenn sie die Menschen misshandeln wollten; wie er einem dankbaren Sklaven die Zukunft zeigt; wie er ehrerbietig seinem Lehrmeister zuhört, dem Ordensbruder Alonso Rodríguez. In der Personalakte sollen dem Heiligen mittelmäßige Fähigkeiten bescheinigt worden sein, außer in einem Punkt: dem spirituellen Talent für die Mission unter den Schwarzen.

Fast vierzig Jahre lang lebte Pedro Claver in Cartagena, bis er dort am 8. September 1654 nach langer Krankheit mit über siebzig Jahren starb. Zu seiner Beerdigung kam angeblich die ganze Stadt. Die Sklaverei hatte da noch fast zweihundert Jahre Bestand, und etwas mehr als zweihundert Jahre dauerte es, bis Pedro Claver 1888 heiliggesprochen wurde.

Die Verehrung für ihn könnte nicht größer sein als in diesem Kloster in Cartagena. Aber irgendetwas ist merkwürdig. Irgendetwas stört mich. Erst im Nachhinein wird es mir klar: In der Ausstellung geht es – natürlich – allein um den Heiligen. Alle Exponate rühmen seine Aufopferungsbereitschaft, die sicher außergewöhnlich war, zumal für die Zeit, in der er lebte. Doch vor lauter Bewunderung haben die Macher der Ausstellung das Verbrechen völlig aus den Augen verloren, das damals an Hunderttausenden Menschen begangen wurde, die man in die Sklaverei zwang, entwurzelte, schwer misshandelte und ermordete. Dass so viele starben, auf der Überfahrt krank wurden, von ihren Käufern geschlagen oder gar umgebracht – in dieser Ausstellung dient all das vor allem als Vehikel, um den Ruhm des Heiligen zu mehren.

Die einzige aktiv handelnde Person ist hier, im Kloster von Cartagena, der Heilige. Die Sklaven aber kommen nur als Objekte vor. Im besten Fall sind sie Empfänger seiner Mildtätigkeit. Kein Wort sehe ich in der Ausstellung beispielsweise über die Palenques, obwohl Pedro Claver sie besucht haben soll, um die geflohenen Cimarrones zu unterstützen. Deshalb galt er als Aufwiegler, obwohl der Heilige die Sklaverei als solche gar nicht bekämpfte. Er wollte den Leidenden einfach helfen.

Draußen geht ein tropischer Regenguss nieder. Ich schlendere durch den Kreuzgang, vorbei an hohen, sattgrünen Palmen und Mangobäumen, in denen Papageien krächzen.

Nebenan, in der Kirche des Klosters, gerate ich mitten in eine Generalprobe. Fünf junge Männer in blaugrauer Uniform gehen gemessenen Schrittes zum Altar. Einer trägt ein Kreuz, er geht voran. Weihrauch steigt auf. Fünf Frauen, ebenfalls in Uniform, folgen den männlichen Rekruten; eine trägt ein dickes Messbuch. Vorne am Altar beobachten ein paar Offiziere aufmerksam die Szene, dann setzt einer zu einer Rede an. Er spricht ziemlich gravitätisch und voller Pathos. Es geht um eine bedeutungsvolle Sache. Aber wegen des Halls kann ich nicht verstehen, was er sagt.

Was passiert hier? Ich frage einen der vielen Rekruten, die sich in den Kirchenbänken mit ihren Handys die Zeit vertreiben, gleichgültig gegenüber den anscheinend wichtigen Proben. Er erklärt es mir: Zum Gedenken an die ruhmreiche Seeschlacht von Maracaibo, die sich in diesen Tagen jährt, wird hier morgen früh um acht Uhr ein Festgottesdienst zelebriert. Ob ich nicht auch teilnehmen möchte?

Die Seeschlacht von Maracaibo im Jahr 1823 gilt als eine der wichtigsten im kolumbianischen und venezolanischen Unabhängigkeitskampf. Ich werde über die Einladung nachdenken. Vorher

aber gehe ich am Abend noch ins Theater von Cartagena. Auf dem
Programm steht eine besondere Aufführung.

Tänzer

Als ich auf dem Theatervorplatz eintreffe, dämmert es bereits.
Noch sind die Türen geschlossen, aber das Publikum wartet auf
Einlass. Entspannt plaudernde Leute im Studentenalter, Eltern
mit jugendlichen Kindern, ältere Paare. Bekannte begrüßen ei-
nander fröhlich mit Wangenküsschen. Es ist immer noch warm.
Ein Händler verkauft von seiner Dreirad-Rikscha aus Wasser und
Softdrinks. Ich nehme ihm eine gekühlte Cola ab.

Autos fahren vor, festlich gekleidete Gäste steigen aus. Dann
öffnen sich die Türen für alle. Drinnen empfängt uns italienisch-
karibischer Prunk: Türen aus weißem Carrara-Marmor, Treppen
aus dem gleichen Stein, die angeblich als Ganzes mit dem Schiff
über den Atlantik hierhertransportiert wurden; vergoldeter Stuck,
roter Samt, Balkone, diskrete Logen, mit kunstvoll geschmiede-
ten Gittern voneinander getrennt. Dieses Theater wurde gebaut,
um zu repräsentieren. Eröffnet wurde es am 11. November 1911
zum hundertsten Unabhängigkeitstag der Stadt.

Gleich wird hier die Compañía del Cuerpo auftreten, eine
Kompagnie aus Cartagena mit eigener Tanzschule, dem Colegio
del Cuerpo. Ich suche mir einen Platz weit vorne, und Álvaro Restrepo betritt die Bühne. Er bewegt sich in seiner dunklen, schlichten Kleidung auf so unauffällige Art elegant, wie nur Tänzer das
können.

Wir haben uns vor zwei Jahren kennengelernt, als ich zum ersten Mal in Cartagena war und Álvaro in den Räumen seiner Kompagnie auf einem Uni-Campus außerhalb der Stadt besuchte. Die
Büros waren dekoriert mit alten Tourplakaten – eines davon aus
dem Kampnagel-Tanztheater in Hamburg, wo die Truppe mehrmals aufgetreten ist – und afrikanisch anmutenden Reisemit-

bringseln. Álvaros Familie stammt aus Cartagena. Er studierte in New York zeitgenössischen Tanz, brachte dort sein erstes eigenes Stück auf die Bühne und entschloss sich dann doch, zurück in seine Heimat zu gehen, weil er glaubte, hier mehr bewirken zu können, künstlerisch und sozial: »Wenn wir es nicht schaffen, die Ungleichheit zu überwinden, dann wird dieses Land nie Frieden finden.« Das ist der Ansporn für seine Arbeit in Cartagena, auf den Punkt gebracht in einem Satz.

Kolumbien ist ein wirtschaftlich tief gespaltenes Land. Die Ungleichheit zwischen Arm und Reich ist hier größer als in den meisten anderen Ländern Lateinamerikas, und in Cartagena ist sie besonders groß. Die Gesellschaft der Stadt sei sehr verschlossen, sagt Álvaro. »In gewisser Weise steckt die Mauer noch in den Köpfen.« Sie zu durchbrechen, dazu soll seine Tanzschule beitragen. »Ich hatte schon immer diese Obsession: zu erreichen, dass diese Gesellschaft sich als ein einziger Körper versteht. Nicht so fragmentiert.« Kunst und Bildung hätten die Macht zu zeigen, dass Menschen allein aufgrund ihrer Person wertvoll seien. »Wertvoll wegen ihres Talents«, sagt Álvaro, »nicht, weil sie etwas besitzen.«

Seit fast zwanzig Jahren unterrichtet das Colegio del Cuerpo in Cartagena nun schon Kinder aus den Armenvierteln in zeitgenössischem Tanz. Zuerst nahmen nur rund zwei Dutzend Kinder an der Ausbildung teil. Inzwischen aber haben rund 8.500 Jungen und Mädchen die Kurse durchlaufen. Manche von ihnen waren so gut, dass sie das Tanzen zu ihrem Beruf gemacht haben. So entstand im Laufe der Zeit die Compañía del Cuerpo. Auch Wilfran Barrios, der Vater von David aus der Trommelschule, hat früher im Colegio del Cuerpo getanzt. Heute ist er Direktor seiner eigenen Tanztruppe, der Corporación Cultural Atabaques, benannt nach einer Trommel.

»Ich dachte, dass es hier Talent gibt, bei dem ganzen afro-mestizischen Erbe der Stadt«, sagt Álvaro, »ich wusste nur nicht, wie viel.«

»Ich dachte, dass es hier Talent gibt. Ich wusste nur nicht, wie viel.« Álvaro Restrepo, Tänzer, Choreograph und Direktor der Compañía del Cuerpo

Als ich ihn vor zwei Jahren traf, waren in Kolumbien gerade Sommerferien, und auch das Colegio und die Compañía del Cuerpo machten Urlaub. Heute will ich seine Schüler tanzen sehen.

Auf der Bühne stellt Álvaro mittlerweile das Konzept seiner Tanzschule vor. »Wir sind eine Gemeinschaft von Menschen, die die gleiche Würde haben«, sagt er. »Und wir sind wie ein Tier, das auf vier Beinen stehen muss, um graziös gehen zu können. Ein Bein ist die Bildung. Das andere die Kunst. Das dritte das soziale Engagement. Und das vierte die Politik. Alle Beine sind gleich wichtig.«

Auf dem Programm steht ein Querschnitt durch die Arbeit der Schule. Im Laufe des Abends werden die Profis tanzen, die Kinder und auch die Jugendlichen, die schon sehr fortgeschritten sind. Zwei von ihnen stehen kurz vor der Aufnahme in die Kompagnie. Álvaro wird immer wieder erklären, was sie tun und mit welchem Ziel.

Die Profis eröffnen das Programm. Ein Leonard-Cohen-Stück erklingt vom Band, gesungen von Cohen im Duett mit Sharon Robinson: *Alexandra Leaving*. Auf der Bühne tanzen sie dazu ein intimes, poetisches Spiel aus Annäherung und Distanz. Ein Paar begegnet sich, umgarnt sich, verknotet sich ineinander und löst sich wieder; manchmal sieht es so aus, als würden beide Partner einander tragen. Das Duett dauert, bis einer von beiden in die Kulissen eilt und von einem anderen Tänzer abgelöst wird. Oder von einer Tänzerin, denn das Geschlecht spielt hier keine Rolle.

Tanz sei eine Metapher für die Liebe, sagt Álvaro. Denn um gut zu tanzen, müsse man miteinander arbeiten – nicht gegeneinander, wie beim Wettkampfsport. Man müsse den eigenen Körper kennen, aber auch den Körper des anderen achten und auf ihn eingehen. Seine Schüler sollen genau das lernen. Es zu unterrichten ist für Álvaro ganz praktische Versöhnungsarbeit: »Indem wir mit diesen Jugendlichen arbeiten, entziehen wir dem Krieg den Nachschub an Leuten. Das hilft uns, das Land aufzubauen, das wir alle verdienen. Und schließlich in Frieden zu leben.«

Versöhnung für Kolumbien – das Ziel taucht in Álvaros Arbeit immer wieder auf. *Inxilio* heißt eines seiner Stücke, ein aus zwei Wörtern zusammengesetztes Kunstwort, das so viel bedeutet wie internes Exil. In Kolumbien leben rund sechs Millionen Menschen als Vertriebene im eigenen Land. Mehr gibt es nur noch in Syrien. In *Inxilio* kommen die Überlebenden des kolumbianischen Bürgerkriegs zu Wort. Und bei einer Aufführung vor vier Jahren in Medellín trat Präsident Santos auf der Bühne in Dialog mit ihnen. Álvaro sagt, es sei eine »Hommage und ein symbolisches Wiedergutmachungsritual« für die Opfer des Krieges.

Jetzt betreten die Schüler des Colegio del Cuerpo die Bühne. Sie tragen dunkle Trikothosen, schlichte T-Shirts, sind barfuß und zeigen, hochkonzentriert, Grundpositionen des klassischen Balletts. Álvaro erklärt dem Publikum, wie wichtig Disziplin und die Freude am Training sind. Dann lässt er die Kinder wild über die

Bühne springen, »so verrückt wie ihr nur könnt!« Sie sollen sich möglichst viel Freiraum nehmen, ohne einander dabei in die Quere zu kommen. Auf Álvaros' Zeichen stoppt die wilde Jagd. Jedes Kind hält seine Pose, manche seltsam verrenkt mit einem Bein in der Luft und schiefem Oberkörper. Manche wackeln. Aber viele schaffen es doch, die Körperspannung zu halten und bewegungslos zu verharren. Sie kriegen ein besonderes Lob vom Chef.

Dann tragen Jugendliche einander über die Bühne. Den Partner sicher von einem Ort zum anderen zu bringen, lautet ihr Auftrag. Die getragen werden, klammern sich an ihre Partner, manche in merkwürdiger Haltung, sogar kopfüber hängend. Die Träger gehen sehr aufrecht, sehr langsam, sehr sicher, und sie blicken sehr fokussiert geradeaus. »Die karibische Kultur ist laut und sehr extrovertiert«, sagt Álvaro später. »Sie glauben gar nicht, wie viel Arbeit es war, diese meditative Konzentration zu erreichen.«

Die schwarze Geschichte Cartagenas begegnet mir auch hier wieder, ganz am Ende des Abends, als die Profis einen Ausschnitt ihres neuen Stücks *Negra/Anger* präsentieren: die Wut der Schwarzen. Das Stück bezieht sich auf einen Begründer der Négritude, Aimé Césaire, der zu der Zeit, als die europäischen Kolonien unabhängig wurden, für die politische und kulturelle Selbstbestimmung der Schwarzen kämpfte. Es thematisiert die Verschleppung der Versklavten über den Atlantik; es erzählt von der Sängerin Nina Simone, die sich gegen ein Land auflehnte, das sie nicht als das ihre empfand; und schließlich zitiert es die peruanische Choreografin und Komponistin Victoria Santa Cruz, die ein starkes Gedicht über Rassismus und Selbstbewusstsein geschrieben hat. Dann stehen zweiunddreißig Tänzerinnen und Tänzer am Bühnenrand und schreien die Worte der Peruanerin ins Publikum, wütend, herausfordernd, stolz: *Negra! Negra! Negra! Negra! Negra Soy.* Also: Ja, ich bin schwarz!

Später finde ich das Gedicht im Netz. Es geht so:

Tenía siete años apenas,
¡Qué siete años!
¡No llegaba a cinco siquiera!
De pronto unas voces en la calle
me gritaron ¡Negra!
¡Negra! ¡Negra! ¡Negra! ¡Negra! ¡Negra! ¡Negra! ¡Negra!
(...)
Y me sentí negra,
¡Negra!
Como ellos decían
¡Negra!
Y retrocedí
¡Negra!
Como ellos querían
¡Negra!
(...)
Hasta que un día que retrocedía, retrocedía y qué iba a caer
(...)
¿Y qué?
¿Y qué?
¡Negra!
Si
¡Negra!
Soy
(...)
De hoy en adelante no quiero
laciar mi cabello
No quiero
Y voy a reírme de aquellos,
que por evitar -según ellos-
que por evitarnos algún sinsabor
Llaman a los negros gente de color
¡Y de qué color!

NEGRO

¡Y qué lindo suena!

NEGRO

¡Y qué ritmo tiene!

NEGRO NEGRO NEGRO NEGRO

NEGRO NEGRO NEGRO NEGRO

NEGRO NEGRO NEGRO NEGRO

NEGRO NEGRO NEGRO

Al fin

Al fin comprendí

AL FIN

Ya no retrocedo

AL FIN

Y avanzo segura

AL FIN

Avanzo y espero

AL FIN

(..)

NEGRO NEGRO NEGRO NEGRO

NEGRO NEGRO NEGRO NEGRO

NEGRO NEGRO NEGRO NEGRO

NEGRO NEGRO

¡Negra soy¡

Ich war kaum sieben Jahre alt. Ach was, sieben Jahre! Ich
war noch nicht einmal fünf! Plötzlich, ein paar Stimmen auf
der Straße. Sie schrien mir hinterher: Schwarze! Schwarze!
Schwarze! Schwarze! Schwarze! Schwarze! Schwarze!
Schwarze! [...] Und ich fühlte mich schwarz. Schwarz! So
wie sie es sagten. Schwarz! Und ich wich zurück. Schwarz!
So wie sie es wollten. Schwarz! [...] Bis ich eines Tages, als
ich zurückwich, zurückwich und gleich fallen würde. [...]
Und dann? Und dann? Schwarze! Ja. Eine Schwarze! Das bin

ich. [...] Von heute an will ich mein Haar nicht mehr glätten. Ich will nicht. Und ich werde über die Leute lachen, die Schwarze Farbige nennen, um – wie sie sagen – Missstimmungen zu vermeiden. Und welche Farbe! SCHWARZ. Und wie schön das klingt! SCHWARZ. Und was für einen Rhythmus das hat! SCHWARZ SCHWARZ SCHWARZ SCHWARZ SCHWARZ SCHWARZ SCHWARZ SCHWARZ SCHWARZ SCHWARZ SCHWARZ SCHWARZ SCHWARZ SCHWARZ SCHWARZ. Endlich. Endlich habe ich verstanden. ENDLICH. Ich weiche nicht mehr zurück. ENDLICH. Und schreite sicher voran. ENDLICH. Ich schreite voran und hoffe. ENDLICH. [...] SCHWARZ SCHWARZ SCHWARZ SCHWARZ SCHWARZ SCHWARZ SCHWARZ SCHWARZ SCHWARZ SCHWARZ SCHWARZ SCHWARZ SCHWARZ SCHWARZ SCHWARZ. Ich bin schwarz!

Nach der Aufführung gibt es einen kleinen Empfang für die Tänzer und geladene Gäste. Das Colegio del Cuerpo finanziert sich durch Spenden – heute Abend sollen auch Geldgeber geworben werden. Ich bleibe nicht lange, denn mein Jetlag treibt mich zurück ins Hotel. Aber ich verabrede mich für den kommenden Tag mit Álvaro und seinen Tänzern. Der Gottesdienst der Kriegsmarine muss leider ohne mich stattfinden.

Proben

Am nächsten Morgen warte ich vor den Toren der Stadt auf Ricardo, einen der Tänzer, der versprochen hat, mich hier abzuholen und zum Campus zu bringen. Es ist noch früh, aber die Straßen sind schon voller Menschen. Mopeds hupen, Radfahrer schlängeln sich am Verkehr vorbei, Busse spucken die Leute aus, die zum Arbeiten in die Altstadt müssen. Auf den Gehsteigen ist kaum ein

Durchkommen. Fast alle Passanten strömen durchs Stadttor hinein in den Bezirk innerhalb der Festungsmauern.

Ricardo und ich wollen woandershin. Mit anderen Tänzern warten wir in einem Park neben der Altstadt auf den Kleinbus des Colegio del Cuerpo, der uns zur Uni Jorge Tadeo Lozano bringen soll. Deren Campus liegt ein paar Kilometer vor der Stadt. Wir warten. Und warten. Karibische Gemütlichkeit? Von wegen. Je höher die Sonne steigt, je wärmer es wird, desto mehr ist Ricardos Ungeduld zu spüren. Kein Wunder, er musste nach dem gestrigen Abend früh raus, um pünktlich hier zu sein, und jetzt wird er womöglich versetzt. Schließlich telefoniert er dem Fahrer des Busses hinterher: »Wo seid ihr? Wir warten hier!«

Irgendwann steht der weiße Bus doch da, und es geht los. Wir fahren am Meeresufer entlang, lassen die modernen Apartment- und Hotelkomplexe linker Hand liegen. Im Bus schweigen alle, manche dösen. Es scheint spät geworden zu sein gestern. Ein Kollege, bekomme ich mit, ist gar nicht erschienen.

Nach ein paar Kilometern steigt Marie France Delieuvin zu, eine Französin, die Colegio und Compañía del Cuerpo gemeinsam mit Álvaro Restrepo gegründet hat. Sie wird die Proben leiten; Álvaro kommt später nach. Ich frage sie, warum sie sich entschieden hat, nach Kolumbien zu kommen, wo das Leben hier doch so viel schwieriger ist als in Europa. »In Europa ist die Kunst tot«, sagt sie. »Ich habe hier Intellektuelle gefunden, Philosophen, Künstler. Alles, was ich brauche.« Das Geld sei zwar immer knapp, aber gerade das halte die Kreativität lebendig.

Zur Kompagnie gehören zehn Profis und zwei Tänzer in Ausbildung. Die meisten Männer haben im Colegio del Cuerpo angefangen zu tanzen. Die Frauen kommen eher von außerhalb. Das habe mit dem Machismo zu tun und dem konservativen Frauenbild, das in Kolumbien immer noch herrsche – unter den Armen noch mehr als anderswo, erklärt man mir. »Die Mädchen müssen mehr im Haushalt helfen als die Jungs, deshalb kommen viele irgendwann nicht mehr zum Unterricht. Manchen wird es auch verboten.« Selbst die möglichen Berufsaussichten ziehen dann nicht mehr als Argument: »Die Mädchen sollen einfach heiraten.«

Heute proben sie Fragmente eines Stücks, das sie dem japanischen Tänzer Kazuo Ohno gewidmet haben. In der Übungshalle ist es heiß. Draußen gleißt die Sonne; drinnen verschaffen nur ein paar Ventilatoren den Tänzern etwas Kühlung. Wieder macht Leonard Cohen den Anfang – Álvaro verehrt den kanadischen Sänger. *If it be your will*, singen die Webb Sisters. Es ist ein Lied wie ein Gebet: Wenn es Dein Wille ist, werde ich schweigen ... Dazu drehen sich die Tänzer langsam im Kreis. Alle tragen rote, weite Rüschenröcke, die sie mit den Händen zum Halbkreis auffächern.

Die Röcke spielen später noch eine zentrale Rolle. Weil sie so weit sind, kann man sie gut knoten – und mit den dadurch entstehenden Beulen zum Beispiel die Hüften betonen, wenn Hüftwackeln angesagt ist. Oder die Knie eng zusammenhalten, wenn es darum geht, sich nahezu bewegungsunfähig zu winden. Das Erstaunliche ist, dass sich die Tänzer selbst in dieser unbequemen Lage noch bewegen, als ließen sich ihre Körper durch nichts einschränken.

Marie France schaut zu, korrigiert, ruft: »Du bist zu langsam!« Später wird die Musik dramatischer. Die spanische Sängerin Silvia Pérez Cruz singt mit Flamenco-Gefühl ein Gedicht von Federico García Lorca: *Pequeño Vals Vienés*, Kleiner Wiener Walzer. Es geht um Liebe, Trauer und Tod. Leonard Cohen hat auch dieses Gedicht vertont: *Take This Waltz* heißt sein Stück.

Ich hatte geplant, die Tänzer am Nachmittag noch zum Unterricht im Viertel Arroz Barato zu begleiten. Doch dann muss die Stunde ausfallen – wegen eines heftigen Tropengewitters mit sintflutartigem Regen, der die unbefestigten Straßen unpassierbar macht; und weil eine Besuchergruppe nicht gekommen ist, die ursprünglich dabei sein sollte. Ihr Flug wurde umgeleitet, heißt es, weil der Flughafen von Cartagena vorübergehend gesperrt ist. Sie werden es nicht mehr rechtzeitig schaffen. Auch das Taxi, das ich rufe, um zurück zu meiner Unterkunftzu fahren, einem kühlen, verwinkelten Haus aus der Kolonialzeit, nur ein paar Schritte von der Stadtmauer und dem Meer entfernt, braucht ewig, bis es beim Unicampus ankommt.

Später erfahre ich den Grund für Sperrung und Verspätung: Präsident Santos ist eingeflogen, um den Festivitäten zum Ehrentag der Kriegsmarine beizuwohnen. Er nimmt eine Parade im Hafen ab, mit Kriegsschiffen, Helikoptern und allem Drum und Dran. Auch Marie France wird wegen ihm das Flugzeug verpassen, mit dem sie am Nachmittag abreisen wollte.

Die Altstadt, *revisited*

Zwei Tage später führt die Compañía del Cuerpo Fragmente von *Flowers for Kazuo Ohno* im Innenhof des Klosters von Santo Domingo auf, im Zentrum der Altstadt von Cartagena. Die Duette zu *Alexandra Leaving* sind so intim und kraftvoll wie ein paar Tage zuvor, doch diesmal dauert die Harmonie nicht an. In ruckartigen, puppenhaften Bewegungen, mit verzerrten Gesichtern und durch gezielte Kollisionen erzählen die Tänzer von den Zwängen, denen Menschen im Leben unterworfen sind, von der Macht tierischer Triebe und vom Schmerz, den zwischenmenschliche Anziehung und Zurückweisung zuweilen auslösen kann. Marie France lässt die Tänzer Masken tragen, die ihnen ins Gesicht rutschen. Irritieren lassen sie sich davon nicht. Ebenso wenig wie von den reifen Mangos, die von einem Baum auf die Tanzfläche fallen. Glücklicherweise wird niemand getroffen. Die roten Röcke werden aufgefächert, dann geknotet, und zu einem fröhlich-frivolen Stück trägt die Truppe glitzernde Abendkleider in Pastellfarben. Marie France hat sie im türkischen Fachhandel in Deutschland entdeckt, wie sie mir erzählt. Sie freut sich immer noch über den Fund.

Den Abschluss des Tages feiern sie dann ein paar Schritte entfernt im Schiffsmuseum, nahe am Meer. In der Altstadt herrscht
Partystimmung, Trommler ziehen durch die Straßen, ein Gin-Bike
mit schon ziemlich betrunkenen Fahrgästen kreuzt unseren Weg,
ein Tourist streitet mit einem Mangoverkäufer, der ihm zu viel
Geld abgeknöpft hat.

Im Museum geht es gediegener zu. In einem großen Arbeits-
raum werden Wein und Häppchen gereicht. Architekturstuden-
ten aus ganz Lateinamerika stellen hier ihre visionären Entwürfe
für die Umgestaltung Cartagenas aus. Einer von ihnen will dem
Hafen ein riesiges, im Wasser stehendes Tor verpassen. Um den
Zugang zur Stadt vom Meer her repräsentativer zu gestalten, sagt
er. Auf mich wirkt die Idee ziemlich monströs. Ein anderer hat
sich große Wassertanks ausgedacht, die Überschwemmungen verhindern sollen. Denn Cartagena, auf sumpfigem Boden an der
Küste gebaut, versinkt langsam. Und der Meeresspiegel steigt.

Als die Gesellschaft sich auflöst, gehe auch ich zurück in meine Unterkunft. Gerne würde ich noch länger bleiben in dieser ge-
schichtsträchtigen Stadt mit so viel Musik. Ich würde Rafas Trommelschule noch einmal besuchen, den Tänzern der Compañía del
Cuerpo bei ihren Proben zuschauen, Cecilia singen hören, und
vielleicht würde ich von David wenigstens ein bisschen trommeln
lernen. Aber anderswo werde ich schon erwartet. Am nächsten
Tag reise ich weiter die Küste entlang nach Osten. Mein nächstes
Ziel ist Santa Marta, eine Stadt zwischen Meer und schneebedeckten Bergen.

Kapitel 2

Poporos: Santa Marta

Durch die Sümpfe

Kurz vor Mittag besteige ich den Minibus nach Santa Marta. Ich bin spät dran, was mir den besten Sitz einbringt, gleich neben dem Fahrer. Er verstaut mein Gepäck auf dem Gang, direkt vor der einzigen Tür – mehr Platz ist nicht –, dann geht es los, die Küste entlang Richtung Osten. Auch Santa Marta liegt am Meer. Hinter mir im Bus döst eine Handvoll *mochileros*, Rucksackreisende, junge Frauen und Männer, eingeklemmt zwischen ihrem Gepäck.

Auf der Fahrt aus Cartagena hinaus passieren wir Baustelle um Baustelle. Schneeweiße, mehrstöckige Hotel- und Apartmenthäuser ragen in die Höhe, Panoramafenster blicken Richtung Meer. Die weißen Blöcke sehen genauso aus wie die Bauten, die La Boquilla bedrängen. Hier wird ganz offensichtlich investiert.

Hinter der Stadtgrenze wird die Straße schmal. Wir durchque-

ren Mangrovensümpfe. Zwischen den Bäumen blitzt Wasser auf,
Kanäle öffnen sich, manchmal sieht man Bretter, aus denen anscheinend jemand notdürftig einen Wetterschutz gezimmert hat.
Ob hier Menschen wohnen? Der Bus fährt so schnell, dass ich keine Einzelheiten erkennen kann.

Der Fahrer konzentriert sich auf die Straße und hat ganz offensichtlich keine Lust zu plaudern. Von hinten kommt kein Laut.
Auch ich werde schläfrig – und bin plötzlich wieder hellwach: Auf
der Gegenfahrbahn kommt uns, einer Fata Morgana gleich, nicht
nur ein, sondern gleich ein ganzer Trupp Rennradler entgegen.
Um viertel nach zwölf, auf einer ziemlich leeren Straße, in der
größten Mittagshitze. Ich weiß, viele Kolumbianer sind radfahr-
verrückt, nicht erst seit der zähe, dünne Nairo Quintana im Jahr
2014 den Giro d'Italia gewonnen hat. Aber sich hier zu verausga-
ben, um diese Tageszeit, unter der stechenden tropischen Sonne?
Dafür muss man wahnsinnig sein.

Obwohl wir die Stadt längst hinter uns gelassen haben, hören
die Baustellen nicht auf. Hochhäuser ragen aus dem Uferdickicht
empor, Werbeschilder zeigen die strahlenden, sauberen Ferienan-
lagen, die hier direkt am Meer entstehen sollen. Sandige Bauplät-
ze klaffen wie Wunden in der dichten Vegetation. Irgendwann
queren wir den Magdalena-Fluss, der ein paar hundert Meter weiter nördlich ins Meer mündet. Auch am Fluss wird gebaut. Gleich
neben der Brücke, über die wir fahren, stehen drei haushohe Be-
tonpfeiler, die später, wenn der vierte dazugekommen ist, eine
noch viel größere Brücke tragen sollen. Es ist ganz klar: Diese
Küste wird aufgemöbelt, damit bald noch viel mehr Besucher
kommen können.

Je weiter wir nach Osten kommen, desto trockener wird die
Landschaft. Die Bäume ducken sich unter der Sonne; an ihre Stelle treten Gestrüpp, spärliches Gras und vertrocknete Büsche. Sil-
bergrau glänzen sie in der grünbraunen Vegetation. Zwischen ihnen recken sich ein paar einsame Kakteen. Die Erde glitzert, wie

gesalzen. Sie sieht aus, als würde sich unter der trockenen Oberfläche noch eine ganze Menge sumpfiger Schlamm verbergen. Und irgendwo da drüben muss Wasser sein, denn Reiher stehen starr im Salzgeglitzer und warten auf Beute. Auf der anderen Straßenseite rollen die Wellen der Karibik schäumend an den Strand.

Als wir uns La Ciénaga nähern, dem Hafen kurz vor Santa Marta, schwimmen Hütten im Sumpf. Manche sind über hölzerne Stege zu erreichen, andere werden von Booten angesteuert. Auf dem Wasser wohnen Menschen.

Wir fahren auf eine weitere Brücke, und als hätten wir ihn bestellt, kreuzt unter uns ein Kohlezug unseren Weg: eine gelbrote Lok, gefolgt von einer langen, unendlich scheinenden Schlange offener Waggons voller schwarzer Kohlestücke. Der Zug fährt diese Strecke oft, denn La Ciénaga ist einer der beiden wichtigsten Kohlehäfen des Landes. Draußen auf dem Meer drängen sich die großen Frachter im Dunst. Sie warten, bis sie an der Mole anlegen können, um die Kohle aufzunehmen. Viele von ihnen werden Kurs Richtung Europa nehmen, sobald sie beladen sind, andere fahren in die USA.

Kolumbien gehört zu den größten Kohleproduzenten der Welt; von La Ciénaga aus sind die Tagebaue der nordöstlichen Provinzen La Guajira und César nicht weit. Zu ihnen gehört auch die große Kohlegrube von El Cerrejón, die ich auf meiner ersten Reise nach Kolumbien besucht habe.

Unser Minibus taucht ins Tal; die Bucht von Santa Marta kommt in Sicht. Bevor wir erneut das Meer erreichen, passieren wir am Eingang der Stadt bunte Häuschen, gelb, grün und rot gestrichen, die sich an erodierte Berghänge klammern. Sie sehen nicht aus, als hätten sie Anschluss an irgendeine Art von öffentlicher Infrastruktur. Oder als würden sie einem tropischen Starkregen standhalten.

In der Altstadt von Santa Marta, zwischen gelb und weiß verputzten Häusern im Kolonialstil, einem Telekomladen und einem großen, notdürftig umzäunten Parkplatz, setzt mich der Bus ab. Ich bringe mein Gepäck ins Hotel und gehe zum Hafen.

Rummel am Hafen

Es ist Sonntagnachmittag, und der Strand ist voller Leute. Santa Marta ist berühmt für seine Strände. Doch dies ist nicht Cartagena. Santa Marta ist keine Stadt, die sich eigens für ausländische Gäste herausputzt, um auszusehen wie aus dem Bilderbuch. Hier machen Kolumbianer Urlaub. Sie baden, sie sonnen sich, sie gönnen sich einen Drink in der schicken Cafeteria der Marina, sie paradieren in ihren Autos, sie flanieren im Gewusel auf der Strandpromenade, von der aus man einen guten Blick auf den Containerhafen direkt daneben hat. Der Kohlehafen ist etwas weiter entfernt. Bevor die Kohle kam, sollen die Strände von Santa Marta noch weißer gewesen sein als heute.

Fliegende Händler verkaufen den Spaziergängern gesalzene Mangos. Es gibt auch selbstgemachte Limonade, Eis und Souvenirs. Eine goldbemalte Frau, die sich ausstaffiert hat wie eine Fantasie-Indianerin, lässt sich gegen Geld fotografieren. Die Dieselgeneratoren der Eisverkäufer knattern, ihre Glocken bimmeln, die Händler preisen ihre Waren an; aus den Fischrestaurants jenseits der Straße dröhnen Popsongs um die Wette. Selbstverständlich hat jedes Lokal sein eigenes Musikprogramm.

Verliebte schauen in den Sonnenuntergang und beobachten einen Containerfrachter, der sich schwerfällig an die Mole manövriert. Kinder turnen auf überlebensgroßen Statuen, die halbnackte indianische Krieger und ihre Frauen in Heldenposen zeigen. Die Figuren sollen wohl eine Hommage an die Nachfahren der Ureinwohner sein, die in den Bergen der nahen Sierra Nevada de Santa Marta leben. Mir kommen sie eher vor wie Fantasiefiguren aus einem Heldencomic. Die Kogi, Arhuaco oder Wiwa jedenfalls wurden nicht nach ihrer Meinung zu den Statuen gefragt.

Eltern machen Erinnerungsfotos von Kindern und Statuen. Plötzlich erschallt über dem ganzen Trubel lautstark Depeche Mode: *Personal Jesus*. Ich zucke zusammen. Was ist hier los? Proben für eine Misswahl, erklärt mir ein Händler. Daher kommt der ganze Trubel: Die Stadt läuft sich warm für die Fiestas del Mar am kommenden Wochenende. Das Meeresfest ist ein Höhepunkt des Jahres.

Ich bin aber nicht wegen des Strandes, des Hafens oder des Meeresfestes hier. Santa Marta ist aus anderen Gründen ein besonderer Ort. Nicht weit entfernt von der Stadt, unmittelbar hinter der Küste, schwingt sich ein Gebirge bis in eine Höhe von 5.775 Metern empor: die Sierra Nevada de Santa Marta. Oben gibt es Schnee und Gletscher, trotz der Nähe zum Äquator. Von den Bergrücken blickt man hinab auf die Wolken. Unten, am Fuß der Sierra, gibt es Palmen, Hitze, Bananenstauden und das türkisblaue karibische Meer. Dazwischen liegen tropischer Regenwald, Savanne und Nebelwälder – die Sierra Nevada beherbergt eine ganz ungewöhnliche Vielfalt von Landschaften auf sehr kleinem Raum.

Doch Weiße wie ich haben zu den Bergen nur begrenzten Zugang, denn die Sierra Nevada ist das Reich der Tayrona. Von ihnen stammen die vier einheimischen Völker ab, die an den Berghängen leben: die Kogi, die Arhuaco, die Wiwa und die Kankuamo – insgesamt mehrere zehntausend Menschen. Sie lassen nicht jeden ihre Gemeinschaften besuchen, und manche Orte sind für Außenstehende völlig tabu.

Die Berge sind für die vier Völker das Herz der Welt. Ihre Aufgabe ist es, von hier aus die Welt im Gleichgewicht zu halten – so zumindest sehen sie es, denn so will es das *Ley de Origen*, das Gesetz, das am Anfang von allem war: Sorge dafür, dass die Welt nicht aus der Balance gerät! Befolge die alten Regeln! Bewahre die Natur! Denn die Welt ist ein lebendiger Organismus, mit allen Lebewesen, die sie bewohnen. Sie ist wie ein lebendiger Körper. Alles auf ihr, die materiellen Dinge ebenso wie die spirituellen, unsichtbaren Phänomene, ist miteinander verbunden.

Wer das Ley de Origen nicht befolgt, bringt das fragile Gleichgewicht durcheinander und schadet allen. Die Folge sind Naturkatastrophen oder Kriege, egal ob sie in der Nähe stattfinden oder weit entfernt auf der anderen Seite des Planeten. So gesehen ist selbst der Krieg in Syrien nur möglich geworden, weil die Menschen ihre Grenzen nicht respektiert und die Natur missachtet haben. Das ist die Weltsicht der Völker der Sierra Nevada.

Ich will mehr darüber wissen. Für die nächsten Tage habe ich mich mit Alfonso Torres verabredet, einer Führungspersönlichkeit der Arhuaco. Er leitet die Casa de Paso Indígena in Santa Marta: ein Gesundheitszentrum, in dem man sich um die Ureinwohner aus der Sierra kümmert, denen oben in den Bergen nicht geholfen werden kann. In der Sierra gibt es zwar mehrere Erste-Hilfe-Posten und eine Krankenstation, in der sehr einfache Behandlungen vorgenommen werden können. Aber wenn die nicht helfen und die westliche Schulmedizin von Nutzen sein kann, kommen die Patienten in die Casa de Paso nach Santa Marta. Hier gibt es einen Arzt, eine Krankenschwester, Medikamente, zwei Fahrer und Fahrzeuge, die losgeschickt werden können, um die Kranken aus den Bergen zu holen.

Nicht immer sind sie schnell genug. Siebenundsechzig Dörfer werden von hier aus versorgt, manche sind bis zu drei Tagesreisen entfernt. In Notfällen kann das zu weit sein. Ist der Wohnort der Patienten mit dem Auto gar nicht zu erreichen, müssen Verwandte und Nachbarn die Kranken in Hängematten zur nächsten Straße tragen.

Manche Patienten bleiben nur kurz in der Casa de Paso, andere ein paar Monate oder jahrelang, manche werden an staatliche Kliniken weitervermittelt – und manche werden in der Casa de Paso gepflegt, bis sie sterben.

Das gute Leben

Das Gesundheitszentrum, ein schlichtes zweistöckiges Gebäude, befindet sich ein paar Häuserblocks südlich der Innenstadt von Santa Marta. Im Hof sitzen Männer und Frauen im Schatten. Sie betrachten mich schweigend, als ich eintrete. Kinder laufen spielend zwischen ihnen hin und her; alle sind ganz in Weiß gekleidet. So verlangt es die Tradition.

Ihre Tracht ist den Arhuaco durch das Ley de Origen vorgeschrieben und steht symbolisch für ihren wichtigsten Auftrag: die Erde zu bewahren. Die Stoffe umhüllen die Arhuaco sinnbildlich mit der Natur, die es zu schützen gilt. Die weiße, konische Mütze, die nur die Männer tragen, repräsentiert die Gletscher auf den Bergspitzen der Sierra Nevada; die Sandalen sind Sinnbild für das Meer. Der Überwurf der Arhuaco, ihre Gürtel und Hosen symbolisieren die Vegetation der Berge.

Die *mamos*, die spirituellen Führer, dürfen Reinweiß tragen; in die Kleidung der anderen Männer sind dunkle Borten eingewebt. An ihnen erkennen die Eingeweihten, zu welcher Familie der Träger gehört. Die Mamos sind die weisen Männer – selten auch Frauen – der Arhuaco. Sie kennen das Ley de Origen und legen es aus. Sie machen die Regeln, nach denen die Gemeinschaft lebt. Ohne sie würde die Kultur der Arhuaco nicht überleben.

Alfonso Torres Villafañe, der mich hier erwartet, trägt eine Borte aus dunklen Streifen. Er stammt aus einer Familie von Mamos. Sein Vater ist ein weiser Mann, und ein jüngerer Bruder bereitet sich gerade auf das Amt eines Mamo vor, was viele Jahre dauert. »Sie leben weit oben in der Sierra. Sie steigen nur selten herab«, sagt Alfonso.

Er selbst allerdings, ein vierzigjähriger Anwalt, lebt schon seit dreißig Jahren unter den Weißen. Er hat gelernt, in beiden Welten klarzukommen. Doch er fährt oft nach Hause in die Berge, denn die Sierra gibt ihm Kraft. »Wenn du starke Wurzeln im Territorium hast und wenn du spirituell stark bist, dann kannst du alles tun und viel erreichen«, sagt Alfonso. Auch in der westlichen Welt, und dass ganz ohne die Harmonie zu gefährden.

Am wichtigsten sei es, die Verbindung zur eigenen Gemeinschaft nicht zu verlieren. »Dort bin ich einer wie alle anderen – selbst wenn ich hier Geschäftsführer bin. Dort muss ich arbeiten und die gleichen Regeln befolgen wie alle anderen auch. Ich erledige mit meinen Kindern die gleichen Arbeiten wie alle anderen. Meine Frau knüpft *mochilas* wie alle anderen Frauen.«

Alfonso steht der Gesundheitsorganisation Gonawindúa vor, die von den Kogi, Arhuaco und Wiwa gegründet wurde und die Casa de Paso in Santa Marta betreibt. Gonawindúa ist nach dem höchsten Berg der Sierra Nevada benannt. Er gilt den Völkern der Sierra als ihr Ursprung, als Zentrum und Herz der Welt.

Eigentlich heißt Alfonso anders – seinen spanischen Vornamen trägt er für die Weißen. Sein Arhuaco-Name ist Duanawingumu, guter Mann.

Er trägt die traditionelle Tracht. Sein Handgelenk schmücken wollweiße Bänder aus der Baumwolle der Sierra. An jeder Seite hängt so, dass sich die Träger über der Brust kreuzen, ein auf traditionelle Art geknüpfter Beutel, Mochila genannt. Die Mochilas der Arhuaco sind aus Agavenfasern, Wolle oder Baumwolle und haben geometrische Muster in gedeckten Farben: braun, grau, beige, weiß, manchmal rot – je nachdem, was die natürlichen Farbstoffe ergeben. Diese Muster sind aus alten Zeiten überliefert. Sie können den Schöpfer der Welt darstellen, die Berge der Sierra, ihre Vegetation, die Schwingen des freien Adlers, die Gedanken der Frau oder des Mannes. So trägt jede Mochila eine Botschaft der Frau, die sie hergestellt hat – denn das ist Aufgabe der Frauen, während das Weben der Kleidung den Männern vorbehalten ist –, an ihre Nutzer.

Schon kleine Mädchen lernen, Mochilas zu fertigen. Sie spinnen die Fäden, sie knüpfen die Beutel und die Tragegurte. Alles von Hand. Ihre einzigen Hilfsmittel sind ein langes Brett mit Nägeln für die Gurte und eine Nadel. Es ist ein langwieriger, meditativer Prozess. Eine Mochila herzustellen dauert Monate.

In den Beuteln tragen die Arhuacos alle wichtigen Besitztümer. Bei den Männern sind das vor allem getrocknete, zerkleinerte Kokablätter und der *poporo*, ein Gefäß aus einem ausgehöhlten, getrockneten Kürbis. Später wird mir Alfonso mehr über seine Bedeutung erzählen.

Jetzt aber will ich erst einmal wissen, wo ich mich hier befinde. Alfonso bittet mich in sein Büro, in das gerade mal ein Schreibtisch und zwei Stühle passen. Die Klimaanlage surrt, Rollos halten die Hitze draußen, Alfonsos Smartphone vibriert immer wieder und verlangt seine Aufmerksamkeit. Dennoch nimmt er sich Zeit. Im Lauf des Gesprächs wird mir klar, was die Casa de Paso für die Völker der Sierra bedeutet.

Jahrhundertelang wurden Kolumbiens Ureinwohner unterdrückt – von den spanischen Eroberern, von christlichen Missionaren, von der weißen Mehrheitsgesellschaft. Das war anderswo im Land nicht anders als hier. Ob in den Schulen oder den Kirchen – überall wurde von ihnen verlangt, sich anzupassen, ihre Traditionen aufzugeben, ihre Sprache zu vergessen. Kogi, Arhuaco und Wiwa wurden von ihrem Land verdrängt und immer höher in die Sierra getrieben. Sie verloren den Zugang zum Meer.

Erst seit ein paar Jahren erobern sie sich langsam ihre Autonomie zurück. Die Casa de Paso ist einer der Orte, an dem das geschieht – ein handfestes Zeichen ihres Kampfes um Respekt. Alfonsos Organisation Gonawindúa organisiert einen Teil dieses Kampfes. Auf legalem, gewaltfreiem, politischem Weg. Die Arhuaco sind ein friedliches Volk, darauf legt Alfonso, ein freundlicher, zuvorkommender Mann, Wert.

Er hat die schlechten alten Zeiten noch erlebt. »Es war hart, wirklich hart«, sagt er. »In den Schulen haben sie uns die katholische Religion aufgedrängt. Ihre Regeln besagten, dass man uns zivilisieren muss. Den Missionaren ging es nicht um unsere Bildung. Sie wollten uns unterwerfen.« Die alten Traditionen hätten nichts gegolten. »Unsere Kultur wurde als das Schlimmste überhaupt betrachtet, die westliche Kultur aber als das Beste.« Die Folgen seien bis heute spürbar – so sehr, dass manche Arhuaco sich ihrer Identität schämten. »Nicht weil sie selbst sie ablehnen. Sondern weil sie so schlecht behandelt wurden.«

Doch die Verhältnisse ändern sich, wenn auch nur langsam. Im Jahr 1991 gab sich Kolumbien eine neue Verfassung, in der festgeschrieben wurde, dass die Rechte der Ureinwohner zu achten sind. Kolumbien hat die Konvention Nummer 169 der Internationalen Arbeitsorganisation ILO ratifiziert, die den Ureinwohnern das Informations- und Mitbestimmungsrecht über Infrastrukturprojekte in ihren Territorien einräumt. Sie müssen informiert und in die Beratungen mit einbezogen werden – und sie müssen zustimmen. In der Sierra Nevada de Santa Marta laufen derzeit an die tausend solcher Konsultationsprozesse. Zu viele, um sie vernünftig zu bewältigen, sagen die Ureinwohner. Sie wollen vermeiden, über den Tisch gezogen zu werden. Deshalb legten sie vor ein paar Monaten alle Verfahren auf Eis.

Alfonso sagt, seit es die neue Verfassung gibt, erleben die Völker der Sierra Nevada mehr Respekt. Die Schulen in der Sierra vermitteln heute wieder das alte Wissen; die Lehrer kommen selbst aus den Gemeinschaften; die Lehrpläne entsprechen den alten Prinzipien und werden von den Mamos überwacht. »Wir haben unser altes Land von den *campesinos* zurückgekauft und es saniert. Jetzt gehört es uns auch juristisch. Und wir haben wieder Zugang zum Meer.«

Auch ihre Gesundheitsversorgung dürfen die Völker der Sierra wieder selbst organisieren. »Sie können uns ihr System nicht mehr aufzwingen«, sagt Alfonso – davor schützt die Verfassung von 1991. Jetzt entscheidet die Gemeinschaft in der Sierra Nevada und der Casa de Paso von Santa Marta, was gut für sie ist, und die Mamos geben die Richtlinien vor. Sie haben zum Beispiel entschieden, dass die westliche Schulmedizin die traditionellen Zeremonien auf keinen Fall ersetzen kann. Allenfalls Ergänzung soll sie sein.

»Wir kommen voran«, sagt Alfonso. Für die Gesundheitsversorgung bedeutet das: »Wir müssen genau hinschauen, was wir für uns übernehmen können und was nicht passt. Das ist es, was wir hier versuchen.«

Was den Arhuaco erlaubt ist und was verboten, welche Rolle wem zukommt, wie die täglichen Aufgaben verteilt sind, wie man sein Leben führen soll, damit die Welt im Gleichgewicht bleibt – all das regelt das Gesetz des Ursprungs genau. Das Ley de Origen legt auch fest, was es bedeutet, gesund zu sein: »Ob jemand körperlich krank ist oder nicht, hat damit gar nichts zu tun«, erklärt Alfonso. Die Weißen sähen das zwar anders, »aber die westliche Welt versucht auch, es sich gut gehen zu lassen, selbst wenn es allen anderen schlecht geht.«

Für die Arhuaco kann das nicht funktionieren. Sie sind fest davon überzeugt, dass es ihnen nur gut gehen kann, wenn es allen anderen auch gut geht. Allen Menschen, allen anderen Lebewesen, allen unbeseelten Dingen. »Auch den Elementen, die du dir nicht einmal vorstellen kannst.« Der spirituellen Welt. Der vor allem. Sie ist den Arhuaco viel wichtiger als die sichtbare, materielle Welt, denn sie ist immer da. In der spirituellen Welt befindet sich der Mensch vor seiner Geburt, und dorthin kehrt er zurück. »Das Spirituelle kommt immer zuerst. Wenn du spirituell stark bist, kriegst du auch das Materielle hin.« Auch das sei Teil des Ley de Origen. »Aber die westliche Welt kümmert sich darum nicht, ihr geht es nur um das Materielle. Selbst wenn sie sich dadurch selbst zerstört, egal.«

Krankheiten entstehen für die Arhuaco dadurch, dass die Dinge aus der Balance geraten. Dann kümmert sich zunächst der Mamo um den Patienten und sucht nach dem Ursprung des Ungleichgewichts.

»Unsere Zeremonien sorgen wieder für Harmonie«, sagt Alfonso. Dabei wird der Erde etwas zurückgegeben, als Ausgleich für die lebensnotwendigen Dinge, die sie den Menschen schenkt. Als Dank für das Leben und damit die Menschen auch in Zukunft auf der Erde leben können. *Pagamento* nennen die Arhuaco das, und das Wort lässt sich sehr frei mit »Ausgleichszahlung« übersetzen – wenngleich sie selbst es so vermutlich nicht nennen würden, denn Geld ist ihnen fremd.

Die Pagamentos bringen die Verhältnisse wieder ins Gleichgewicht. Dafür, dass sie gar nicht erst durcheinandergeraten, sorgt das Ley de Origen, das ewige Gesetz, das den Arhuaco zu Anbeginn der Zeiten mitgegeben wurde. »Damals wurde jedem Wesen gesagt, wie es sich kleiden soll. Wie es reden soll. Wie es die Welt sehen soll und wie es leben soll – den Frauen und Kindern ebenso wie den Männern.« Seither ist das Gesetz immer gleich geblieben. »Nichts wird geändert.«

Jedem Volk kommt eine eigene Rolle zu. Es gibt kriegerische Völker, wie die benachbarten Wayúu, »aber wir sind keine Krieger. Unser Auftrag ist es, den heiligen Tempel der Sierra zu schützen.« Ein Arhuaco fügt niemandem Schaden zu, selbst wenn er angegriffen wird, im Gegenteil. »Wenn du mir schaden willst, muss ich mich von dir fernhalten und eine Zeremonie abhalten, damit du dein Gleichgewicht wiederfindest.«

Weicht ein Arhuaco vom rechten Weg ab, ist es die Aufgabe der Mamos und der ganzen Gemeinschaft, ihn wieder dahin zurückzubringen. Und der Sünder muss seinen Fehltritt nach den alten Vorschriften wiedergutmachen, um das Gleichgewicht der Welt wiederherzustellen.

Nicht allen Völkern der Sierra ist es gelungen, ihre ursprüngliche Kultur zu bewahren. Die Kankuamo etwa haben ihre Sprache so gut wie verloren und tragen ihre Tracht kaum noch. Sie leben sehr weit unten an den Hängen. Die Kogi hingegen sind immer höher hinaufgezogen, um ihre Traditionen zu schützen. Und die

Arhuaco haben eine starke politische Bewegung geschaffen, um
ihrer Stimme Gehör zu verschaffen. Präsident Santos hat sich in
einer traditionellen Zeremonie von ihnen in seine erste Amtsperi-
ode einführen lassen – ein Akt, der nicht allen indigenen Völkern
Kolumbiens gefallen hat –, und wenige Tage nach meinem Besuch
in Santa Marta werden sie in Bogotá ein Haus eröffnen, eine Art
Botschaft, die dem Dialog mit der Außenwelt gewidmet ist.

Die Öffnung ist nicht ohne Risiko. Das Leben der Arhuaco in
der Sierra Nevada ist karg. Lernen die Jungen die komfortable kapitalistische Außenwelt kennen, wollen sie oft nicht mehr zurück.
Aber Abschottung sei keine Lösung, sagt Alfonso. »Es ist wichtig,
sich draußen zu bilden. Man muss das andere kennen, um das Eigene verteidigen zu können.«

Das Eigene. Hier kommt der Poporo wieder ins Spiel, der aus-
gehöhlte Kürbis. Der Poporo ist ein Symbol für die Frau, erklärt
Alfonso, deshalb dürfen nur Männer ihn benutzen. »Du wirst unter allen Kogi, Wiwa und Arhuaco keine Frau finden, die einen Poporo benutzt.« Arhuaco-Männer erhalten den Kürbis während der
Hochzeitszeremonie. »Er steht für die Ehefrau. Und sie bekommt
ein männliches Symbol: einen Stab, mit dem sie Fäden spinnt.«

Arhuaco-Männer kauen Koka. Frauen nicht, aber ihre Aufgabe
ist es, die Blätter zu sammeln und die spezielle Mochila zu fertigen, in der ihr Ehemann später das getrocknete Kraut aufbewahrt.

In ihrem Poporo tragen die Männer ein Pulver aus Muschel-
schalen bei sich. Wenn sie Koka kauen, tauchen sie einen schmalen
Stab in den Kürbis und nehmen das Pulver, das an dem Stöckchen
haften bleibt, zu den Blättern in den Mund. Denn erst die Kom-
bination aus Kalk und Koka setzt die stimulierenden Inhaltsstof-
fe frei. Das bisschen Brei aus Kalk und Spucke, das danach noch
am Stab klebt, verreiben sie um den Hals des Poporo. Mit der Zeit
entsteht dadurch ein fester Ring wie aus Kalkputz um den Kürbis.

Wenn Arhuaco-Männer sich begegnen, tauschen sie Kokablätter als Zeichen des Respekts. Ich bekomme auch eine Handvoll.

Darf ich kosten? Als Frau? Nur weil ich nicht zu den Völkern der Sierra gehöre, ist es mir gestattet. Für Weiße gelten die Regeln nicht. »Du kannst dir zum Beispiel einen Tee daraus zubereiten. Kokatee hat auch eine medizinische Wirkung.« Vorerst aber bietet mir Alfonsos Sekretärin Ana, eine Kolumbianerin mit deutschen Vorfahren und dem sehr deutschen Nachnamen Gärtner, einen Kaffee an. Ich nehme dankend an.

Es gibt Dinge im Leben der Arhuaco, über die Alfonso mit einer Weißen wie mir nicht sprechen darf. Wie genau man den Poporo erhält, ist zum Beispiel so ein Thema. »Den genauen Ablauf kann ich dir nicht sagen. Das ist für uns sehr intim.« Deshalb muss das Verfahren geheim bleiben, das haben die Mamos entschieden.

Jeder erwachsene Mann hat einen Poporo, denn unverheiratete Arhuacos gibt es nicht. Aus freier Entscheidung kinderlos zu bleiben ist auch keine Option, homosexuelle Liebe ist undenkbar. »Das wäre gegen den Sinn des Lebens«, sagt Alfonso.

Ein gutes, richtiges Leben gemäß dem Ley de Origen spielt sich in vier Etappen ab. Sie werden von einschneidenden Ereignissen bestimmt: von der Geburt, der körperlichen Reife, der Hochzeit, dem Tod. Wenn der Körper stirbt, lebt der Geist weiter. Die Verstorbenen sind in den Familien präsent, und irgendwann werden sie wiedergeboren.

Jeder Übergang wird mit einer eigenen Zeremonie gefeiert. »Nach der Geburt wird jeder Mensch der Welt vorgestellt. Man macht ihn mit den wichtigsten Lebensmitteln vertraut. Er erhält seinen Namen und die wichtigsten Gegenstände, die ihn durch sein Leben begleiten werden.« Die Frauen zum Beispiel bekommen die Nadel, mit der sie später Mochilas knüpfen. Das geschieht im Alter von zwei oder drei Monaten, sagt Alfonso. »Viele nennen es die Taufe. Aber das ist nicht das richtige Wort, denn es ist ein anderes Fest. Unser eigenes Fest.«

Nach dem Ende der Pubertät, mit vierzehn, fünfzehn Jahren folgt die zweite Zeremonie. Sie mündet direkt in die Hochzeit –

so soll Untreue vermieden werden. »Jeder braucht einen Partner«, sagt Alfonso. Diese Zeremonie kann drei bis vier Monate dauern. Das ist eine lange Zeit. Doch währenddessen lernen Braut und Bräutigam von ihren Eltern alles, was sie wissen müssen, damit die Ehe funktioniert.

Nach dem Tod gibt es einen Ritus, der die Verstorbenen gut ins Jenseits geleiten soll. »Wir kommen aus der spirituellen Welt, und nach unserem Leben hier gehen wir dahin zurück. Es ist ein Kreislauf. Das Leben hört nie auf.« Und wenn alles ist, wie es sein soll, wenn die Riten funktionieren, dann sind die Geister der Verstorbenen auch unter ihren lebenden Angehörigen präsent. Und werden von ihnen mit Ehrerbietung behandelt.

Dann hat Alfonso Feierabend, seine Familie wartet. Wir verabreden, uns am nächsten Tag noch einmal zu treffen. Ich würde gerne die Arhuaco in der Sierra besuchen. Vielleicht, sagt Alfonso, kann ich auch einen Mamo treffen. Er wird sich melden.

Das Gleichgewicht der Welt

Während ich auf Nachricht von Alfonso warte, vertreibe ich mir im Museum von Santa Marta die Zeit. Es ist ein flaches, in freundlichem Gelb gestrichenes Kolonialhaus. Ein bescheidenes Haus mit heldenhafter Geschichte, denn Simón Bolívar, Befreier Lateinamerikas genannt, übernachtete hier kurz vor seinem Tod. Da war er schon schwer krank. Bolívar wollte nach Europa ins Exil, aber am 17. Dezember 1830 starb er auf einem Landgut wenige Kilometer von Santa Martas Stadtzentrum entfernt. In seinem Roman *Der General in seinem Labyrinth* hat García Márquez die letzten Tage Bolívars, sein Leiden und seine Einsamkeit verewigt.

Im Museum von Santa Marta kann man das Krankenbett des Generals bewundern. Hier wurde er nach seinem Tod auch für die Totenwache aufgebahrt. Bolívar kämpfte für die Unabhängigkeit Lateinamerikas von Spanien, aber es waren vor allem die Eliten, die sich mit ihm gegen die Fremdherrschaft wehrten, denn sie wollten selbst an die Macht.

Mich interessiert ein anderer Befreiungskampf mehr: der der Ureinwohner. Videos aus der Sierra Nevada, die im Museum in Endlosschleife laufen, zeigen Szenen dieses Kampfes.

Anfang des 16. Jahrhunderts kamen die europäischen Kolonisatoren in die Gegend von Santa Marta. Die Tayrona, die Vorfahren der Kogi, Arhuaco und Wiwa, leisteten ihnen jahrzehntelang erbitterten Widerstand. Doch ihr Pech war: Sie hatten Gold. Zu zeremoniellen Anlässen legten die Mamos kostbaren, fein gearbeiteten Goldschmuck an. Er war Zeichen ihres Einflusses, aber vor allem bekundeten sie damit ihre Ehrfurcht vor den höheren Mächten. Eine kleine goldene Figur im Museum zeigt, wie das ausgesehen haben könnte. Ihr Gesicht ist unter dem übergroßen Kopfschmuck kaum zu erkennen. Am Hinterkopf trägt sie mächtige goldene Schwingen. Nase, Lippen und Ohren sind durchbohrt und mit Gold geschmückt. An ihren Armen baumeln goldene Reifen. Solche Figuren trugen die Tayrona auf der Brust, als die Spanier kamen. Überall in Kolumbien fanden die Kolonisatoren ähnlich kunstvolles Geschmeide, teils mit Techniken gefertigt, die sie sich nicht einmal vorstellen konnten.

Das entfachte ihre Gier. Und der spanische Königshof brauchte Geld für seine Kriege. So plünderten die Eroberer in ganz Südamerika die zeremoniellen Goldbestände, schmolzen den heiligen Schmuck ein und verschifften die Barren nach Europa.

Seither hat sich nicht viel geändert. Bis heute hält der Streit um die Ressourcen an. Gekämpft wird vor allem um Land, trotz der neuen Verfassung. Für die Völker der Sierra ist es entscheidend, auf ihrem eigenen Land nach ihren eigenen Regeln zu leben. Können sie das nicht, gerät ihre Kultur in Gefahr. »Unsere Alten sind sehr damit beschäftigt, das Territorium zu bewahren«, hatte mir Alfonso in der Casa de Paso erklärt. »Es ist ein immerwährender Kampf.«

Dieser Kampf wird auch in und um Santa Marta geführt. Santa Marta ist eine Hafenstadt, und für die Weißen bedeutet der Hafen Geschäfte und Wohlstand – die Grundlage ihrer Lebensart. Doch am Meer liegen auch oft die heiligen Orte der Ureinwohner. Orte, deren Ruhe unter keinen Umständen gestört werden darf. »Was für sie Fortschritt ist«, sagt Alfonso, »bedeutet für uns Schaden an der Natur.«

Puerto Brisa ist ein Beispiel, das zeigt, zu welchen Konflikten das führen kann. Der Hafen mit Freihandelszone liegt direkt am Fuß der Sierra Nevada, ungefähr auf halber Strecke zwischen Santa Marta und Riohacha, der Hauptstadt des Nachbardepartements La Guajira. Er wirbt mit seiner »strategisch günstigen Lage« zwischen dem Panama-Kanal, den wichtigen Städten der kolumbianischen Atlantikküste und den an Bodenschätzen reichen Orten der Guajira. Diese Region ist »ein großes Lager an Rohmaterialien für die Entwicklung von Industrieprojekten«, mit großen Ressourcen an Kohle, Salz, Sand, Quarz, Silikaten, Gold, Zink, Blei, Silber ... Das alles könne über Puerto Brisa gut exportiert werden und bringe den Menschen in der Region Arbeit und Wohlstand.

Nur verkörpert Puerto Brisa ziemlich genau die Vorstellung von Wohlstand, die die Arhuaco auf ihrem Gebiet nicht haben wollen. Der Hafen liegt auf dem alten Territorium der Sierra-Völker. Die Zufahrt führt mitten durch einen Berg, der ihnen als heilig gilt. Für die Bauarbeiten wurde die Spitze des Berges teilweise abgetragen und geglättet. Entwicklung? Ein gutes Leben? Für die Arhuaco ist es das genaue Gegenteil.

Im Museum von Santa Marta sehe ich, wie die Völker der Sierra gegen den Hafen protestiert haben. Ein Video zeigt viele weiß gekleidete Menschen an einem Strand, vermutlich in der Nähe der Baustelle. Sie versammeln sich, weil sie zu ihren heiligen Orten wollen. Aber man lässt sie nicht durch. Sie stehen einfach da und warten. Alles wirkt ruhig, aber es ist auch sehr klar: Sie haben nicht die Absicht, diesen Strand ohne Weiteres wieder zu verlassen. Man kann die Anspannung der Leute spüren. Dann folgt ein harter Schnitt, und ein Mann in westlicher Kleidung hält offiziell aussehende Papiere in die Kamera. Er ist sehr aufgeregt. Der Mann ist der Geschäftsführer des Unternehmens Puerto Brisa. »Es gibt hier keine Ureinwohner«, sagt er. »Dieser Protest ist absurd!«

Die Völker der Sierra zogen auch vor Gericht. Daraufhin stoppte der Oberste Gerichtshof die Bauarbeiten. Doch es half alles nichts. Im Dezember 2014 weihte Kolumbiens Präsident Juan Manuel Santos, genau der Präsident, den sie rituell im Amt begrüßt hatten, den Hafen offiziell ein.

»Es gibt heilige Orte, die für uns verboten sind«, sagt ein weiß gekleideter Mann im Film. »Wir dürfen nicht einmal darüber nachdenken, was ihre Funktion sein könnte. Aber die kleinen Brüder kommen und entweihen sie.«

Die kleinen Brüder sind die Weißen und alle anderen Völker, die keine Ahnung vom Ley de Origen haben. So wie die Leute von Puerto Brisa. »Wir dürfen Ihnen deshalb nicht böse sein«, sagt der Mann im Video. Doch die heiligen Stätten verlieren ihre Kraft. Und sie fühlen Schmerz, genauso wie ein menschlicher Körper.

Ein Kogi sagt: »Sie schneiden die Erde auf. Sie zwingen uns, fürs Wasser zu zahlen und Steuern zu entrichten.« Er meint die Weißen. »Dabei geben wir dem großen Vater ständig etwas zurück. Aber nicht den Menschen.« Ein Mamo der Wiwa ergänzt: »Wenn unsere Kultur aufhört, unsere Schulden bei der Natur zu begleichen, dann ist alles zu Ende. Das Meer kann aufsteigen und alles überschwemmen. Großer Hagel kann alles zerstören, auch die Häuser. Der kleine Bruder weiß davon nichts.«

Im August 1982, damals, als es noch als Schande galt, Arhuaco zu sein, besetzten die Arhuaco die Kapuzinermission in der Sierra Nevada de Santa Marta. Die Mönche hatte man ihnen Jahrzehnte zuvor geschickt, als sie die Behörden in Bogotá um Lehrer baten.

Doch sie bekamen Kirchenleute, die mit allen Mitteln versuchten, die Völker der Sierra zu missionieren. Sie verboten den Poporo und selbstverständlich auch das Kokakauen, die langen Haare, den Gebrauch der eigenen Sprache, die Dankeszeremonien an die Natur. Sie schlugen und fesselten ungehorsame Kinder, sie schnitten den Erwachsenen die Haare ab. Sie stellten die Mamos als Alkoholiker da, die ihren Einfluss mit Gewalt gegen das eigene Volk verteidigen mussten – dabei waren sie es, die Gewalt anwandten.

Die Arhuaco flüchteten immer höher in die Berge. 1982 hatten sie genug. Sie besetzten die Mission und gingen nicht weg, bis die Mönche versprachen, abzuziehen. »Ich erinnere mich noch genau«, sagt eine Frau im Film. »Unser Mamo sagte zu ihnen: ›Wir wollen, dass ihr geht. Denn hier habe ich das Sagen.‹« Am 7. August gaben die Missionare das Versprechen. »Es dauerte noch ein Jahr, und noch eins. Jahre des Kampfes, bis sie tatsächlich gingen.«

Don Alfonso will mich heiraten

Im selben Augenblick, in dem die Frau mit den blaugrauen Augen das Café betrat, wusste Alfonso, dass er sie heiraten würde, und folgte ihr auf dem Fuß.

Ob Gabriel García Márquez den ersten Satz der Geschichte, die mir nach meinem Museumsbesuch in einem Café von Santa Marta passiert ist, so formuliert hätte? Vermutlich nicht – man soll sich ja nicht überschätzen –, aber die Vorstellung gefällt mir. In der nächsten Stunde werde ich mich jedenfalls fühlen wie in einem dieser Bücher von García Márquez, in denen Realität, Übertreibung und märchenhafte Erfindung untrennbar ineinander verschwimmen.

Don Alfonso jedenfalls, ein Caballero von zweiundachtzig Jahren, verliert keine Sekunde, als er mich sieht. Er folgt mir unverzüglich ins Café und bietet mir formvollendet einen Stuhl an. Dann fragt er mich, was ich denn zu trinken wünsche. Ich halte ihn für einen Ober, denn er trägt ein weißes, weites Leinenhemd mit einer dunklen Fliege. Erst als er schon entschwunden ist, fällt mir auf: Dies ist ein Café mit Selbstbedienung. Wer also ist der Mann?

Erst als Don Alfonso mit zwei Eistees und einem Teller voller Kekse zurückkehrt und mit der größten Selbstverständlichkeit und absolut charmant an meinem Tisch Platz nimmt, wird mir klar, was hier gespielt wird: Dieser Caballero ist auf einen Flirt aus. Amüsiert und ein wenig gespannt darauf, was jetzt wohl kommt, nehme ich seine Einladung an.

Und werde prächtig unterhalten, denn Don Alfonso ist ein Schmeichler vor dem Herrn. Komplimente verteilen heißt auf Spanisch: *tirar flores*, Blumen werfen. Und Don Alfonso wirft mit Blumen nur so um sich. Die ortsansässigen Damen im Café kennen das schon. Sie erwidern seine Schmeicheleien, indem sie ihn ehrerbietig mit *Doctor* ansprechen. Eine widmet dem eleganten Herrn einen Vers, sehr zum Amüsement der Anwesenden. Mich bedenken sie mit fröhlichen Blicken, bevor sie lachend das Lokal verlassen.

Mein Kavalier scheint sehr bekannt zu sein, aber ich habe noch keine Ahnung, wem ich da gegenübersitze. Don Alfonso stellt sich als bester Journalist der Welt vor. Mit acht Jahren habe er schon angefangen, in dem Beruf zu arbeiten. Gabriel García Márquez sei sein Kollege gewesen, mit ihm habe er Europa nach dem Zweiten Weltkrieg bereist. Gerade arbeite er an einer mehrbändigen Universalgeschichte der Welt, sagt er und deutet auf die Mappe mit Notizen, die auf dem Tisch zwischen uns liegt. »Einen wie mich gibt es nur einmal auf dem ganzen Planeten!«

Später bestätigen mir Kollegen in Bogotá, dass ich tatsächlich mit einem der besten Journalisten Kolumbiens Eistee getrunken habe. Alfonso ist einer der Pioniere des kolumbianischen Fernsehens, er modernisierte das Layout der Tageszeitung El Tiempo, und er berichtete als Reporter live aus den USA von der ersten

Mondlandung. Mir erzählt Don Alfonso auch davon – in dem Moment bin ich noch nicht sicher, welchem Teil seiner weitschweifigen Ausführungen ich glauben soll. Ich muss an García Márquez denken. Der alte Herr erzählt so eloquent und detailreich, dass er sich das unmöglich alles ausgedacht haben kann.

Aber zur Mondlandung kommen wir später. Zunächst erkundige ich mich, wie es denn so ist, in Santa Marta zu leben. Da verliert seine Wortwahl für einen Moment an Eleganz. Dafür wird deutlich: Don Alfonso ist ein Mann mit klarer Haltung. Mit Selbstbewusstsein sowieso. Santa Marta sei Mist, schimpft er. »Hier sind alle korrupt. Wie an der ganzen Karibikküste.« Die Eliten steckten das Geld ein, das aus der Hauptstadt komme und für Investitionen gedacht sei. Die Kanalisation funktioniere deshalb nicht, und vieles andere auch nicht.

Warum er dann hier lebt? Na, weil sein Arzt ihm dazu geraten habe. »Mein Herz verträgt die Höhe nicht mehr. Was soll ich machen?«

»Don Alfonso, wir befinden uns in interessanten Zeiten, und Sie sind Journalist. Was halten Sie vom aktuellen Journalismus? Und wie geht es Kolumbien?« Jetzt ist der alte Herr nicht mehr zu bremsen. Er beginnt seine Ausführungen – mit der Mondlandung.

»Meine Liebe, kennen Sie Wernher von Braun? Ja? Ohne ihn hätten die USA niemals herausgefunden, wie es gelingen kann, eine Rakete zum Mond zu schießen. Denn das ist schwierig! Ich habe Monate bei der Nasa verbracht, um es zu verstehen. Damals haben Journalisten noch recherchiert, nicht so wie heute. Mittlerweile geht es nur um Schnelligkeit, und die Zeitschriften zeigen nur noch Bilder, statt seriös zu informieren ... – Sehen Sie, meine Liebe, in einer Höhe von acht Kilometern muss die Rakete ihr erstes Antriebselement abstoßen, sonst wird sie zu schwer. Geht alles gut, befindet sie sich dann in einer Umlaufbahn um die Erde, aus der man sie befreien muss, indem man genau im richtigen Moment die zweite Antriebsstufe zündet. Um den richtigen Zeitpunkt zu bestimmen, muss man die Schwerkraft von Erde, Mond und Sonne genau berechnen und zueinander in Beziehung setzen …«

Bei so vielen Details verliere ich so langsam den Faden. Aber das hemmt Don Alfonsos Gesprächsfluss nicht.

»Ein großer Schritt für die Menschheit, haben sie gesagt. Aber das war völliger Quatsch. Ich habe damals keinen Schritt nach vorne gemacht. Die Erfindung der modernen Kommunikationsmittel war für die Menschen viel wichtiger.«

»Aber lieber Don Alfonso, was hat all das mit meinen Fragen zu tun?«, unterbreche ich ihn.

»Haben Sie Geduld, meine Liebe! Ich bin wie Fidel Castro. Der spricht auch endlos lange, aber am Ende kommt er immer zum Punkt! Und, ich bitte Sie, nennen Sie mich doch nicht ›Don Alfonso‹, das ist viel zu steif. Sagen Sie Alfonsito zu mir! Das klingt doch viel schöner.« Über den Rand seiner Brille hinweg blickt er mir tief in die Augen und tätschelt meine Hand. Dann verliert er sich erneut in seiner Erzählung. Zwischendurch grüßt er sehr aufmerksam nach rechts und links und drängt mich, die Kekse zu probieren, die er gebracht hat. »Sie sind eine Delikatesse, meine Schöne! Außerdem sind sie gut für die Figur. Besonders für die Hüften«, sagt er schelmisch und bringt mich damit zum Lachen.

Irgendwann reiße ich mich los.

»Mein Verehrtester, leider muss ich gehen.«

»Aber meine Liebe, wollen Sie nicht mit mir zu Mittag essen? Wir könnten uns ein wenig besser kennenlernen«, schmeichelt mein Verehrer. »Sie müssen nämlich wissen: Ich suche eine Frau. Genau so eine wie Sie!«

Das ist der Zeitpunkt, an dem ich seine Einladung endgültig ausschlage. Leider, leider bin ich schon vergeben – und für den Nachmittag verabredet. Doch Don Alfonso gibt nicht so schnell auf: »Vielleicht gibt es eine Cousine, eine wie Sie, die Sie mir schicken könnten?« Als ich das Café verlasse, lächelt er mir gedankenverloren hinterher. Zwei Tage später besuche ich das Lokal wieder, um mich vor meiner Abreise aus Santa Marta von ihm zu verabschieden. Leider treffe ich ihn nicht mehr an.

Als ich ins Hotel zurückkomme, finde ich eine Nachricht von Alfonso Torres Villafañe aus der Casa de Paso vor. Sie ist Stunden alt – wir haben uns verpasst. Heute werde ich der Sierra nicht näherkommen. Aber morgen erwartet mich Camilo, ein Mamo der Arhuaco, an einem besonderen Ort am Meer.

Katansama, der heilige Ort

Am nächsten Morgen breche ich mit Jaison Pérez Richtung Meer auf. Jaison – sein Arhuaco-Name ist: Der die Kultur bewahrt – arbeitet als Pflegehelfer in der Casa de Paso. Für mich unterbricht er seine Arbeit, aber manches kann nicht liegen bleiben. Während wir schon fahren, koordiniert Jaison per Mobiltelefon noch einen dringenden Krankentransport. Eine Frau aus einem abgelegenen Dorf muss schnell nach Santa Marta gebracht werden.

Jaison war siebzehn, als er, um eine Ausbildung zu machen, die Sierra Nevada verließ und in die Stadt zog. Anfangs war er schwer beeindruckt vom hohen Lebensstandard seiner Gastfamilie, erzählt er mir. »Ich dachte, die Weißen leben alle so.« Erst als er selbst Geld verdienen musste, merkte er, wie schwer das ist. Studenten, die nach ihm kommen, sollen es leichter haben. Jaisons Traum ist es, in Santa Marta eine Casa de Paso für sie zu errichten, als eine Art Übergangswohnheim, das ihnen den Anfang in der fremden Stadt erleichtert.

Unser Ziel ist Katansama. Dort mündet der Río Don Diego, der aus der Sierra Nevada kommt, ins karibische Meer. Katansama ist ein heiliger Ort der Arhuaco: der Zugang zum Meer, der ihnen so lange versperrt war und den sie erst vor ein paar Jahren wieder in Besitz nehmen konnten.

Wir fahren die Küste entlang nach Osten, durch dichten, grünen Wald. Am Straßenrand tauchen immer wieder Dörfer auf, de-

In Katansama, dem heiligen Ort am Meer: Camilo und Jaison
gehen einen Weg zwischen den Schilfhäusern entlang.

ren Bewohner ganz offenbar auf Durchgangsverkehr eingerichtet
sind. Wir passieren Souvenirläden, Imbissstände, Restaurants,
halten aber nicht an, schließlich werden wir erwartet.

Nach einer guten Stunde biegt unser Fahrer in einen unwegsamen Waldweg ein, der aussieht wie ein ausgetrockneter Wasser-
lauf. Es wird rumpelig, aber unser Auto hat Vierradantrieb. Dann
öffnet sich eine Lichtung, auf der ein paar Schilfhäuser stehen, die
Dächer mit Palmblättern gedeckt. Wäsche hängt zum Trocknen
in der Sonne. Im Hintergrund blitzt türkisblaues Wasser zwischen
den Bäumen. Wir sind in Katansama angekommen, wo der Mamo
Camilo uns schon erwartet.

Zur Begrüßung tauschen Camilo und Jaison trockene Kokablätter. Sie nehmen eine Portion und führen dann die Stäbe ihrer
Poporos zum Mund. In den nächsten ein, zwei Stunden werden
sie das immer wieder tun. Ich habe kein gleichwertiges Gastge-
schenk anzubieten, aber zum Glück scheint das auch niemand
zu erwarten.

Mamo Camilo stellt gute Fragen: „Warum kommen so viele Ausländer hierher? Und was denken sie sich, wenn sie die Natur zerstören?"

Wir setzen uns unter einen großen Baum mit ausladender Krone. Camilo lässt sich auf einem flachen Stein nieder, den dicken, knotigen Baumstamm im Rücken, und heißt mich willkommen. Er spricht selbstverständlich die Sprache der Arhuaco. Jaison übersetzt für mich. Das sei gar nicht so einfach, sagt er: »Die Worte und Gedanken des Mamo haben eine Dimension, die sich nicht übertragen lässt. Oft sagt man am Ende etwas sehr viel Einfacheres als das, was der Mamo sagt.« Da kann ich dann nur hoffen, dass ich Camilos Worte – erneut übersetzt und zusammengefasst – hier halbwegs richtig wiedergebe.

Camilo spricht ruhig und ausschweifend, so wie jemand, der es gewohnt ist, dass man ihm aufmerksam zuhört. Ebenso aufmerksam hört auch er zu. Zwischendurch signalisiert er durch ein langes »Hmmm«, dass er versteht und das Gehörte überdenkt. Es ist ein freundliches, entspanntes Gespräch. Zeit scheint hier keine Rolle zu spielen, ganz anders als sonst in meinem Alltag.

Katansama bedeutet Wurzel, sagt Camilo. »Hier ist einer unserer wichtigsten Orte. Hier hat die Weisheit der Berggipfel ihren Fuß an den Strand gesetzt.« Viele wichtige Mamos und viele der Altvorderen haben hier gelebt. »Ihre Geschichte ist mit uns verbunden.« Katansama ist seit Jahrtausenden heilig. Aber lange war es lebensgefährlich für die Arhuaco, hierherzukommen. Und die Menschen, die den Ort in dieser Zeit bewohnten, haben vieles zerstört.

Erst seit wenigen Jahren können die Arhuaco daran arbeiten, Katansama zu heilen, sagt Camilo. Seine Aufgabe hier hat gerade erst begonnen. Jaison erklärt mir, Camilo schlage die Brücke zwischen der spirituellen und der materiellen Welt. »Er übersetzt, so wie ich zwischen euch beiden übersetze.« Ein Mamo verstehe die Botschaft des Windes, der Berge, der Pflanzen, der Tiere. Deshalb kann er die Ursachen von Naturkatastrophen erkennen, und durch seine Rituale kann er helfen, die Erde zu besänftigen – oder geschädigte Orte wie Katansama zu heilen. Er meditiert; er isst

weder Fleisch noch Salz, denn das würde ihn bei seiner Arbeit be-
hindern. Die Ausbildung beginnt im Kindesalter und ist nie abgeschlossen, sagt Jaison. »Ein Mamo geht nie in Rente.«

Camilos wichtigste Botschaft ist: Alle müssen helfen, die Erde
zu bewahren. Denn jeder Mensch, jedes Lebewesen, jedes Ding –
sie alle haben ihren Platz und ihre Aufgabe, seit Anbeginn der
Welt. »Wir müssen lernen, einander zu akzeptieren und respekt-
voll miteinander zu leben.«

Wenn mehr Menschen am Wissen der Mamos teilhaben könnten, wenn alle friedlich miteinander sprechen würden, um voneinander zu lernen, so wie wir gerade unter diesem Baum, »dann wäre
die Welt nicht so, wie sie jetzt ist. Aber die Außenwelt zerstört alles.
Wir müssen den Menschen beibringen, das hier zu erhalten. Das ist
die Botschaft der Berge, der Flüsse, der Pflanzen, der Tiere. Wir haben uns das nicht ausgedacht. Es ist uns seit Tausenden von Jahren
überliefert. Wir ziehen uns nicht so an, weil wir es wollen. Wir sprechen nicht so, weil wir es wollen. Es gibt einen Grund dafür.«

Mein Besuch in Katansama ist sicher kein Zufall, sagt der
Mamo noch, sondern hat auch einen spirituellen Grund. Ich kann
seine Botschaft weitertragen.

Der Geist von Katansama ist ein Geist des Austauschs. Hier
treffen sich die Mamos und andere Führungspersönlichkeiten, um
voneinander zu lernen; hier üben sich die Frauen in traditioneller
Handarbeit; hier wird die zeremonielle Musik gespielt; und hier
zelebrieren die Mamos Pagamentos. Hier empfangen die Arhuaco
Gäste wie mich.

»Wir haben in Katansama zwei Schulen«, erzählt Camilo.
»Eine, in der wir unsere eigene Kultur vermitteln. Sie ist die Basis.
Und eine Schule, in der die Kinder lesen, schreiben und rechnen
lernen, denn wir dürfen nicht unwissend bleiben. Wir müssen das
Wissen der Außenwelt kennen, um uns wehren zu können.«

Was ist die größte Gefahr für diesen Ort, Camilo? – Die multinationalen Unternehmen, sagt er, die in der Umgebung Öl und

Kohle abbauen, Gold und andere Bodenschätze. »Sie glauben, das
gehört alles ihnen. Aber für uns sind es Körperzellen der Mutter
Erde.« Wer aber Teile aus der Erde entnehme, mache sie krank.
Seit Generationen hätten die Arhuaco das von ihren Vätern gelernt. »Doch heute zerstören sie die Berge, um Steine und Zement
herauszuholen. Sie bauen Hotels und wollen Touristen anlocken.
Sie wollen Stauseen bauen und die Wasserläufe verändern. Sie machen Hügel kaputt, um eine Seilbahn zu bauen. Wir bitten um Hilfe, darum, dass die Menschen auch anderswo ihre Stimme erheben. Damit all das nicht geschieht.«

Aber ist die Situation der Arhuaco heute nicht besser als früher? – »Es gibt schon Verbesserungen«, antwortet Camilo, »aber
der Kulturkampf bleibt.« Seit die Spanier hier an der Küste lande-
ten, sei das so gewesen. »Zuerst kamen die Kolonisatoren und
brachten uns Krankheiten. Dann kamen Bauern und besiedelten
die Erde. Danach Grabräuber, die unsere Friedhöfe plünderten.
Dann die Bonanza Marimbera, die Zeit des Marihuana-Booms, in
der der Anbau lukrative Geschäfte versprach und die Drogenbanden in die Sierra drängten. Dann kam die Guerilla. Anfangs beschützten die Guerilleros uns vor den Drogenbanden, aber später
zwangen sie unsere Leute in ihre Reihen und missbrauchten unsere Frauen. Die Paramilitärs taten das Gleiche. Und heute vergibt
die Regierung Lizenzen an Unternehmen, die die Sierra zerstören,
und die Gesetze, die uns doch schützen sollen, werden nicht respektiert.«

Dann hat Camilo eine Frage an mich: Warum kaufen so viele
Ausländer hier in der Gegend Land? »Lädt die Regierung sie ein
oder kommen sie aus eigenem Antrieb? Und was denken sie sich,
wenn sie die Natur zerstören?«

Mir fällt keine wirklich gute Antwort darauf ein. Ja, die Regierung lockt Investoren, weil sie glaubt, dass nur so Fortschritt möglich ist. Und ja, manche Leute haben so viel Geld, dass sie nicht
wissen, wohin damit, und sie kaufen Immobilien im Ausland.

»Wenn alle nur kämen, um zu lernen, so wie du«, sagt Camilo, »dann gäbe es keine Probleme.« Er bittet mich noch einmal, seine Botschaft weiterzutragen – und ihn später wissen zu lassen, wie das deutsche Publikum sie aufnimmt. Dieses Versprechen gebe ich ihm gern.

Dann zeigen Camilo und Jaison mir Katansama: die Schule, deren Gebäude von einer schwedischen Stiftung finanziert wurden; das offene Rundhaus aus Schilf, in dem Kinder zu Mittag essen und neugierig zu uns herüberschauen; die neue Krankenstation, deren Schilfwände mit Lehm verputzt sind und die Jaison fotografiert; den weißen Sandstrand, der aussieht wie gemalt; die Palmen, das karibische Meer. Wäre es nicht so heiß, könnten wir einen kleinen Spaziergang am Strand machen.

So aber brechen wir wieder auf, zurück nach Santa Marta. Zum Abschied gibt mir Camilo noch eine Botschaft der Arhuaco mit auf den Weg: Manche wichtigen Dinge wiederholen sich vier Mal im Leben, sagt er. Dinge wie mein Besuch. Ich muss also noch drei Mal wiederkommen.

Ich nehme mir fest vor, wiederzukommen. Zunächst aber geht es für mich weiter nach Osten. In Manaure im Nachbardepartement La Guajira habe ich am kommenden Abend eine Verabredung, und von dort aus will ich weiter in die *rancherías* der Wayúu.

Am kommenden Morgen besteige ich in Santa Marta einen Bus, der mich nach Riohacha bringen soll, der Hauptstadt der Guajira. Dort, so habe ich mir sagen lassen, soll es einen direkten Anschluss nach Manaure geben. Die Fahrt dauert lange. Je näher wir Riohacha kommen, desto trockener wird die Landschaft draußen. Kein Wunder, die Guajira ist eine Halbwüste.

Kapitel 3

Mochilas: La Guajira

Cuatro Vías

Der Bus setzt mich an einer Straßenkreuzung mitten im Nichts ab. Seine Route führt weiter Richtung Osten nach Maicao, der letzten nennenswerten Siedlung vor der Grenze zu Venezuela. Aber da will ich nicht hin; ich will nach Norden, an die Küste, nach Manaure. Draußen ist es heiß, windig und staubig. Am Himmel steht kein Wölkchen. Ich schaue mich um. Grünes wächst hier kaum. Feiner Sand bedeckt den Boden und die paar Bäume, die noch stehen.

Cuatro Vías heißt der Ort, nach den vier Asphaltstraßen, die von hier wegführen. Dafür, dass diese Kreuzung mitten in der Wüste liegt, ist erstaunlich viel los. Einheimische und ein paar junge Leute mit Zelt und Rucksack drängen sich vor Wellblechbuden, in denen Gegrilltes, gekühlte Getränke und sogar Souvenirs feilgeboten werden. Magere Hunde streichen um ihre Beine in der

Hoffnung, es möge etwas für sie abfallen. Selbst Benzin ist im Angebot, in säuberlich nebeneinander aufgereihten Kanistern auf wackligen Tischen. Auf jedem Stand liegt ein kleiner Plastiktrichter als Einfüllhilfe parat. So sehen in der Guajira die Tankstellen aus.

Der Treibstoff kommt aus Venezuela, wo er subventioniert wird und deshalb viel billiger zu haben ist als in Kolumbien. Es ist riskant, ihn illegal über die Grenze zu bringen – und genau deshalb ist es ein gutes Geschäft. Auch die Routen der Kokainschmuggler führen durch die Guajira, allerdings fahren sie in die Gegenrichtung, nach Venezuela. Ihre Zeit ist nachts. Nach Einbruch der Dunkelheit ist es nicht ratsam, in dieser Gegend unterwegs zu sein. Wer dann noch draußen ist, ist in der Regel bewaffnet. Und unter Umständen mag er keine Zeugen.

Im Moment aber steht die Sonne hoch. Junge Männer mit Mopeds warten unter einem Baum auf Kundschaft. Ich habe zu viel Gepäck dabei, um mit einem von ihnen weiterzufahren, doch zum Glück gibt es hier auch einen Autotaxidienst. Kaum bin ich aus dem Bus ausgestiegen, kommt der Fahrer eines klapprigen Mazda – Stufenheck, verzogener Kofferraum, kaputter Scheinwerfer, die Farbe ein undefinierbares Grau – auf mich zu. Er rückt mir einen roten Plastikstuhl zurecht, der unter einem krummen Baum mit dünnen, fedrigen Blättern steht. Tapfer behauptet sich das armselige Gewächs gegen die Trockenheit. »*Tome asiento*«, sagt der Mazdafahrer, »Setzen Sie sich«, und packt meinen Rucksack in seinen Wagen. Er wird nach Manaure fahren, aber erst, wenn sein Auto voll ist.

Ich nehme Platz und trinke einen Schluck aus meiner Wasserflasche. Unter dem Baum lässt es sich aushalten, aber lange muss ich nicht warten. Es dauert keine zehn Minuten, da haben sich drei weitere Fahrgäste gefunden: ein Mann, der Ersatzteile für einen liegengebliebenen Lkw an die nächste, kilometerweit entfernte Kreuzung bringt – wo er die hier aufgetan hat, ist mir ein

Rätsel. Ein weiterer männlicher Passagier, der unserem Fahrer später in Manaure helfen wird, mein Hotel zu finden. Und eine junge Wayúu, die in der Stadt arbeitet und nun zum Wochenende ihre Familie in Manaure besucht.

Die Wayúu

Die Guajira ist das Reich der Wayúu. Es ist das größte indigene Volk Kolumbiens, eine stolze, kriegerische, unzugängliche Gemeinschaft von rund 180.000 Menschen – womöglich sogar viel mehr, denn die aktuellen offiziellen Zahlen sind Jahre alt. In der Guajira stellen sie etwa die Hälfte der Bevölkerung. Vor Jahrhunderten besiedelten die Wayúu, von Venezuela kommend, die trockene Halbinsel. Auch heute noch erstreckt sich ihr Territorium über die Grenze zwischen beiden Staaten. Wayúu können sie ohne weitere Formalitäten überqueren.

Sie leben nach ihren eigenen Regeln. Eine der wichtigsten ist: Wer anderen ein Leid zufügt, muss dafür zahlen.

Herinaldy Gómez ist ein kolumbianischer Ethnologe, der sein Leben der Erforschung der indigenen Völker seines Landes gewidmet hat. Vor Jahren habe ich ihn einmal in einem Café in Bogotá getroffen. Ich wollte von ihm mehr darüber erfahren, was die ersten Einwohner Kolumbiens unter Recht und Gerechtigkeit verstehen, und er nahm sich viel Zeit für mich. Das Thema gab genug Gesprächsstoff her, denn Kolumbien ist eines der wenigen Länder der Welt, in denen das Recht der Ureinwohner und das Recht der westlichen Mehrheitsgesellschaft nebeneinander existieren. Weil beides sich manchmal widerspricht, geht das nicht ohne Konflikte ab.

Für die indigenen Führer ist es eine Frage der Autonomie, auf ihrem Territorium nach eigenen Vorstellungen Recht sprechen zu können. Der Staat muss ihnen diesen Freiraum zugestehen, denn er hat die entsprechenden internationalen Verträge unterzeichnet. Oft funktioniert das gut, und es entlastet die kolumbianische Justiz, zum Beispiel, wenn kleinere Vergehen innerhalb der Gemeinschaft geahndet werden. Solange die Strafen nicht durch das westliche Recht verboten sind, hat niemand etwas dagegen.

Es kann aber auch Probleme aufwerfen. Zum Beispiel, wenn eine nomadische Gemeinschaft von alters her missgebildete Kinder am Weg zurücklässt – vermutlich, weil bei ihrer traditionellen Lebensweise die Möglichkeiten ohnehin nicht ausreichen, um sie am Leben zu erhalten; heutzutage vielleicht auch in der Hoffnung, jemand möge die Kleinen finden und sich ihrer annehmen.

Darf der Staat das hinnehmen? Muss er ermitteln, die Oberhäupter der Gemeinschaft gar verhaften? Selbst wenn er dadurch den Zusammenhalt der Gruppe und damit womöglich sogar das Überleben der anderen Mitglieder gefährdet? Soll er das Gespräch suchen, verhandeln, Wege finden, die Kinder zu retten, ohne die Erwachsenen zu bestrafen?

Anders gefragt: Wessen Weltsicht zählt mehr – die der Weißen, die seit Jahrhunderten dominiert, oder die der Ureinwohner, deren Überleben durch die Regeln der Weißen und die bestehenden Machtverhältnisse seit Jahrhunderten bedroht ist?

Keine leichten Fragen. Der Kaffee mit Herinaldy ist schon eine Weile her, aber eine Sache ist mir in Erinnerung geblieben: Er hat das Selbstbestimmungsrecht der Ureinwohner vehement verteidigt. Ihre Lebensweise sei durch den westlichen Lebenswandel, durch ökonomische Interessen, durch die Investoren, die an das Öl, die Kohle oder andere Naturschätze des Landes wollten, so sehr unter Druck geraten, dass kein Außenstehender das Recht habe, den Ureinwohnern des Landes Vorschriften zu machen. Das war sein zentrales Argument.

Danach schickte Herinaldy mir einen Auszug aus einem seiner Bücher. Der Text beschäftigt sich mit der Justiz der Wayúu und mit einer für sie zentralen Figur, dem *puchipúu* oder *palabrero*. Der Palabrero heißt so, weil er das Wort – *la palabra* – zwischen zwei

Clans hin und her trägt, die sich im Streit befinden. Macht er seine Arbeit gut, erhält das den Frieden zwischen den Familien.

Wer anderen schadet, muss den Verlust wieder ausgleichen. Das ist das Prinzip, auf dem die Arbeit eines Palabrero basiert. Es gilt bei Hochzeiten, weil dann ein Brautpreis zwischen zwei Clans ausgehandelt werden muss – schließlich verlieren die Eltern ihre Tochter, die anderenfalls in der eigenen Familie mitarbeiten würde. Es gilt, wenn der Kohlezug, der die Landschaft der Guajira auf einer Strecke von 150 Kilometern durchschneidet, eine Ziege überfährt. Das passiert oft, denn der Zug fährt in der Regel mehrmals am Tag, und der Bahndamm ist nicht gesichert. Und ob der Lokführer unachtsam war, ob er noch versucht hat zu bremsen oder die Besitzer der Ziege besser auf das Tier hätten aufpassen müssen, ist aus Sicht der Wayúu für den Schadensersatzanspruch völlig unerheblich (der örtliche Kohlekonzern sieht das naturgemäß völlig anders).

Das Prinzip der Entschädigung gilt auch, wenn ein Wayúu einem anderen etwas stiehlt. Dann muss sein Clan sogar das Doppelte zurückgeben. Ein weiterer wichtiger Grundsatz: Es ist immer der ganze Clan, der verantwortlich für Regelverstöße ist, nie nur der Einzelne. Denn der Einzelne handelt nie im luftleeren Raum, sondern immer eingebunden in das soziale Netzwerk seines Clans.

Selbst Morde werden durch Kompensationszahlungen gesühnt: in Form von Ziegen, Schmuckstücken, Geld. Die Art und Menge richte sich nach dem geschädigten Clan, schreibt Herinaldy, und das Ritual bis zur endgültigen Einigung könne bis zu fünfzehn Jahre dauern. Ob der Tod absichtlich herbeigeführt wurde, sei nicht wichtig. »Das Wichtige ist: Jemand hat ihn verursacht und muss zahlen.« Die erste Rate ist für das vergossene Blut, die zweite für das Leid, das der Tote ertragen musste, die dritte für den Tod an sich, die vierte für das Leid der Angehörigen – und als Zeichen für den Willen zum Frieden. »Wenn die letzte Rate nicht gezahlt wird, erklärt die geschädigte Familie der anderen den Krieg.«

Um das zu vermeiden, pendelt der Palabrero ständig zwischen den Clans und überbringt die Botschaften der Oberhäupter. Diese beschwören ständig die Kriegsgefahr, um Racheakte zu verhindern und letztlich den Frieden zu erreichen. Ist die letzte Rate bezahlt, ist die Einheit besiegelt. Jetzt können die Angehörigen der beiden Clans wieder unbefangen miteinander verkehren.

Während des ganzen Prozesses dürfen ausschließlich die Männer – mit Ausnahme des Übeltäters – öffentlich ihre Meinung äußern. Die Frauen hören zu. Doch bleibt die letzte Rate aus, sind sie es, die über Krieg oder Frieden entscheiden.

Der Verursacher des ganzen Übels aber wird von seinem Clan ins Gebet genommen. Er wird »beraten«, schreibt Herinaldy, und Rat zu geben sei nur denen erlaubt, die schon einmal selbst ähnliche Fehltritte begangen haben. Sie verstehen den Täter am besten, und sie können als Vorbild dienen. Am Ende sind im Idealfall alle versöhnt, und der Übeltäter ist wieder gut in seinen Clan integriert.

Das alles basiert auf mündlicher Überlieferung. Herinaldy zitiert die Wayúu: »Die westliche Justiz ist schriftlich, weil sie gegen den Rat ist und die Strafe über die Übereinkunft und das Vergeben stellt. Für uns ist die Justiz nicht schriftlich, denn sie ist keine Strafe.«

Wasser und Kohle

Die Lebensweise der Wayúu scheint perfekt an die kargen Verhältnisse angepasst. Traditionell leben sie in Rancherías, kleinen, weit auseinanderliegenden Siedlungen. Finden sie an einem Ort kein Wasser mehr, kein Gras oder keine Arbeit, ziehen sie weiter. Ihre Hütten sind aus Kakteen, Ästen und Lehm gebaut, die Viehpferche mit Kakteen und Ästen umzäunt. Sie halten Kleinvieh, vor allem Ziegen, jagen und fischen. Die Tiere sind der wichtigste Besitz der Wayúu.

Im Moment aber ist Wasser besonders schwer zu finden, und die Wayúu leiden unter der erbarmungslosen Trockenheit. In den vergangenen Monaten hat es viel weniger geregnet als sonst. Es gibt kein Trinkwasser. Kinder sterben – offenbar wegen des Wassermangels. Weil sie verlangen, dass der Staat etwas dagegen tut, stehen die Wayúu gerade im Zentrum einer heftigen politischen Kontroverse. In Manaure will ich Javier Rojas Uriana treffen, einen Wayúu, der um Wasser für sein Volk kämpft.

Wir fahren los. Im Auto ist es heiß, und es herrscht erschöpftes Schweigen. Die Sonne steht noch hoch am Himmel. So bald wird die Temperatur nicht sinken. Vielleicht um uns – und sich – abzulenken, stellt der Fahrer das Radio an. Es erklingen Vallenatos, die Musik der Karibikküste, gespielt mit einem Akkordeon (europäisch), einer Trommel (afrikanisch) und der Guacharaca (indigen), einem geriffelten Stock, über den man mit einer Reibgabel schrappt, um den Rhythmus der Trommel zu begleiten. Ursprünglich besangen fahrende Sänger im Vallenato die Liebe, den Tod, den ständigen Mangel an Geld, das ganze Leben. Er vereint Bestandteile aus vielen Völkern in sich, genau wie Kolumbien, vielleicht ist er deshalb so populär im ganzen Land. In jedem Bus, in jedem Sammeltaxi, in das ich auf meiner Reise steige, werde ich ihn noch hören.

Hier in der Guajira gibt der Vallenato den Takt vor, in dem wir langsam durch die staubige Einöde schaukeln. Bis Manaure sind es knapp sechzig Kilometer, aber wir werden lange dafür brauchen, denn der Mazda kommt nur noch langsam voran.

Zum Glück habe ich einen Platz am Fenster und damit freien Blick nach draußen. Besonders abwechslungsreich ist das allerdings nicht. Wir fahren durch eine triste ockerbraune Landschaft aus Steinen, Sand, staubigen Bäumen und Kakteen. Je weiter wir nach Norden kommen, desto spärlicher wird die Vegetation. Viele

Bäume sind vor Trockenheit ganz grau, manche sind schon umge-
kippt. Sie sehen aus, als seien sie aus Papier. Magere Ziegen knab-
bern an dem tristen Gestrüpp. Durch die offenen Fenster bläst
heißer Wind ins Auto, der uns langsam röstet. Vorsichtshalber
gehe ich sparsam mit meinem Wasser um.

Immer wieder ziehen schicke Geländewagen an uns vorbei. In
einem solchen Jeep – schnell, bequem und klimatisiert – bin ich
vor drei Jahren schon einmal dieselbe Straße entlanggefahren, als
ich die Tagebaue von El Cerrejón besucht habe, einem Zusam-
menschluss der internationalen Bergbaukonzerne XStrata, BHP
Billiton und Anglo American. Das Unternehmen fördert in der
Guajira etwa 40 Prozent der kompletten kolumbianischen Stein-
kohleproduktion. Insgesamt hat Cerrejón eine Konzession für
69.000 Hektar und beutet etwa ein Fünftel davon in mehreren Tagebauen aus. Das gesamte Areal ist umzäunt und wird von bewaffneten Wachtposten gesichert. An ihnen kommt man nur mit den
richtigen Papieren vorbei.

Die Gruben von El Cerrejón sind der wichtigste Wirtschafts-
faktor der Gegend. Vom Karibikhafen Puerto Bolívar ganz im
Norden der Guajira wird die Steinkohle in alle Welt verschifft.
Etwa zwei Drittel sind für den europäischen Markt bestimmt, ein
Teil davon für Deutschland. Nachdem ich zum ersten Mal über
die schädlichen Folgen des Kohleabbaus berichtet hatte, gab das
Unternehmen alles, um mich davon zu überzeugen, dass seine Ak-
tivitäten den Menschen hier zum Vorteil gereichen.

Zwei Tage lang zeigte mir eine Sprecherin die Tagebaue, den
Hafen, ein umgesiedeltes Dorf und soziale Projekte des Konzerns.
Über eine Stiftung finanziert Cerrejón landwirtschaftliche Vorhaben, schafft Vermarktungswege für die traditionellen Handarbeiten der Wayúu-Frauen, baut Grundschulen, kauft Computer, fördert Sportunterricht und unterstützt Berufsschulen. Ich traf
begeisterte Mitarbeiter, sah blitzblanke Schulen und blühende
Gärten. Nur einmal sagt eine Frau am Rande zu mir: »Cerrejón

müsste viel mehr tun.« Zu viele Wayúu-Kinder hätten immer noch keine Chance auf eine vernünftige Schulbildung. Aus ihrer Sicht sei es die Aufgabe des Konzerns, das zu ändern, so groß ist die Macht von Cerrejón in der Guajira. Das Unternehmen aber sagt, man könne nicht den Staat ersetzen.

Die Cerrejón-Sprecherin gewährte mir damals keine Atempause. Sie war sehr höflich und freundlich zu mir, aber sie mochte mich ganz offensichtlich nicht. Doch alle anderen Kolumbianer, die ich traf, begegneten mir so herzlich und offen, dass ich unbedingt wiederkommen wollte.

Jetzt bin ich erneut in der Guajira und fahre wieder die Bahnlinie entlang, die eigens für Cerrejón quer durch den Landstrich gebaut wurde. Von unserem klapprigen Mazda aus kann ich sie gut sehen, denn sie verläuft auf einem Damm schnurgerade neben uns her. Irgendwann kommt uns ein leerer Kohlezug entgegen. Minutenlang rattern die schwarzen Waggons an uns vorbei – für lange Zeit die einzige Abwechslung.

Mit El Cerrejón fuhr ich damals wie auf einer Hochsicherheitsmission durch die Gegend. Unser Fahrer war in ständigem Funkkontakt mit dem Unternehmen. Wann immer wir von einem Ort aufbrachen, gab er unseren Standort, die Route und das nächste Ziel durch. Es fühlte sich an wie eine Fahrt durch Feindesland, und als die Sprecherin mich nach zwei Tagen im Städtchen Barrancas absetzte, von wo aus ich nach Provincial wollte, um eine Wayúu-Gemeinschaft im Widerstand gegen El Cerrejón zu besuchen, war sie sehr besorgt um meine Sicherheit. Glücklicherweise war ihre Angst völlig grundlos.

In Provincial lebten damals 540 Wayúu in unmittelbarer Nachbarschaft zur Kohlegrube. Der Tagebau fraß sich schon seit Jahrzehnten immer näher an ihr Dorf heran. Nur die Ältesten erinnerten sich noch daran, wie es war, bevor die Kohle kam. »Wir konnten uns überall frei bewegen, um zu fischen und zu jagen«, sagte eine Frau. Wegen des Zauns, der die Mine absperrt, gehe das jetzt nicht mehr.»Wer auch nur in die Nähe des Zauns kommt, gilt als Angreifer«, sagte man mir. Bei El Cerrejón hingegen beklagte man sich, weil die Wayúu den Zaun nicht respektierten.

Menschenrechtsgruppen sind der Meinung, die Kohle bedrohe die Existenz der Wayúu, weil sie ihre traditionelle Lebensweise gefährde. Weil sie ihnen die Wege versperre, sie an Jagd und Fischerei hindere, ihre Flüsse versiegen lasse, sie zur Umsiedlung zwinge, um der Kohle Platz zu machen – und weil die neuen Dörfer zwar nach westlichen Maßstäben komfortabler seien (Betonwände! Stromanschluss!), die Wayúu dort aber in Abhängigkeit vom Kohlekonzern leben müssten statt selbstständig und frei wie zuvor.

Der deutsche Dokumentarfilmer Jens Schanze hat das in seinem mehrfach ausgezeichneten Kinofilm *Das gute Leben* gezeigt, der 2015 in den deutschen Kinos lief. Schanzes Team begleitete die Wayúu des Dorfes Tamaquito über mehrere Jahre hinweg. Immer wieder besuchten sie das Dorf, bis man sie am Alltag teilhaben ließ. Sogar an den althergebrachten Zeremonien durften sie teilnehmen. Ein wenig davon kann man im Film sehen.

Tamaquito befand sich ursprünglich in einer wasserreichen Gegend, in einem Wald und nahe am Fluss. Die Bewohner lebten gut von allem, was die Natur so hergab. Dann wurde das Dorf von Cerrejón umgesiedelt. Der Wasseranschluss in den modernen Häuschen von Neu-Tamaquito versiegte schnell; die Bewohner wurden abhängig von den unregelmäßigen Trinkwasserlieferungen des Konzerns. Die Pflanzen, die sie anbauten, vertrockneten. Die Alten sehnten sich in ihr altes Dorf zurück. Die Jungen begannen, vom westlichen Lebenswandel und vom Geld zu träumen. Ihre alte Lebensweise war zerstört.

Provincial wurde zwar nicht umgesiedelt. Aber seine Bewohner erzählten mir von den Explosionen, die sie nachts hören können, und von den Staubwolken, die aus dem Tagebau ins Dorf ziehen und sie krank machten. Sie berichteten von Hautkrankheiten,

Atemwegsbeschwerden, Kopfschmerzen und Haarausfall. Wissenschaftliche Beweise, dass die Kohle dafür verantwortlich ist, hatten sie freilich nicht. Aber sie waren überzeugt: »Wegen der Kohle sind die Leute hier kränker als früher.« Vorteile habe ihnen der Tagebau hingegen nicht gebracht. Arbeit für sie gebe es im Tagebau auch nicht.

Der Konflikt um die Kohle wird aggressiv geführt. Cerrejón nutzt seine wirtschaftliche und politische Macht, um sein Geschäft auszubauen. In der Zeit vor und nach meinem damaligen Besuch gab es immer wieder Sabotageakte gegen den Konzern – Bombenanschläge, die den Kohlezug vorübergehend außer Betrieb setzten. Das Militär gab damals der Farc die Schuld.

Heute hingegen bin ich in dem klapprigen Mazda sehr entspannt unterwegs, so wie meine schweigsamen, dösenden Mitfahrer. Entspannt wirkt auch der Uniformierte, der plötzlich rechts unter einem Baum spaziert und gleich wieder aus dem Blickfeld verschwindet. Er ist nicht der einzige Soldat hier; auch eine Mautstation am Weg wird von Uniformierten bewacht. Ihre Präsenz erinnert mich daran, dass dies kein ungefährliches Gebiet ist, sondern eine Grenzregion, die schwer zu sichern ist und kriminelle Gruppen und Geschäftemacher anzieht.

In Uribia, dem Städtchen an der nächsten Kreuzung, steigt der Fahrgast mit den Ersatzteilen aus. Am Wegrand wartet schon ein Lkw-Fahrer samt havariertem Lastwagen auf ihn. Kurz danach bin ich endlich in Manaure angekommen, sogar noch bei Tageslicht.

Manaure

Manaure ist eine Ansammlung flacher Häuser rund um eine Saline, deren Salzhügel früher Touristen hierherlockten. Heute aber wird kaum noch Salz abgebaut. Es gibt eine Hauptgeschäftsstraße, in der alles für den täglichen Bedarf verkauft wird: Lebensmit-

tel, kleine Mahlzeiten (Pizzen oder Huhn mit Reis), Autoersatz-
teile, leuchtend bunte Wolle für die traditionellen Mochilas der
Wayúu. Es gibt Fahrradrikschas, die als Taxen fungieren, mit Platz
für je zwei Passagiere. Mit professionellem Training wären die zähen, sehnigen Männer, die hier täglich zentnerweise Lebendge-
wicht durch die Hitze befördern, vermutlich Favoriten bei allen
möglichen Fahrradrennen der Welt.

Ich bin in Manaure mit Javier Rojas Uriana verabredet, einem
jungen Anführer der Wayúu. Gemeinsam mit einer Anwältin aus
Bogotá hat Javier den kolumbianischen Staat wegen des Wassermangels verklagt. Die beiden behaupten, es gebe genug Wasser in
der Guajira, aber den Wayúu werde es vorenthalten.

»Sie haben uns den Fluss gestohlen«, sagt Javier. Sein Kampf
bringt ihn in Gefahr, aber er lässt sich dadurch nicht abhalten, immer und immer wieder das Recht seines Volkes auf ausreichend
Trinkwasser einzufordern. Weil er Drohungen erhält, hat der
Staat ihm zwei Leibwächter zur Seite gestellt, die ihn ständig begleiten. Als ich ihn treffe, halten sich die beiden Bewaffneten diskret im Hintergrund, sodass ich sie zunächst gar nicht bemerke.
Sie lassen Javier nicht aus den Augen.

Die Guajira wird von Leuten beherrscht, die ihre eigenen Interessen verfolgen. Ehemalige paramilitärische Gruppen, die das
Kämpfen nie aufgegeben haben, sind in der Region immer noch
stark. Überall gibt es Waffen; das macht das Leben so gefährlich
für Dissidenten. Viele Politiker sind korrupt. »Sie stehlen das
Geld, das allen gehört, lassen nichts übrig, gründen ihre eigenen
Hilfsorganisationen«, sagt Javier. »Sie manipulieren den Hunger,
den Durst und die Gesundheit. Alles für Wählerstimmen. Das ist
ihnen wichtiger als das Leben selbst.«

Die Korruption hat auch einige der Wayúu-Führer erfasst.
»Am Ende tauschen sie ihre Gemeinschaft gegen eine *arepa*«, sagt
Javier, gegen das traditionelle Maisbrot, das in Kolumbien und sei-
nen Nachbarländern das wichtigste Grundnahrungsmittel ist.

Und während Wayúu verdursten, haben die großen Unternehmen der Guajira genügend Wasser, um es zu verschwenden, behaupten Umweltaktivisten. Die Kohlegruben würden den Grund-
wasserhaushalt der Region durcheinanderbringen, und die
Trinkwasserlieferungen, die El Cerrejón in die Dörfer der Guajira
schickt, seien womöglich tatsächlich gut gemeint, schafften aber
nur neue Abhängigkeiten. Was, wenn der Wasserlaster einmal
nicht komme? Was, wenn der Konzern das Wasser als Druckmittel nutze, um Widerstand zu brechen?

Eines kann ich bestätigen: Das konzerneigene Hotel in der
Nähe der Kohlegruben verfügt über allen Komfort, reichlich
Duschwasser inklusive. Es befindet sich in einer Siedlung, die El
Cerrejón für seine Arbeiter mitten in die Guajira gestellt hat, mit
Wohnhäusern, Bürobaracken und dem Hotel. Die kleinen Häuschen und sattgrünen Vorgärten wirkten auf mich wie eine typi-
sche Vorstadt in den USA: ein Fremdkörper in der kolumbianischen Wüste. Die Arbeiter, die von hier aus täglich mit Bussen zu
ihren Zwölf-Stunden-Schichten in die Kohlegruben gebracht
werden, nennen das Städtchen Beverly Hills. Während meines
Aufenthalts dort vor drei Jahren wässerte man auch die staubigen
Straßen, um die Erde trotz des ewigen Windes am Boden zu halten. Trinkwasser, sagte der Konzern damals, verwende man dafür
selbstverständlich nicht.

Außerdem gibt es in der Guajira einen Stausee, der vor Jahren
angelegt wurde, angeblich mit dem Ziel einer besseren Wasserver-
sorgung. Aber ob im Moment überhaupt jemand mit Wasser von
dort versorgt wird – und falls ja, wer –, ist nicht ganz klar. Der See
hält das Wasser des Río Ranchería zurück, des wichtigsten Flusses
der Region. Javier und seine Anwältin Carolina Sáchica verlangen,
dass die Behörden die Schleusen öffnen, damit der Pegel des Flusses wieder steigt. Wenige Tage nach meinem Besuch in Manaure
wird der Oberste Gerichtshof des Landes ihnen recht geben. Die
Schleusen bleiben dennoch geschlossen.

Aber an diesem Abend möchte ich mit Javier – ausnahmsweise
– gar nicht über Politik reden. Ich will von ihm mehr über die Lebensweise und die Traditionen der Wayúu erfahren. Morgen, so
hat er mir versprochen, darf ich ihn zu den Rancherías begleiten,
um selbst zu sehen, wie die Leute leben.

Aber ich werde schnell feststellen, dass sich die Politik in einem Land wie Kolumbien, zumal in dieser Region, nicht vermeiden lässt. Javier wird am nächsten Tag wenig Zeit haben. Er ist mit
Journalisten unterwegs, um ihnen die Misere der Wayúu zu zeigen, und er und seine Leibwächter wechseln ständig den Aufent-
haltsort.

Heute Abend aber macht er mich mit einem Arzt bekannt, der
im Auftrag einer Menschenrechtspolitikerin des kolumbianischen Senats durch die Guajira reist, um die kranken und unterernährten Kinder der Wayúu zu versorgen. Roberto Gómez aus Medellín übernachtet im selben Hotel wie ich. Mit ihm reisen
Carolina Velázquez, ebenfalls Ärztin aus Medellín, ihre Studentin-
nen und weitere Helfer. Sie fahren hinaus in die Rancherías der
Wayúu; dort untersuchen sie die Kinder, verteilen Antibiotika, Vi-
tamine, Entwurmungsmittel, Wasser – ehrenamtlich, finanziert
mit Spenden. Wenn sie nicht in die Rancherías kommen, gibt es
dort niemanden, der sich um die Gesundheit der Kinder kümmert. Die Erwachsenen können sie jedoch nicht versorgen, dafür
reichen die Spenden nicht.

Ich werde eingeladen, mich der Gruppe am kommenden Tag
anzuschließen. Heute teilen sie ihr Abendessen mit mir: Hühn-
chen, Reis und Coca-Cola. Und weil ich nicht aufpasse, lande ich
doch wieder in einer politischen Diskussion.

Wir reden über die Friedensverhandlungen, die Regierung und
Farc-Guerilla seit vier Jahren in Havanna führen. In ein paar Wochen werden sich beide Parteien endgültig einigen – was wir an
diesem Abend noch nicht wissen können, aber wir wissen, dass die
Verhandlungen anscheinend gut vorankommen. Die Stimmung

im Land ist hoffnungsvoll. Und positiv – so zumindest nehme ich sie wahr.

Doch für Roberto geben die Verhandlungsfortschritte keinen Anlass zur Hoffnung. Das Abkommen sei für ihn nicht akzeptabel, sagt er, denn es garantiere der Guerillera Straffreiheit selbst bei schweren Verbrechen. »Daraus entsteht nichts Gutes.« Deutschland habe nach dem Zweiten Weltkrieg die Täter doch auch bestraft. In Westdeutschland, entgegne ich, haben viele ehemalige Nazis nach dem Krieg hohe Ämter bekleidet, und das sei ein Grund für die Studentenrevolte der Achtundsechziger gewesen. Das bestätigt ihn nur in seiner Meinung.

Hat er keine Angst, dass der Krieg zurückkommt, wenn die Verhandlungen scheitern? »Wir alle wollen den Frieden«, antwortet er, »aber für diesen Vertrag werde ich nicht stimmen.« Es ist genau die Position, mit der gut zwei Monate später eine denkbar knappe Mehrheit der Wähler den Friedensvertrag zwischen Regierung und Farc ablehnen wird.

In den Rancherías

Am nächsten Tag fahren wir raus in die Rancherías. Dort beginne ich zu begreifen, was es bedeutet, hier zu überleben: Die Guajira ist wirklich eine gottverlassene Region. Es ist heiß, es ist trocken, und der Wind hört nicht auf zu blasen. Er wirbelt die Erde auf, und bis zum Ende des Tages hat sich der Staub überall festgesetzt: auf dem Gesicht, unter der Kleidung, im Mund, zwischen den Zähnen. Es ist unmöglich, ihn loszuwerden. Dazu müsste man ausgiebig duschen, aber fließendes Wasser gibt es hier keins. Auch keine Wassertoiletten; dafür aber streunende Hunde und umherwanderndes Kleinvieh – man kann sich vorstellen, was der Staub hier so alles mit sich trägt. Hitze und Wind trocknen die Schleimhäute aus. Kein Wunder, dass so viele Leute hier an Atemwegsinfektionen leiden.

In einer Siedlung der Wayúu. Die Häuser sind aus dicken Ästen und
Wellblech gebaut, mit einem Pferch für die Ziegen.

Asphaltstraßen gibt es nach ein paar Kilometern auch keine
mehr. Wir fahren über eine Erdpiste, für deren Asphaltdecke
schon zweimal Geld aus Bogotá geflossen ist, wie meine Begleiter
mir versichern. Doch das Geld sei auf wundersame Weise in den
Taschen der lokalen Politiker verschwunden. Von Asphalt ist tatsächlich kein Krümel zu sehen. Was man sieht, sind ein paar Ver-
messer, die am Wegesrand eifrig durch ihre Messgeräte schauen.
Vielleicht wurde ja gerade eine dritte Überweisung angekündigt.

Die Rancherías – wir besuchen drei: Guarralakatshi, San Mar-
tín Puloi und Kaletamana – liegen weitab der Straße, und die Wege
dorthin sind für Ortsunkundige kaum zu finden. In den Siedlungen messen und wiegen die Ärzte die Kinder. Sie nehmen Blut ab,
das sie abends noch ins Labor schicken werden. Sie horchen Brust-
körbe ab, leuchten in Münder, Nasen und Ohren und verteilen, je
nach Diagnose, Antibiotika, Mittel gegen Parasiten und Vitamin-

lösungen. Nicht alle Patienten sprechen Spanisch, aber immer findet sich jemand, der aus dem Wayuunaiki, der Sprache der Wayúu, übersetzen kann.

Uns begleitet ein Jeep, der Wasser in durchsichtigen Plastiksäcken geladen hat, die Spende einer kolumbianischen Softdrinkfirma. Manche Kinder sind kaum größer als die Säcke. Aber sie wenden ihre ganze Kraft auf, um das wertvolle Geschenk nach Hause zu schleppen.

Die Brunnen in dieser Gegend sind bis zu 130 Meter tief und führen nur Brackwasser, sagt man mir, und wer sauberes Wasser will, muss dafür stundenlang in sengender Hitze durch die Gegend wandern. In einer Ranchería sehe ich ein paar Wayúu, die mit einem Maultier langsamen Schrittes vom Wasserholen zurückkehren. Sie haben Glück: Das Tier kann mehrere volle Kanister tragen. Wer Pech hat, besitzt kein Maultier und muss mehrmals selbst gehen oder sich mit der brackigen Brühe aus dem Brunnen in der Nähe zufriedengeben.

In der ersten Siedlung schlagen die Ärzte ihre mobile Praxis unter einem Dach aus Holz und Stroh auf. Es spendet Schatten, bietet aber keinen Schutz gegen den Wind. Plastikstühle werden bereitgestellt, die Ärzte holen ihre Kisten mit Medikamenten aus dem Auto, die Glasröhrchen für die Blutproben, die Taschen mit den Instrumenten.

Ein paar Frauen nehmen im Schatten Platz und beobachten die Aufbauarbeiten. Sie tragen die weiten, bodenlangen Gewänder der Wayúu-Frauen, *mantas* genannt, und haben alle ihr Häkelzeug dabei. Solange sie warten, häkeln sie an ihren Mochilas, den leuchtend bunten Taschen mit ihren teils recht komplizierten geometrischen Mustern. Die Mochilas der Wayúu sind so besonders, dass jeder in Kolumbien sie sofort erkennt.

Angeblich haben katholische Nonnen das Häkeln in die Guajira gebracht. In einer Lokalzeitung lese ich, dass die Wayúu sich eine eigene Legende über den Ursprung ihrer Handarbeitskunst

erzählen: Einst soll eine besonders hässliche Wayúu-Frau, un-
sterblich verliebt in einen Hirten, aber wegen ihres Aussehens
ohne Chance, als Arbeiterin in sein Haus aufgenommen worden
sein. Man gab ihr Wolle. Sie aß sie heimlich. Und verwandelte sich
des Nachts in eine geheimnisvolle Dame, aus deren Mund lange,
bunte Fäden kamen, mit denen sie die erste Mochila häkelte. In
der Morgendämmerung wurde sie entdeckt, und weil ihre Mochila so schön war, entflammte das Herz des Hirten in Liebe zu ihr.

Die Frauen haben bei den Wayúu eine besondere Stellung. Das
Volk lebt in Clans, die matrilinear organisiert sind. Das heißt, die
Kinder gehören immer zum Clan ihrer Mutter. Sie wachsen beim
mütterlichen Teil der Familie auf, und sie tragen ausschließlich
den Nachnamen der Mutter – was dazu führte, dass die Behörden
der Guajira sich eine Zeit lang weigerten, die Kinder der Wayúu zu
registrieren und ihnen Ausweise auszustellen, weil dazu üblicher-
weise immer auch der Name des Vaters nötig ist. Erst als ein Richter einschritt, erhielten die Wayúu Ausweise mit den für sie kor-
rekten Namen.

An der Schwelle zum Erwachsenenalter durchlaufen die jungen Mädchen einen strengen Initiationsritus – für junge Männer
gibt es den nicht. Sie werden vom Rest der Familie getrennt, im Ex-
tremfall monatelang. In der Zeit der Abgeschiedenheit dürfen nur
enge weibliche Verwandte sie sehen. Von ihnen lernen sie alles, was
eine heiratsfähige Wayúu wissen muss, zum Beispiel häkeln.

Dennoch ziehen die Frauen, sobald sie verheiratet sind, zur Familie ihres Mannes, und die höchste Autorität in der Familie ist
ein Mann: der Onkel mütterlicherseits, der *alaula*. Dieser erbt seine Position aufgrund seines Wissens, seines Alters und seiner Fä-
higkeit, Probleme und Konflikte mit anderen Familien oder Clans
zu lösen.

Die Frauen, die am Rand der mobilen Praxis warten, häkeln so
flink, dass ich der Bewegung ihrer Hände kaum folgen kann. Zum
Beispiel Aurora Epiayúu: Ihre Tasche ist weiß, mit einem Muster

Aurora Epiyayúu in der Hängematte beim Häkeln.
Das Muster der Tasche, die sie fertigt, steht für den Clan.

aus feinen schwarzen Linien, die sich zu Sechsecken fügen. Ins Zentrum der Sechsecke setzt sie ein leuchtendes Pink. Absicht oder nicht – die Wolle hat fast die gleiche Farbe wie die Lackreste auf ihren Fingernägeln. »Das Muster steht für den Clan«, erklärt mir Auroras Schwester Fidelina, eine Achtzehnjährige, die gerade die Schule abgeschlossen hat. Welche Motive es sonst noch gebe? Pflanzen, sagt Fidelina, oder Sterne – »Alles, was in unserem Leben eine Rolle spielt.«

Die Epiayúus laden mich in ihr Häuschen ein. Die Wände sind aus dicken Ästen gemacht, die man in den Boden gerammt hat; die Zwischenräume bleiben offen. Das Dach ist aus Wellblech. Drinnen gibt es einen aus Ziegelsteinen gemauerten Herd, Töpfe, ein paar Sitzgelegenheiten und eine Hängematte,

Neugieriger Blick: ein Mädchen und eine junge Frau in einer
der von den Ärzten besuchten Rancherías

die quer durch den Raum gespannt ist. Ein Huhn tappt zögernd über den gestampften Boden. Gäste seien ihnen immer willkommen, sagt der Vater.

Fidelina Epiayúu würde gern Krankenschwester werden, sagt sie. Roberto und die Ärztin Carolina fragen nach und beschließen spontan, der jungen Frau eine Ausbildung zu finanzieren. Das nötige Geld für Unterricht, Unterkunft und Lebensunterhalt werde man schon irgendwie auftreiben, sagt Carolina. Einzige Bedingung: Fidelina muss, sobald sie ihre Ausbildung abgeschlossen hat, wieder zurück in die Ranchería ziehen, um ihr Können für ihre eigenen Leute einzusetzen.

Die junge Frau ist einverstanden. Für die Ärzte wäre sie eine große Hilfe. Denn die Wayúu sind oft misstrauisch gegenüber den Weißen, den *arijuna*, wie sie sie nennen. »Die Arijuna haben nie gehalten, was sie uns versprochen haben«, sagt mir eine Frau. »Aber wir lassen uns nicht mehr manipulieren.« Und nicht mehr ausfragen, wie ich noch merken werde.

Früher seien viele Anthropologen in die Guajira gekommen, erklärt mir Javier später, und hätten viele Informationen über die Wayúu gesammelt. »Sie haben unsere Kultur schlecht gemacht und damit Geld verdient. Sie haben sogar behauptet, die Ursachen für unsere derzeitige Lage, also den Wassermangel und die Unterernährung, lägen in unserer Kultur begründet.« So, als seien die Wayúu selbst schuld an ihrem Unglück und hätten keine Hilfe verdient. Deshalb würden seine Leute Fremden gegenüber mittlerweile lieber schweigen. So gesehen hatte ich großes Glück.

Wir packen ein und fahren zur nächsten Ranchería. Dort kommen nur wenige Frauen zur Untersuchung, dafür aber viele Kinder, denn wir schlagen die Praxis direkt gegenüber dem Schulgebäude auf, und der Unterricht ist gerade zu Ende. Ein Geschwisterpaar fällt mir besonders auf. Ob es Jungen oder Mädchen sind, kann ich nicht erkennen, aber beide sind deutlich unterernährt. Man sieht es an den gelblichen, struppigen Haaren, die tiefschwarz sein müssten, und an den geblähten Bäuchen. Das ältere Kind, im Grundschulalter, trägt sein jüngeres Geschwisterchen auf der Hüfte. Die schmutzigen Kleider der beiden hängen lose an den kleinen Körpern.

Hier haben die Kinder Angst vor dem Blutabnehmen. Ein schluchzendes Mädchen gerät in Panik, als es die Nadel sieht. Alles gute Zureden nützt nichts; am Ende müssen mehrere Erwachsene das Kind festhalten. Das nächste Kind heult beim Anblick der Spritze ebenfalls los, die anderen lassen sich anstecken, und irgendwann befinden wir uns inmitten schluchzender Kinder. Es ist eine sehr deprimierende Szene. Auch das kleinere der beiden Geschwisterkinder weint jetzt. Das Ältere hält es fest auf der Hüfte, unternimmt aber keinen Versuch, es zu trösten, sondern schaut nur apathisch vor sich hin.

Später taucht auch die Mutter der beiden auf, die überraschenderweise durchaus wohlgenährt wirkt. Carolina, die Ärztin, macht das wütend: Es scheint, als hätte die Frau genügend zu essen und würde ihre Kinder dennoch nicht gut versorgen.»Manchmal muss man es den Frauen ganz hart sagen, damit sie es begreifen: Wenn du nichts unternimmst, werden deine Kinder sterben.«

Als die Sprechstunde zu Ende ist, verteilt der medizinische Hilfstrupp Stoffe, aus denen die Frauen ihre Mantas, die traditionellen Gewänder, schneidern können. Plötzlich sind die Frauen zur Stelle. Ganz offensichtlich ist das Misstrauen gegenüber den Arijunas in dieser Siedlung sehr groß, aber ihre Geschenke nimmt man dennoch an. Wer ums Überleben kämpft, greift zu allem, was er kriegen kann.

Guarralakatshi ist die letzte der drei Rancherías, die wir besuchen. Seit sechs, sieben Monaten fährt die Gruppe regelmäßig dorthin, berichtet Roberto. Viermal waren sie bisher in Guarralakatshi, und in dieser Zeit ist der Prozentsatz der unterernährten Kinder dort von etwa 45 auf rund 33 Prozent zurückgegangen. Das ist immer noch hoch, aber es ist ein Erfolg.

In ihren Arzneikisten führen die Ärzte Vitaminpräparate und
Entwurmungsmittel für Kinder mit sich – alles Spenden.

In den Siedlungen, in denen die Ärzte regelmäßig ihre
mobile Sprechstunde abhalten, geht es den Kindern besser.

Vielleicht ist er Kendrys zu verdanken. Die Zweiundzwanzig-
jährige lebt in Guarralakatshi und ist gelernte Krankenschwester.
Für die Ärzte ist sie eine wichtige Vermittlerin. Kendrys weiß, warum die Helfer bestimmte Dinge tun, und sie kennt die Weltsicht
der Wayúu. Sie kann vieles erklären und schafft so Vertrauen.

Ich frage sie nach dem Alltagsleben der Wayúu. Für ein Volk,
das seinen Frauen eine besonders wichtige Rolle zuschreibt,
scheint mir die Aufgabenteilung doch sehr traditionell: Die Frau-
en kümmern sich um Haus und Kinder, sagt Kendrys, und sie häkelten Mochilas. Sie begutachtet die winzige Mochila, die ich in
Santa Marta erworben habe. »Wie viel hast du dafür bezahlt?« Als
ich ihr den Preis nenne, sagt sie: »Und wir bekommen so wenig da-

für. Die Weißen werden auf unsere Kosten reich .« In diesem Fall nicht, entgegne ich. Die Verkäufer in Santa Marta waren Wayúu.

Die Männer aus Guarralakatshi, erzählt Kendrys, gehen mit den Ziegen auf die Suche nach Futter, sie gehen fischen oder nehmen bezahlte Jobs an. Viele Möglichkeiten zur Lohnarbeit scheint es für die Wayúu-Männer hier in der Nähe allerdings nicht zu geben. Haben sie ein Moped oder Motorrad, stellen sie sich an eine Kreuzung und warten auf Passagiere. Haben sie kein Geld, um sich ein Moped zu kaufen, finden sie vielleicht eine Stelle auf dem Bau.

Zu Hause lassen sich die Männer dann gern bedienen. »Die Frauen müssen kochen. Die Männer bestehen dann beim Essen auf der größten Portion.« Ob ihr Ehemann das genauso macht? Jetzt muss die junge Frau doch lachen. Nein, sagt sie. Ihr Mann helfe beim Kochen, »auch wenn sie im Dorf dann sagen, dass er unter meiner Fuchtel steht. Aber das stimmt nicht.« Die Zeiten änderten sich eben. »Die modernen Frauen setzen ihre Kinder an die erste Stelle, nicht ihre Männer. Deshalb gibt es im Dorf jetzt weniger unterernährte Kinder.«

Ich frage sie auch nach besonderen Festen, nach Zeremonien, aber Kendrys rückt nicht raus mit der Sprache. Selbst ihre Hochzeit, behauptet sie, sei ohne irgendwelche Feierlichkeiten verlaufen. Ich kann das nicht glauben.

»Unsere Gemeinschaft spricht normalerweise nicht mit Außenstehenden über unsere Zeremonien«, wird mir Javier später erklären, »aus Respekt vor unserer Spiritualität.« Die Wayúu sorgen sich, dass ihre Traditionen korrumpiert werden könnten, wenn sie zu viel preisgeben. In ihren Ritualen danken sie der Mutter Natur und dem Vater Regen für Nahrung, Gesundheit und Leben. »Und wir haben andere Zeremonien, die wir gemeinsam mit unseren Vorfahren begehen.« Die Aufgabe des Schamanen sei es, den Kontakt mit ihnen aufzunehmen. Der sei in der Kultur der Wayúu noch viel wichtiger als der Palabrero. »Aber aus Respekt vor meiner Tradition kann ich dir darüber nicht mehr sagen.«

Seit Kendrys vor sieben Monaten geheiratet hat, lebt sie bei der Familie ihres Mannes und hat ihre Eltern nicht mehr gesehen. Zuerst müssten ihre Schwiegereltern den Brautpreis zahlen, sagt sie. »Ich habe eine gute Ausbildung. Von der profitiert jetzt meine neue Familie, aber meine Eltern nicht mehr.« Deshalb verlangen ihre Eltern ein Maultier, eine Goldkette, eine Halskette aus traditionellen Steinen und eine hohe Summe Geld.

Kendrys' neue Familie wird wohl nicht alles aufbringen können. Die Verhandlungen laufen noch. Arbeit für den Palabrero. Er wird zwischen beiden Clans hin und her pendeln, Forderungen und Gegenargumente überbringen, bis eine Lösung gefunden ist. Bis ein Preis feststeht, heißt das bei den Wayúu. Erst wenn er beglichen ist, darf Kendrys ihre Eltern wieder besuchen. Und erst dann werden ihre Eltern den Enkel kennenlernen, der in wenigen Wochen zur Welt kommen soll.

Am Strand

Bis zum Ende des Tages werden die Ärzte etwa hundertfünfzig Kinder behandelt haben. Wir fahren zurück nach Manaure, spülen uns den Sand vom Körper und lassen uns per Fahrradrikscha an den Strand kutschieren. In eine Bar, auf ein Bier. Was für ein Kontrast.

Zwar wachsen an diesem Strand Kakteen statt Palmen – schließlich sind wir in der Wüste. Aber der Sand ist so schön wie an jedem anderen einsamen Karibikstrand, die Brise ebenso frisch, und das Bier aus Venezuela scheint nach dem Tag draußen in der Hitze besonders kühl. Die Idylle wird nur getrübt durch die Soldaten, die vorbeipatrouillieren. Ein paar Schritte weiter ruhen sich ihre Kameraden in Hängematten aus. Mich versetzt ihre Anwesenheit in eine leichte Anspannung, aber meine Begleiter bedanken sich bei den Soldaten für ihre »wichtige Arbeit«.

Die Gruppe wird in den kommenden Tagen noch weiter durch die Guajira reisen. Sie wollen die Küste entlang nach Nordosten.

Sie freuen sich besonders auf das Cabo de la Vela, denn dort kann man nach der Arbeit hervorragend schwimmen oder kitesurfen.

Ich kann leider nicht surfen, habe aber ohnehin andere Pläne: Nach der Karibik- will ich nun auch die Pazifikregion Kolumbiens kennenlernen. Dafür muss ich zunächst zurück nach Bogotá. Am nächsten Morgen bringt mich ein Sammeltaxi zum Flughafen in Riohacha, es ist für dieses Mal meine letzte Fahrt durch die Wüste. Am Abend befinde ich mich schon 2.640 Meter hoch in den Anden, in der kühlen, regnerischen Hauptstadt.

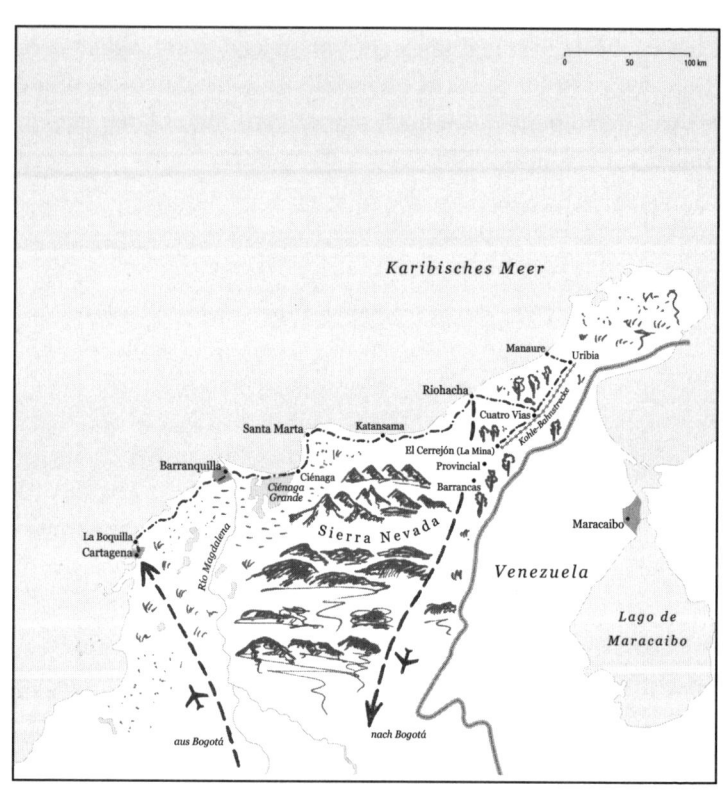

Karibisches Meer

Manaure
Uribia

Riohacha

Santa Marta   Katansama
Cuatro Vias
El Cerrejón (La Mina)
Barranquilla
Provincial
Ciénaga
Barrancas
Ciénaga
Grande
Maracaibo
La Boquilla
Cartagena
Sierra Nevada
Río Magdalena
Venezuela

Lago de
Maracaibo

aus Bogotá
nach Bogotá

0   50   100 km

Kapitel 4

Beton: Bogotá

Gegensätze

Der Taxifahrer wechselt meinen Geldschein so diskret wie möglich und lässt den Platz um sein Auto dabei nicht aus den Augen. Niemand da draußen soll sehen können, wie viel er mir zurückgibt. Dabei sind es nur ein paar tausend Pesos, umgerechnet zwei, drei Euro. Als er die zerknitterten Scheine nach hinten reicht, bleibt seine Hand die ganze Zeit unterhalb der Wagenfenster und hält direkt vor meinen Knien inne.

Ich scheitere bei dem Versuch, die Pesos genauso konspirativ entgegenzunehmen. Mir fehlt in solchen Dingen die Übung. Irritiert stecke ich das Geld in meine Jackentasche und ziehe den Reißverschluss zu. In dieser Gegend Bogotás muss man vorsichtig sein, aber dermaßen furchtsam hat sich noch kein Taxifahrer verhalten, der mich hierhergebracht hat. Dieser will ganz offensichtlich so schnell wie möglich weg.

Als er vor einer halben Stunde im Norden der Stadt für mich anhielt, konnte er noch nicht ahnen, dass er mich ins Viertel der Märtyrer im alten, heruntergekommenen Zentrum von Bogotá bringen sollte. Ich stieg in Quinta Camacho ein, einer guten Gegend im Stadtteil Chapinero. Dort wohnt und arbeitet die wohlhabende, internationale Mittelklasse. Es gibt teure Cocktailbars und verspiegelte Bürotürme, Cafés, die französische Croissants zum Frühstück servieren, und wer abends essen gehen möchte, hat die Wahl zwischen italienischer Pasta, argentinischem Steak, peruanischer Ceviche, Meeresfrüchten mit asiatischem Touch und Schweizer Käsefondue. Aus meinem Hotelzimmer schaue ich direkt auf ein altes rotes Backsteinhaus mit spitzem Dach, Erkern und Sprossenfenstern. Es sieht aus, als stünde es in Washington, D.C. oder in einer besonders hübschen britischen Kleinstadt.

Nur ein paar Blocks entfernt liegt der Club El Nogal, in dem sich die Wohlhabenden treffen. Das Hochhaus ist eine komfortable Blase im Moloch der Stadt. Clubmitglieder können hier arbeiten, während ihre Kinder nebenan betreut werden, sie gehen zum Friseur und ins clubeigene Fitnessstudio. Zum Lunch treffen sie sich in einem der Restaurants; nach Feierabend gehen sie vielleicht noch auf ein Bier in den Irish Pub. Wer nicht will, braucht das Gebäude den ganzen Tag lang nicht zu verlassen. Hinein kommt man nur auf Einladung eines Mitglieds. Und durch eine Sicherheitskontrolle wie im Flughafen.

Es gibt exklusivere Clubs und solche mit reicheren Mitgliedern. Aber El Nogal hat sich aus einem besonderen Grund ins kollektive Gedächtnis gebrannt: Hier explodierte am 7. Februar 2003 eine Autobombe, vermutlich gesteuert von Guerilleros der Farc, die mehr als dreißig Menschen tötete und an die zweihundert verletzte. Zwar spürt man in den Einrichtungen des Clubs davon heute nichts mehr. Doch das Attentat ist nicht vergessen. Die Überlebenden verlangen immer noch Aufklärung.

Bogotá ist eine Stadt, die sich eng an die Anden schmiegt. Das Gebirge verläuft hier, ganz im Norden Südamerikas, von Südwest nach Nordost, und in die gleiche Richtung verlaufen auch die wichtigsten Straßen der Hauptstadt. An den Bergen kann man sich gut orientieren. Die Stadtviertel sind umso wohlhabender, je näher am Gebirge und je weiter im Norden man sich befindet. Quinta Camacho liegt nördlich des Zentrums und ziemlich nah an den Bergen. Bogotá wächst – im Moment leben hier etwa acht Millionen Menschen –, und je größer die Stadt wird, desto weiter breitet sie sich nach Süden und Westen aus, immer weiter weg von den Anden.

Als ich oben im Norden der Stadt ins Taxi stieg, schien die Sonne, und die Straßen waren voller Flaneure. Fliegende Händler verkauften Sonntagszeitungen und frisch gepressten Orangensaft, die Leute gingen ins Café oder holten frische Brötchen beim Bäcker, und manche sicherten sich schon gute Plätze am Straßenrand, denn später sollten die Läufer des jährlichen Halbmarathons durch Chapinero kommen. Die Stimmung war fröhlich und entspannt. Sonntagsstimmung eben. Nur Taxen waren schwer zu kriegen – es waren einfach zu viele Leute unterwegs. Ich hatte Glück, dass dieser Fahrer für mich anhielt, obwohl ihn direkt neben mir am Fahrbahnrand auch ein Mann zu sich heranwinkte.

»Damen zuerst«, hatte der *taxista* gesagt. Jetzt scheint er seine Liebenswürdigkeit zu bereuen. Kaum bin ich ausgestiegen, verriegelt er die Türen und fährt los.

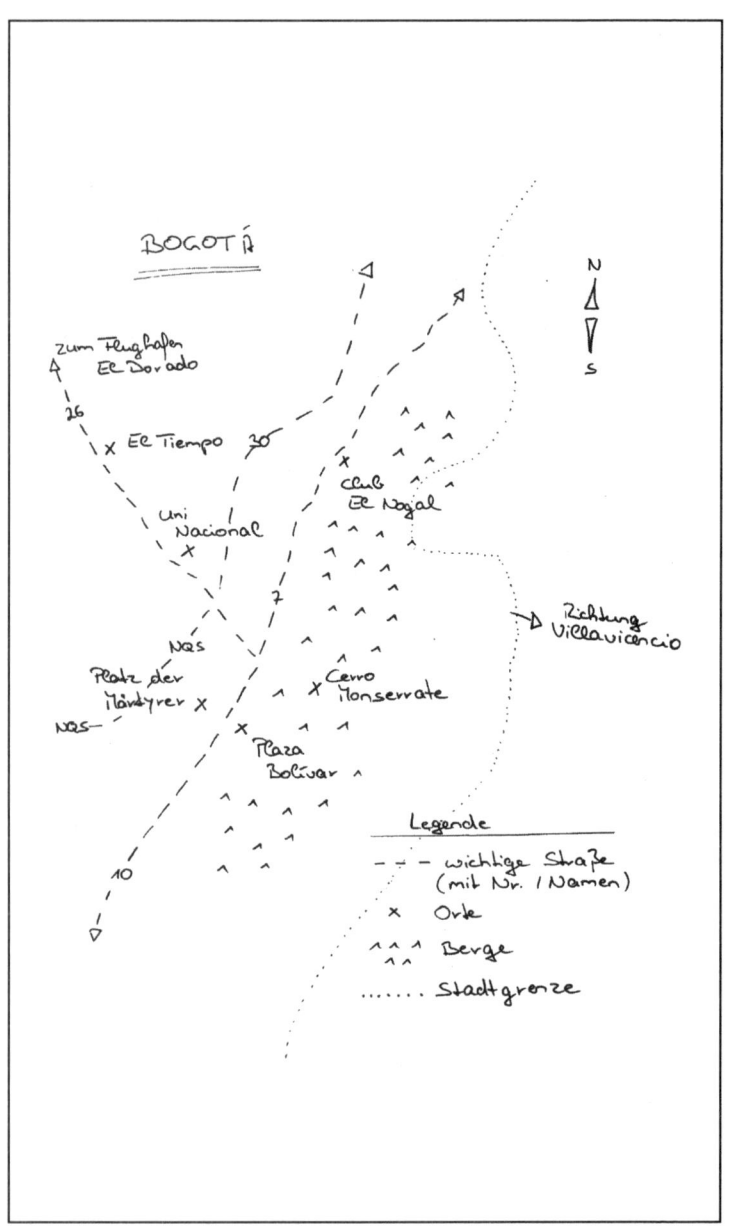

Voto Nacional

Sonntagvormittag, kurz vor elf. Um diese Zeit ist auf dem Platz der Märtyrer kaum etwas los. Dabei brummt die Gegend unter der Woche, besonders während der Einkaufszeiten. Jetzt aber sind die Läden, die werktags Eisenwaren, Wassertanks, Schläuche und anderen Handwerkerbedarf verkaufen, geschlossen und mit Rolltoren gesichert. Die verschrammten Pick-ups vor ihren Türen sind verschwunden, ebenso die Straßenhändler und Fahrradrikschas, die sonst hier auf Kundschaft warten. Ein nahezu leerer Bus hält gegenüber in der TransMilenio-Station an der Avenida Jiménez, in der die Einkäufer an Werktagen wegen ihres Gewichts kaum zu stemmende Säcke und Kisten durch die Menschenmenge hieven. Am Fuß des Steinobelisken zu Ehren der im Unabhängigkeitskrieg gegen Spanien gestorbenen Helden picken träge ein paar Tauben. Letzte Kirchgänger im Sonntagsstaat eilen zur Messe. Sie wollen in die Basilika Voto Nacional an der Westseite des Platzes.

Die große Basilika muss einst eine der prächtigsten Kirchen der Stadt gewesen sein, und ihre dreistöckige, mit Säulen und Heiligenfiguren geschmückte Fassade dominiert den Platz der Märtyrer noch immer. Aber das Gebäude ist baufällig. Kein Wunder, es ist an die hundert Jahre alt, und seit Langem hat sich niemand um seine Instandhaltung gekümmert. Der Gemeinde fehlte das Geld. Jetzt fällt der Putz von den Wänden, das Wasser sickert durch die Decke, die Wandmalereien bröckeln, und der Pfarrer hat manche Räume abgesperrt, weil es ihm zu gefährlich scheint, sie zu betreten. Erst seit Kurzem sperrt ein Bauzaun die Treppen vor dem Eingang teilweise ab.

Ich war vor zwei Jahren zum ersten Mal hier. Damals lagerten Junkies auf dem Platz. Die obdachlosen Süchtigen konnten unachtsamen Passanten gefährlich werden, denn für ihren Stoff taten sie alles. Sie schnüffelten Klebstoff – der war besonders billig –, rauchten Crack oder nahmen andere Kokain-Derivate. Manche versetzten ihre Drogen mit Pulver aus zerkratzten Ziegelsteinen oder Mehl. Sie taten alles Mögliche, um an Geld für die nächste Dosis zu kommen. Damals war es ratsam, den Platz der Märtyrer auf dem schnellsten Weg in Richtung Basilika zu überqueren. Heute liegt die Fläche praktisch leer in der Vormittagssonne. Nur ein paar abgerissene Gestalten drücken sich noch im Schatten der Hauswände herum.

Die letzten Kirchgänger sind in der Kirche verschwunden, und auch ich habe nicht die Absicht zu trödeln. Denn direkt hinter der Basilika beginnt die Bronx. So nennen zumindest die Bogotanos die paar Häuserblocks, wegen der kriminellen Banden, die sie schon lange kontrollierten. Vor ein paar Monaten hat der neue Bürgermeister der Stadt, Enrique Peñalosa, die Bronx ausheben lassen. Vermutlich sind die meisten Junkies deshalb vom Platz der Märtyrer verschwunden. Darauf, dass die Lage nun sicherer ist, will ich mich trotzdem nicht verlassen.

Ende Mai 2016 durchkämmten 2.500 Polizisten und Soldaten tagelang das Viertel. Die Sicherheitskräfte hätten gebetet, als sie die Bronx betraten, schrieb die Zeitung El Tiempo; angeblich weil sie fürchteten, mit Säure und verschmutzten Spritzen angegriffen zu werden. Zwar war diese Angst unbegründet, doch ihre Trupps entdeckten nicht weniger Furchtbares: Drogenküchen, an die 100.000 Dosen Kokainpaste und literweise gepanschten Schnaps; Spielautomaten, zentnerschwere Säcke voller Münzen, Molotow-Cocktails, Schusswaffen; Hinweise auf Pornografie mit Kindern und Tieren; in Löchern vergrabene Kleidung, menschliche Überreste. In Kellerräumen fanden sie Gefängniszellen, Blutspuren, Säurefässer und den Eingang zu einem Tunnel, durch den die Banden den Transport von Drogen, Waffen und Menschen organisierten. Sie befreiten einen entführten Mann, in Ketten gefesselt hinter einer Holzwand, an die zweihundert Zwangsprostituierte, unter ihnen Kinder, und

Hunderte drogensüchtige Obdachlose, die für die Banden arbeiten mussten. Ein gutes Dutzend Kriminelle wurden festgenom-
men, unter ihnen zwei Bandenchefs. Die anderen waren über alle
Berge.

Seitdem, so berichten zumindest die Zeitungen und Fernsehsender der Stadt, ist von der Bronx nicht mehr viel übrig. Der Bürgermeister will die Gegend wohl sanieren und umbauen lassen.
Die Kriminellen und Süchtigen aber sind weitergezogen in andere
Viertel. Dort beschweren sich jetzt die Geschäftsleute und Nachbarn über die zunehmende Unsicherheit.

Ich will selbstverständlich nicht in die Bronx – ich will in den
Sonntagsgottesdienst, zu Pfarrer Darío Echeverri. Niemand kann
andere in der kurzen Zeit eines Gottesdienstes so berühren wie er
– niemand, den ich kenne. Padre Darío gehört den Claretinermis-
sionaren an, einem Orden, dessen Mitglieder Menschen in Not
beistehen und dazu beitragen wollen, ungerechte Verhältnisse zu
verändern. Ungerechte Verhältnisse aber gibt es in Kolumbien zu-
hauf. Das Ideal der Claretiner lautet: Alle Menschen sollen in Freiheit und Gerechtigkeit leben können. In diesem Land haben sie
noch viel zu tun.

Das ärmste Fünftel der Bevölkerung Kolumbiens verfügt über
nur drei Prozent der Einkommen, das reichste Fünftel über 58
Prozent. Aufstiegschancen für die Armen gibt es kaum. Nur mit
sehr viel Glück erhalten ihre Kinder Zugang zu ordentlichen
Schulen, während die Reichen der Stadt ihren Nachwuchs auf die
besten Universitäten schicken. Auf dem Land fehlen oft Straßen,
Krankenhäuser, Trinkwasserleitungen, Sicherheitskräfte. In den
Armenvierteln der Städte ist all das ebenfalls knapp. Und weil es
auch keinen Boden gibt, den man bestellen, keine Flüsse, in denen
man fischen, und keine Wälder, in denen man jagen könnte,
kommt man dort noch schwieriger klar, wenn man arm ist.

Die Claretiner gehen dorthin, wo man sie am meisten braucht,
zum Beispiel in den Chocó, eine Region an der Pazifikküste, die

ich auf dieser Reise auch noch besuchen will. Padre Darío, ein freundlicher Mann mit bescheidenem Auftreten, tut seinen Dienst in einem der verrufensten Viertel der Hauptstadt.

Außerdem ist er Generalsekretär der von den katholischen Bischöfen gegründeten Nationalen Versöhnungskommission Kolumbiens; in dieser Funktion hat er die Friedensverhandlungen zwischen Regierung und Farc-Guerilla auf Kuba begleitet. Immer wieder ist er mit den Überlebenden des Krieges nach Havanna geflogen, damit sie den Unterhändlern dort ihre Geschichte erzählen konnten. Die katholische Kirche, sagt Padre Darío, müsse sich vor allem um die Opfer kümmern. Das sei das wichtigste Gebot in ihrer Arbeit.

Als ich ihn vor zwei Jahren zum ersten Mal traf, bat ich ihn um Informationen zum Friedensprozess. Er aber lud mich in seine Kirche ein. Es war ein Sonntag im Mai, Muttertag.

Die Basilika Voto Nacional ist so gebaut, dass den Besuchern schnell klar ist, wer hier welchen Platz einzunehmen hat: Der Priester gehört in den Altarraum, der ein paar Stufen höher liegt als das Kirchenschiff und durch ein Geländer abgetrennt ist. Der Platz für die Gläubigen ist auf der anderen Seite der Brüstung. Doch Padre Darío wahrt keine Distanz. Er öffnete ein Türchen im Geländer und erlaubte so herumlaufenden Kindern den Zutritt. Ein Junge, der gerade so über den steinernen Altar schauen konnte, stellte sich während der Messe neben ihn und beobachtete neugierig jeden Handgriff. Statt ihn wegzuschicken, hieß der Pfarrer ihn mit festem Händedruck auf die Schulter willkommen, freilich ohne sein Tun am Altar zu unterbrechen.

Er predigte und sang im Kirchenschiff, inmitten seiner Gemeinde, er umarmte die Leute und schüttelte Hände, er stellte Fragen, statt zu belehren, er drohte nicht mit Strafen, sondern feuerte seine Zuhörer an, Gutes zu tun, und er sprach in einer klaren, schlichten Sprache, die jeder verstand. Seine Gemeinde applaudierte ihm dafür.

Gegen Ende der Messe bat Padre Darío dann alle Mütter an den Altar. Die Frauen traten nur zögernd aus ihren Bänken. Als sich dann doch alle vorne versammelt hatten, verteilte ein Ministrant rote Rosen an sie – schließlich war heute Muttertag. So etwas war diesen Frauen vermutlich noch nie passiert; sie strahlten. Das Viertel, in dem die Kirche steht, ist keines, in dem die Leute sich je Blumen schenken oder besonders freundlich miteinander umgehen würden. Mütter und Kinder haben es hier besonders schwer.

Kinderspiele

Unter den Gottesdienstbesuchern in der Basilika sind viele Gestrandete. Nicht die Junkies, die draußen auf der Straße leben, aber Vertriebene, die aus ländlichen Gegenden Kolumbiens nach Bogotá gekommen sind, die geflohen sind vor Gewalt, Hunger und Armut. Weil sie nirgendwo sonst hinkönnen, finden sie Unterschlupf in den alten Häusern hier im Viertel der Märtyrer (das nicht nur aus der Bronx besteht). Sie drängen sich in winzigen Wohnungen, in Gebäuden, die ähnlich baufällig sind wie die Basilika.

Padre Darío weiß nie genau, wie viele Menschen zu seinem Sprengel gehören, denn ständig kommen neue hinzu, während andere weiterziehen – in der Hoffnung, es anderswo besser zu haben. Die Armen haben keine Wahl, sagt der Priester, sie müssen jede Chance nutzen. Sobald sich irgendwo ein Job auftut, eine winzig kleine Möglichkeit, Geld zu verdienen, sind sie weg.

Im Norden der Stadt, wo Bogotá grün ist und die Wohlhabenden leben, bewohnt eine Familie oft hundert Quadratmeter oder viel mehr. Im Viertel der Märtyrer sind Eltern schon froh, wenn sie mit ihren Kindern ein ganzes Zimmer für sich allein haben. Hier gibt es keinen Platz, der Schwächeren Schutz bieten würde. Vor allem die Kinder bekommen die Folgen zu spüren. Auf der Straße zu spielen kommt für sie nicht in Frage. Es wäre viel zu gefährlich.

Viele Familien sind zerbrochen, die Väter nicht mehr da, die Mütter den ganzen Tag nur damit beschäftigt, ausreichend Essen für sich und ihre Kinder aufzutreiben. Manche prostituieren sich, um zu überleben, manche sind selbst traumatisiert, und manche tun alles, um den neuen Mann an ihrer Seite nicht zu verlieren. Dafür ertragen sie seine Wutausbrüche und lassen sogar zu, dass er die Kinder missbraucht.

Der Pfarrer hilft, so gut er kann. Vor zwei Jahren zeigte er mir ein Projekt, das den Kindern jeden Sonntag eine Stunde lang die Möglichkeit geben sollte, ohne Sorgen zu spielen. Eine Stunde ist nicht viel, und natürlich ändert sie nichts am schwierigen Alltag, aber sie ist besser als gar nichts.

In einem neonhellen Saal in der Basilika, der mich an die Aula einer deutschen Schule aus den Siebzigern erinnerte – eierschalenfarbene Wände, gesprenkelter Boden, eine kleine Bühne, eine helle Tafel –, sah ich damals ein kleines Mädchen mit langen schwarzen Haaren, das sich hingebungsvoll mit Sand beschäftigte. Das Mädchen saß vor einer blauen Sandkiste aus Plastik; ihm gegenüber saß ein Mann und schaute ihm zu. Er sagte nichts, aber er war da, für alle Fälle, um dem Kind Sicherheit zu geben.

Ein Dutzend weitere Paare – ein Kind, eine erwachsene Person, zwischen beiden eine Sandkiste – saßen daneben im Kreis. Das Mädchen mit den langen schwarzen Haaren aber bemerkte die anderen gar nicht, so versunken war es in sein Spiel. Es grub beide Hände tief in den feuchten Sand und schaufelte ihn über ein paar daumengroße Babypüppchen, grub die Puppen wieder aus, gab eine davon dem Mann, klopfte den Sand in der Kiste mit schnellen, kräftigen Bewegungen glatt, schaute rasch und aufmerksam zu seinem Gegenüber – und fegte das Püppchen wieder zurück in die Kiste.

So ging es eine ganze Stunde lang, schweigend. Die Kinder sollten im Sandkastenspiel ihre Erlebnisse verarbeiten, ohne darüber reden zu müssen, erklärte man mir. Für einen Moment, möglichst ungestört, erschufen sie aus Sand und Spielzeug ihre eigene Welt. Ich durfte mit dem Mädchen auch nicht reden, aber es war faszinierend, ihm in seiner Versunkenheit zuzuschauen. Dann holte es rotes und gelbes Papier aus einer Kiste, schnitt die Bögen konzentriert zu und breitete die Stücke über den Sand. Unter seinem Stuhl lagen jetzt farbige Papierschnipsel und Sandhäufchen, es bemerkte sie gar nicht. Kein anderes Kind spielte so konzentriert. Kein anderes nutzte die Stunde, die gewährt wurde, so intensiv aus. Währenddessen taufte der Pfarrer im Kirchenschiff auf der anderen Seite der Wand zwei Säuglinge. Danach lud er mich auf einen Espresso ein.

In seiner Küche kochten ein paar Quechua-Frauen ein Mittagessen für ihre Gemeinschaft, die nebenan, in der Privatkapelle des Pfarrers, gerade ihren eigenen Gottesdienst zelebrierte – in ihrer Sprache, nicht auf Spanisch. Padre Darío stellte mich den Frauen kurz vor. Aber dann wollte er über Politik reden. Er berichtete von den schwierigen Friedensverhandlungen, die damals schon zwei Jahre lang liefen, und fragte nach Gerhard Schröder, Tony Blair und dem Dritten Weg, der einst in Europa und den USA als zukunftsweisender Kompromiss zwischen Kapitalismus und Sozialismus gepriesen wurde. Wie funktionierte das Modell in Europa? Brachte es Kapitalismus und soziale Gerechtigkeit zusammen? Konnte Kolumbien davon lernen? Ich war verwirrt. Über den Dritten Weg sprach in Deutschland schon lange niemand mehr, und Ex-Kanzler Schröder war seit Jahren vor allem Gazprom-Lobbyist. Padre Darío wirkte enttäuscht. Aber seine Haltung war klar: Ohne soziale Gerechtigkeit würde der Frieden es schwer haben in Kolumbien.

An den widrigen Lebensumständen im Viertel der Märtyrer hat sich seither kaum etwas geändert. Diesmal spricht Padre Darío in seiner Predigt darüber, wie wichtig es sei, sich umeinander zu kümmern. Er lobt einen jungen Mann dafür, dass er so ein guter Familienvater ist, und bestärkt dessen Frau, weiterhin so vorbildlich für Mann und Kinder zu sorgen. Dann erzählt er von einer ihm bekannten wohlhabenden Familie, deren Sohn vor lauter Übermut und Vernachlässigung in Drogengeschäfte verwickelt wurde. Die Eltern, sagt Darío, seien krank vor Sorge und Scham.

Es ist eine schlichte, aber kraftvolle Geschichte, deren Botschaft hier jeder versteht: Kümmert euch umeinander! Das ist am wichtigsten. Denn ohne Zusammenhalt und ohne Liebe ist selbst sehr viel Geld am Ende gar nichts wert.

Für einen Espresso hat der Pfarrer heute leider keine Zeit. Aber er bittet einen Mitarbeiter, mich ein Stück über den Platz der Märtyrer zu begleiten, nur zur Sicherheit, für alle Fälle. Von der TransMilenio-Haltestelle aus gehe ich wenige Minuten zu Fuß weiter, vorbei an Läden und einfachen Restaurants. Dann stehe ich mitten im Zentrum der politischen Macht Kolumbiens: auf der Plaza Bolívar, dem wichtigsten Platz in Bogotá und vermutlich im ganzen Land. Er befindet sich nur ein paar hundert Meter von der ehemaligen Drogenhölle der Bronx entfernt.

Plaza Bolívar

Um mich herum flanieren Familien. Kinder füttern Tauben, Jugendliche machen Selfies, Fotografen nehmen Erinnerungsbilder von Leuten auf, die zwischen den Tauben posieren, die sie gerade gefüttert haben. Ein paar Meter weiter knipsen Touristen die historische Kulisse. Straßenhändler verkaufen Snacks: gesalzene Mangos und geröstete Ameisen. Es sind *hormigas culonas,* für ihren dicken Hintern bekannte Blattschneider-Ameisen, eine kulinarische Spezialität aus der Region Santander im Nordosten des Landes. *Hormigas culonas* sollen aphrodisisch wirken, und angeblich sind Insekten ja die Nahrung der Zukunft, wegen ihres hohen Eiweißgehalts und weil es so viele von ihnen gibt. Dennoch, diesen Snack verkneife ich mir.

Die Plaza Bolívar ist nach Simón Bolívar benannt, dem Befreier Südamerikas, auf den sich immer noch so viele Politiker berufen. Ursprünglich war der Platz bloß eine Viehweide und ein ganz
normaler Marktplatz. Heute trägt er die Insignien der Staats-
macht und der Kirche: klotzige, repräsentative Bauten, die sand-
steingelb um ihn herum aufragen. Da ist das Kapitol mit den dicken Säulen, das ursprünglich eine Kuppel tragen sollte. Aber man
verwarf den Plan, um der Kathedrale der Hauptstadt keine Kon-
kurrenz zu machen, deren Glockentürme jetzt alle anderen Gebäude am Platz überragen.

Hinter der Kathedrale erheben sich die Anden mit einem der
wichtigsten Gipfel Bogotás, dem Cerro de Monserrate. Von der
Plaza Bolívar aus sieht man die weiße Wallfahrtskirche, die dort
oben steht, 3.152 Meter über dem Meeresspiegel, also etwa fünfhundert Meter über der Stadt. Der Monserrate ist ein beliebtes
Ausflugsziel. Man kann zu Fuß hinaufsteigen – für jemanden wie
mich, der die dünne Gebirgsluft nicht gewöhnt und außerdem
ziemlich unsportlich ist, ist das ziemlich anstrengend. Für sport-
begeisterte Bogotanos aber scheint der Aufstieg ein willkomme-
nes Training zu sein. Ein einziges Mal bin ich zu Fuß auf den Monserrate, geriet dabei völlig außer Atem und musste immer wieder
Pausen einlegen. Ich brauchte schätzungsweise zwei Stunden. In
der gleichen Zeit rannte ein Mann in schwarzem T-Shirt und kurzen Hosen die Treppen hinauf, hinunter, hinauf, hinunter. Er über-
holte mich vier- oder fünfmal. Es war ein kleiner, muskulöser,
drahtiger Mann in schwarzem T-Shirt und kurzen Hosen. Er sah
aus wie ein Soldat, der an seinem freien Tag nur zum Vergnügen
ein Minimalprogramm absolviert. Es war äußerst frustrierend.
Von da an erklomm ich den Monserrate nur noch mit der Seilbahn.

Vor dem Kapitol blickt eine Símon-Bolívar-Statue von ihrem
Sockel entschlossen in die Ferne, wie Helden das eben so tun. Die
Casa Nariño, der Sitz des Präsidenten, liegt hinter dem Parla-

mentsgebäude. Dann ist da noch der Palast des Bürgermeisters, rot und weiß, die Fassade mit weißen Sprossenfenstern fein gegliedert. Und schließlich stehen da die glatten, klobigen Klötze des Justizpalasts, die sich zur Plaza Bolívar hin zu öffnen scheinen wie drei überdimensionierte, eckige Tore. Vielleicht soll das Offenheit symbolisieren, doch auf mich wirkt das Gebäude mit seinen glatten, glänzenden Wänden merkwürdig abweisend und furchteinflößend. Womöglich ist die Mischung aus Ehrfurcht und Transparenz ja auch beabsichtigt.

Auf einer Mauer direkt am Justizpalast prangt ein schnell hingesprühtes Graffito in schwarzen, ungleichmäßigen Großbuchstaben: »Dieses Volk verdient keine Brotkrümel. Dieses Volk verlangt den Backofen! Wählt nicht, kämpft!« Ein paar Meter weiter steht auf dem verschlossenen Rolltor eines Souvenirgeschäfts: »Wir sind weder Arbeitskräfte, noch sind wir billig.« Die Parolen der Revolution sind überall, gerade hier im Herzen der Macht.

Die Plaza Bolívar wurde im Lauf ihrer Geschichte schon oft umgebaut. Heute ist sie nur eine schlichte, gepflasterte, so gut wie leere Fläche für Fußgänger. Angeblich fasst der Platz mehr als fünfzigtausend Menschen. An ruhigen Tagen gehört er den Flaneuren und den Amtspersonen, die ihn auf dem Weg zur Arbeit überqueren. An bewegten Tagen finden hier Rockkonzerte für den Frieden oder Kunstaktionen statt. Ein paar Wochen vor meinem Besuch zogen sich hier sechstausend Menschen für den Fotografen Spencer Tunick aus, der für seine Bilder nackter Menschenmengen bekannt ist, und warfen sich nach den Vorstellungen des Künstlers zu Füßen des Befreiers Bolívar in Pose.

Sind die bewegten Tage nicht so harmonisch, entlädt sich auf der Plaza Bolívar der Protest; hier kampieren Vertriebene, die mehr staatliche Hilfe fordern; hier rufen die Gewerkschaften zum Generalstreik auf und versammeln sich die Demonstranten am ersten Mai; hier haben Bogotanos die Amtsenthebung ihres letzten Bürgermeisters Gustavo Petro verlangt, während andere dafür demonstrierten, dass er bleibt. Hier empörten sich die Bürger vor fast siebzig Jahren über den Mord am Präsidentschaftskandidaten Jorge Eliécer Gaitán, der die massiven Unruhen des *bogotazo* auslöste. Die Anhänger Gaitáns machten seine konservativen Gegner für den Mord verantwortlich; sie griffen den Präsidentenpalast an und lieferten sich Straßenschlachten mit der Polizei. An nur einem Tag starben so angeblich mehr als dreitausend Menschen, und ein jahrelanger Bürgerkrieg zwischen Konservativen und Liberalen begann. Und hier stürmte das Militär im November 1985 mit Panzern den von der Guerillagruppe M-19 besetzten Justizpalast. Dutzende Menschen starben, andere verschwanden spurlos. Jahrelang blieben die Ruinen unberührt. Erst 1989 baute man dann das moderne Gerichtsgebäude.

Einmal war ich drinnen, um dort die erste indigene Richterin am Obersten Rat der Judikative Kolumbiens zu treffen: Belkis Izquierdo Torres. Ich sprach mit ihr im Auftrag der Tageszeitung El Tiempo, für die ich zwei Monate lang als Gastredakteurin arbeiten durfte. Am Tag nach meinem Besuch im Sonntagsgottesdienst von Voto Nacional treffe ich Belkis erneut.

Belkis

Belkis gehört zum Volk der Arhuaco, so wie Alfonso Torres, den ich in Santa Marta getroffen habe. Im Justizpalast von Bogotás fällt sie auf, denn wer dort arbeitet, kommt normalerweise in Anzug und Kostüm, der konservativen Uniform von Geschäftsleuten und Amtspersonen. Belkis nicht. Sie trägt das, was sie zu Hause in der Sierra Nevada auch tragen würde: ein weißes, farbig besticktes Kleid aus leichtem Stoff, dazu eine bunte Perlenkette, die langen, glatten Haare offen. In Bogotá ist es, streng genommen, viel zu nass und kalt für solch sommerliche Kleidung. Belkis aber sagt, in der Sierra Nevada trügen sie nichts anderes. Auch nicht bei harscher Kälte.

Sie spricht leise, schnell und entschieden. Sie weiß, wovon sie
redet, und als erste indigene Richterin des Landes hat sie eine
Mission. Kolumbien ist ein vielfältiges Land, die Heimat von
Menschen ganz unterschiedlicher Kulturen. Belkis will sie dazu
bringen, sich miteinander zu befassen und ihre Differenzen zu
überwinden. Nicht nebeneinander herzuleben, sondern miteinander zu reden, einander zuzuhören, voneinander zu lernen, daran
zu wachsen. Ihr Ideal ist ein Land, in dem jeder nach seiner Fasson
leben kann, in dem jeder seine Identität behält, aber den anderen
gegenüber nicht gleichgültig bleibt.

   »Wir müssen erkennen, dass wir verschieden sind«, sagte mir
Belkis, als wir uns das erste Mal sahen. »Wir verstehen das Leben

»Wir müssen erkennen, dass wir verschieden sind. Aber wir teilen die gleichen
Werte.« Belkis Izquierdo Torres, Richterin, Arhuaca aus der Sierra Nevada

auf unterschiedliche Weise. Aber wir teilen die gleichen Werte. Und wir haben alle Vorstellungen, wie sich diese Gesellschaft verbessern ließe.« Daraus müsste sich doch Gutes entwickeln lassen! Zum Beispiel im Umweltschutz, bei dem die kapitalistische Mehrheitsgesellschaft noch viel von den Ureinwohnern Kolumbiens lernen könnte. Aber Belkis sagt, ihr Wissen werde immer noch geringgeschätzt. Sie spricht aus Erfahrung.

Doch das ist für sie kein Grund, es nicht wenigstens zu versuchen. Belkis stammt aus einer Großfamilie, die es als ihre Aufgabe versteht, den Dialog zu fördern und das gegenseitige Verständnis zu suchen. Schon als kleines Kind hat sie gewusst, dass es ihre Bestimmung ist, die Beziehung zu anderen Kulturen zu pflegen.

Anwältin wollte sie schon immer werden. Jung zu heiraten wäre die übliche Alternative gewesen, aber für Belkis kam das nicht in Frage. Das Studium war schwer, sagt sie, denn die Schulen in der Sierra hätten sie darauf nicht besonders gut vorbereitet. »Ich musste doppelt so viel arbeiten wie die anderen, um es zu schaffen. Aber ich hatte Glück. Immer waren da Menschen, die mir geholfen haben.« Zum Beispiel ihr Chef, Néstor Raúl Correa, der sie eingestellt hat. »Jeder andere hätte auch eine *indígena* berufen können, aber niemand hat es zuvor getan. Er schon.«

Im Obersten Gericht koordiniert sie jetzt das Zusammenspiel zwischen staatlicher und indigener Gerichtsbarkeit, zum Beispiel der Rechtsprechung der Arhuaco. Beide Systeme unterscheiden sich in einem wesentlichen Punkt, sagt Belkis: Das westliche Rechtsempfinden stellt die Strafe in den Mittelpunkt, während es den Ureinwohnern Kolumbiens um etwas ganz anderes geht. Aus ihrer Sicht ist ein Vergehen nie ausschließlich mit individueller Verantwortung zu erklären. Eine Sanktion darf deshalb nicht stigmatisieren, sondern muss das Ziel haben, die Übeltäter wieder in die Gemeinschaft zurückzuholen.

Ich muss daran denken, was ihr Cousin Alfonso Torres mir in Santa Marta erklärt hat: Die Aufgabe der Arhuaco ist es, die Har-

monie der Welt zu bewahren – oder wiederherzustellen, sofern sie
aus dem Gleichgewicht geraten ist. Aber was bedeutet das für die
praktische Rechtsprechung?

Belkis antwortet mit einer Geschichte: Vor ein paar Jahren hat
ein junger Mann, gerade aus der Schule gekommen, einen Dieb-
stahl begangen. Er und seine Angehörigen wurden öffentlich be-
fragt, und alle konnten sich an der Befragung beteiligen. »Sie frag-
ten ihn: ›Wann hast du das erste Mal gesehen, dass jemand etwas
gestohlen hat?‹ Und es stellte sich heraus, dass er einen Verwand-
ten beobachtet hatte. Er hatte es von ihm gelernt.«

Nicht nur der junge Mann ist also verantwortlich für seine Tat,
sondern seine ganze Familie, und womöglich liegen die Ursachen
auch in der Gemeinschaft. Das Vergehen muss demnach von allen
so gesühnt werden, dass die verlorene Harmonie am Ende wieder-
hergestellt ist und der Übeltäter wie auch seine Familie wieder als
Mitglieder der Gemeinschaft respektiert werden. Versöhnung ist
das Ziel, nicht Strafe.

Allen Menschen, ausnahmslos, sollte ein gutes Leben möglich sein, sagte Belkis damals im Interview auch. »Solange du in
großem Reichtum leben kannst, während andere vor Hunger
sterben, gibt es keine Gerechtigkeit. Wenn wir dieses Prinzip in
der öffentlichen Politik verankern könnten, wäre das ein großer
Beitrag von uns Indígenas.« In Kolumbien ist das ein ehrgeizi-
ges Ziel.

Jetzt erzählt sie mir in ihrem kleinen Büro im Justizpalast von
ihrer neuesten Idee. Wie kann man ein Land nach einem jahrzehntelangen Bürgerkrieg befrieden?, fragt sie mich. Wie heilt
man Verletzungen, wie verschafft man den Opfern Gerechtigkeit, wie sühnt man die Verbrechen der Täter – und versöhnt zugleich? Die Frage drängt, denn die Unterzeichnung des Friedensvertrags zwischen Regierung und Farc rückt näher, und allen ist
klar, dass ein paar Unterschriften auf einem Stück Papier auf keinen Fall ausreichen werden, um wirklich Frieden zu schaffen.

Belkis glaubt, dass die indigene Rechtsprechung eine Lösung sein könnte, zumindest auf dem Land, wo die staatlichen Institutionen ohnehin überlastet oder kaum existent sind, und wenn es um minder schwere Vergehen geht. »Auf dem Papier haben wir viele schöne Rechte. Aber die Realität sieht anders aus.« Die Statistik zeigt: Angehörige der indigenen Völker werden von der kolumbianischen Justiz genauso behandelt wie alle anderen; ihr Anspruch, nach eigenen Rechtsgrundsätzen beurteilt zu werden, wird in vielen Fällen nicht gewahrt.

Ihr Traum wäre es, in jedem Departement Institutionen zu schaffen, die eine Brücke zwischen beiden Rechtssystemen schlagen. Dort, wo die staatlichen Institutionen nicht hinkommen, könnten indigene Wanderrichter Gutes tun, glaubt sie. Aber dafür, dass der Dialog wirklich gelingt, müsste man auch das indigene Rechtssystem an den Universitäten lehren; es erforschen und dokumentieren, und zwar aus der Sicht der Ureinwohner selbst, denn es hat eine eigene Logik. Nur so kann das gegenseitige Verständnis wachsen.

»Ich habe nichts gegen die Arbeit der Anthropologen, die bisher die Indígenas erforscht haben«, sagt sie. »Aber jetzt ist es Zeit für einen direkten Dialog unter Gleichgestellten.«

Nahkampf

Als ich für El Tiempo arbeitete, wohnte ich in einer Zweier-WG in La Soledad, nicht weit von der Redaktion und in unmittelbarer Nähe zur Universidad Nacional de Colombia, der größten und renommiertesten staatlichen Universität des Landes. Auf dem Weg zur Arbeit nahm ich oft den Weg über den Campus, denn auf seiner anderen Seite befand sich eine für mich günstig gelegene TransMilenio-Station. Es war ein schöner Spaziergang. Das Unigelände ist ein weitläufiger, grüner Park, ein entspannter Ort mitten im Verkehrsgetöse der Hauptstadt. Aber er ist auch voller Graffiti. Die machen klar: Die Konflikte, mit denen sich Kolumbien herumschlägt, sind hier mindestens genauso lebendig wie draußen.

Am bekanntesten ist das Konterfei von Ché Guevara, das eine weiße Mauer am wichtigsten Platz des Geländes ziert, gemalt nach dem berühmten Schattenriss. Es ist das einzige Graffito, das nicht regelmäßig übermalt wird. Alle anderen verschwinden irgendwann unter einer neuen Schicht weißer Farbe.

Auf dem Campus sah ich Graffiti zur Unterstützung der Farc, die damals gerade ihren fünfzigsten Jahrestag begingen, und der kleineren Guerilla ELN. »Studium, Arbeit und ein Gewehr. Kein Schritt zurück«, stand da in wackliger Schrift rot auf weiß. Ein aufwendigeres Gemälde erinnerte daran, dass staatliche Sicherheitskräfte am 16. Mai 1984 die Universität gewaltsam geräumt hatten und dabei Studenten spurlos verschwanden: »Lasst uns die Erinnerung wachhalten«. Ein anderes zeigte ein Kind mit einem Gewehr, aus dem Musik und Kunst strömten: »Wir brauchen eine Kultur für den Frieden, nicht für den Krieg«; ein drittes reklamierte das Selbstbestimmungsrecht für Frauen: »Mein Körper ist mein Territorium«; und wieder ein anderes forderte mit dem alten sozialistischen Schlachtruf »Land und Freiheit!« für die Bauern. Neuesten Daten zufolge besitzen in Kolumbien 0,4 Prozent der landwirtschaftlichen Betriebe zwei Drittel des gesamten Ackerlandes. So ungleich ist die Verteilung in kaum einem anderen lateinamerikanischen Land.

Trotz der revolutionären Parolen scheint das Unigelände ein friedlicher Ort – vielleicht weil hier keine Autos fahren dürfen. Straßenverkehr in Bogotá ist wie Nahkampf. Und er bleibt draußen vor dem Campus.

Die Bogotanos brauchen Kraft und Nerven, sobald sie auf die Straße treten, denn dort empfängt sie ihre Stadt mit kaum verhohlener Aggressivität. Ohne viel Durchsetzungsvermögen und große innere Ruhe ist der tägliche Weg zur Arbeit kaum zu schaffen. Das

Ein Kind schießt mit Musik und bunten Bildern: Graffito gegen den Krieg,
gesehen auf dem Gelände der Nationalen Universität Kolumbiens in Bogotá

liegt nicht nur an den allgegenwärtigen Staus oder daran, dass nie
Taxis zu kriegen sind, wenn man sie am dringendsten braucht. Es
ist so, weil im Verkehr von Bogotá das Recht des Stärkeren gilt.

Autofahrer schneiden einander und drängeln. Sie fahren auf
eine Kreuzung, selbst wenn die Ampel schon auf Gelb steht und
alle, wirklich alle, sehen können, dass von dieser Kreuzung wegen
der vielen Autos, die sich gegenseitig blockieren, so schnell niemand herunterkommen wird. Auf die Idee, dass sich dadurch der
Stau verschlimmert, scheint niemand zu kommen.

Einer hatte es vor zwanzig Jahren geschafft, den Bogotanos ihr
schlechtes Benehmen im Straßenverkehr auszutreiben, und die
Leute sprechen von ihm immer noch wie von einem Helden. Es
war der damalige Bürgermeister Antanas Mockus. Er bestrafte die
Verkehrssünder nicht. Stattdessen stellte er Pantomimen an die
Kreuzungen, die sich über sie lustig machten. Mockus glaubte,
dass Spott für die Kolumbianer schlimmer ist als eine Geldbuße.

Mit seinem Nachfolger Enrique Peñalosa trat er im Fernsehen auf und erklärte den Zuschauern, wie viel Zeit sie gewinnen würden, wenn sie das Hineindrängen in verstopfte Kreuzungen unterlassen würden.

Die alten Videos sind immer noch im Netz zu sehen, sie erinnern an Verkehrserziehung im Kindergarten. Zebrastreifen und Fahrbahnmarkierungen zieren den Boden des Fernsehstudios, und die beiden Politiker stehen an der imaginären Kreuzung, als seien sie Autos, die an einer Ampel warten. Und es hat funktioniert.

Leider ist die Amtszeit von Mockus schon lange vorbei. Heute beginnt der Kampf um Platz in Bogotá schon auf dem Bürgersteig. Nie treten Fußgänger zur Seite, um andere vorbeizulassen. Stattdessen gehen sie stur und ungebremst immer weiter geradeaus, bis in letzter Minute doch jemand ausweicht. In meiner Zeit in Bogotá war das meistens ich.

Besonders schlimm ist es im öffentlichen Nahverkehr. Eigentlich ist das TransMilenio-Busnetz ein gutes System. Für die Busse sind eigene Spuren reserviert, sodass sie dem Stau entgehen. Die Haltestellen liegen wie Bahnsteige etwas erhöht in der Mitte der großen Autostraßen, Plexiglaswände trennen sie von der Fahrbahn. Fährt ein Bus vor, öffnen sich Schiebetüren in der Plexiglaswand, um ein reibungsloses Ein- und Aussteigen zu ermöglichen. Dann schließen die Türen sich wieder, zur Sicherheit und damit niemand ohne Ticket von der Straße her die Haltestellen betritt. Im Prinzip könnte das wunderbar funktionieren.

Im Alltag aber hat das Gedränge zwischen den Schiebetüren viel von einem Nahkampf. Besonders schlimm ist es in der Rushhour – die in Bogotá fast den ganzen Tag dauert. Dann stehen die Türen der Haltestellen weit offen, weil so viele Menschen hineindrängen. Von hinten schiebt die Masse, selbst wenn weit und breit noch kein Bus zu sehen ist, und vorne halten sich die Wartenden mit den Fingerspitzen und letzter Kraft am Türrahmen fest, um nicht dem nächsten Fahrzeug vor die Räder zu fallen. Glücklich ist außerdem, wer am Ende einer Fahrt mit dem TransMilenio noch alle Wertsachen bei sich hat. Ich habe oft ein Taxi genommen, um Zeit zu sparen und weil das in Bogotá relativ günstig ist (verglichen mit den deutschen Preisen). Aber oft gab es keine Taxen. Dann blieb nur der Bus.

Unter diesen Bedingungen sind Bogotás Fahrradfahrer die Helden der Straße. Es gibt sie tatsächlich, und es scheinen sogar stetig mehr zu werden. Radfahren ist in Kolumbien sehr populär. Die Radler stürzen sich in Anzug, Krawatte und Fahrradhelm – oder, wenn es Studenten sind, in Jeans, Jacke und Rucksack – ins Gewühl, schlängeln sich durch den dichten Verkehr, sind immer auf der Hut. Zwar sind manche Radwege ein Traum – wahre Rennstrecken, breit und kerzengerade, in der Mitte der Fahrbahn, aber vom Gewühl der Autos durch Grünstreifen getrennt. Aber solche Radwege gibt es nur selten. Und so riskieren die Radler weiter täglich ihr Leben.

Es ist schon merkwürdig. An der Kasse im Supermarkt warten die Menschen geduldig, bis das alte Mütterchen vor ihnen die Münzen aus seiner Börse gefriemelt hat – ganz anders als in Deutschland, wo Kassiererinnen im Discounter täglich neue Geschwindigkeitsrekorde aufstellen. Ausländern begegnen die Bogotanos freundlich und hilfsbereit. Sie tun alles Erdenkliche, um Gästen den Aufenthalt in ihrer Stadt so angenehm wie möglich zu machen – aber nur, solange man sich in geschützten Innenräumen befindet. Auf der Straße jedoch sind Geduld, Freundlichkeit und Rücksicht wie weggeblasen.

Woher kommt das nur? Vielleicht liegt es am Bürgerkrieg, obwohl dessen direkte Gewalt in Bogotá kaum zu spüren ist. So sieht es eine Freundin. Sie meint, in den Straßen der Hauptstadt spiegele sich der Zustand der kolumbianischen Gesellschaft: »Wir sind alle traumatisiert.« Es gebe keine Familie, die nicht vom Krieg betroffen sei. Jeder Einzelne schleppe seine Verletzungen mit sich herum. Und alle wüssten, dass sie im Zweifel ganz allein damit klarkommen müssten.

Hilf dir selbst, sonst hilft dir keiner. Einzelkämpfertum scheint in Kolumbien überhaupt weit verbreitet. Die Sprache ist in dieser Hinsicht sehr aufschlussreich. Eine typisch kolumbianische Redewendung warnt davor, Spitzbuben Gelegenheit zu bieten: »Gib keine Papaya!« Zugleich wird man gerne ermahnt, die eigenen Chancen nicht zu vertun, selbst wenn man dadurch anderen schadet: »Verschenk deine Papayas nicht!«

Anders gesagt: Das Misstrauen ist allgegenwärtig, und jeder ist sich selbst der Nächste. Vermutlich ist das eine ganz normale Haltung in einem Land, in dem der Staat nie in der Lage war, all seinen Bürgern Rechtssicherheit zu bieten, in dem die wirtschaftliche Ungleichheit so groß ist und in dem es von jeher üblich ist, Konflikte mit Gewalt zu lösen.

El Tiempo

In der Redaktion von El Tiempo hat sich nichts verändert. Am Empfang sitzt dieselbe Rezeptionistin wie früher, als ich hier noch fast täglich ein- und ausging. Nur gibt sie mir heute einen Besucherpass, denn mein alter Dienstausweis ist schon lange nicht mehr gültig. Neben dem Empfang steht die gleiche Ledercouch für Besucher. Derselbe Sicherheitsmann beobachtet, wie ich durchs Drehkreuz gehe, und checkt meine Taschen auf Waffen und andere gefährliche Gegenstände, vielleicht auch nur auf Datenträger – reine Routine.

El Tiempo pflegt enge Beziehungen zu den Herrschenden. Die Zeitung war lange im Besitz der Familie Santos, und bevor er Politiker wurde, arbeitete der heutige Präsident Juan Manuel Santos dort als Journalist. Im Treppenhaus befinden sich die gleichen Büsten der Altvorderen. In der Lobby steht der gleiche Kiosk, der kolumbianischen Kaffee ausschenkt, und die Treppe hoch im ersten Stock öffnet sich die Tür zum gleichen Newsroom wie vor zwei Jahren. Dort treffe ich meine ehemaligen Kollegen.

Die Plaza Bolívar im Herzen Bogotás. Rechts im Bild ist die Kathedrale
zu sehen, die eckige Konstruktion links gehört zum neuen Justizpalast.

Die Redakteure arbeiten in einem Großraumbüro, die Schreib-
tische stehen dicht an dicht in langen Reihen, getrennt durch
halbhohe Pappwände. Es sind *cubicles* wie in den USA. Die erste
Reihe vorne links ist der Platz der Außenpolitik; dort arbeiten die
Kollegen, mit denen ich zum Mittagessen verabredet bin. Ganz
hinten sitzen Chefredaktion und Innenpolitik, und vorne rechts
ist das Fernsehstudio, von dem aus der Kanal CityTV bespielt
wird. Dazwischen Kultur, Wirtschaft, Stadtleben, die Wochen-
endbeilage.

Alle arbeiten zusammen. Zu meiner Zeit traten die Kollegen
aus der Zeitung manchmal vor die Kamera, um eine aktuelle
Nachricht einzuordnen. Immer wieder liefen CityTV-Moderato-
rinnen durch den Newsroom, für ihren Einsatz stark geschminkt
und sexy zurechtgemacht, was regelmäßig einen kleinen Aufruhr
unter den männlichen Kollegen verursachte, die pfiffen und An-
züglichkeiten riefen. Die Frauen ärgerten sich über die Respektlo-

sigkeit, doch die Pfeifer verstanden nicht, warum. Das waren doch
nur nett gemeinte Komplimente. Also pfiffen sie weiter.

Die Arbeitstage bei El Tiempo sind lang. Die Mittagspausen
zum Glück auch, denn die Nachmittage sind besonders stressig. Je
näher der Redaktionsschluss rückt, desto stärker ist der Druck,
den Artikel noch rechtzeitig fertig zu kriegen, und die letzten Kollegen verlassen ihren Schreibtisch oft erst lange nach Einbruch
der Dunkelheit. Wenn sie nicht in unmittelbarer Nähe wohnen,
raubt ihnen das Verkehrschaos der Stadt dann die letzten wachen
Stunden. Arbeiten, Essen mit der Familie, schlafen – viel mehr ist
für den durchschnittlichen Arbeitnehmer an einem ganz norma-
len Werktag in Bogotá nicht drin.

Der Tag beginnt früh. Gegen sechs Uhr morgens wird es hell,
zwölf Stunden später wieder dunkel. Und die Leute nutzen das Tageslicht von der ersten Sekunde an. Alle sind früh auf den Beinen,
vermutlich weil sie ihr Tagewerk getan haben wollen, bevor die
Sonne wieder untergeht und es draußen (in manchen Straßen)
wieder unsicher wird. Das ist Bogotás Rhythmus, an jedem Tag,
im Sommer wie im Winter, den auch die schnell verinnerlichen,
die nur vorübergehend in der Stadt sind. So wie ich damals.

In der Zeitungsredaktion kommt die Arbeit dennoch erst im
Lauf des Vormittags so richtig in Gang. Dann sind die ersten Themen besprochen, werden die ersten Rechercheanrufe gemacht,
die ersten Seitenlayouts entworfen. Bei El Tiempo entscheiden
die Chefs oft erst am frühen Nachmittag, welchem Thema sie wie
viel Platz auf welcher Seite einräumen. Das lässt Raum für längere
Mittagspausen als in Deutschland. Zwei Stunden kann so ein Essen schon dauern. Gut für mich – so haben die Kollegen Zeit für
meinen Besuch.

Früher fuhren wir in den Mittagspausen oft mit dem Auto in
ein nahe liegendes Einkaufszentrum, wo die Essensauswahl besser
war. Für mich war das anfangs etwas beklemmend, denn jedes Mal
überprüften die Parkplatzwächter nach unserer Rückkehr den

Wagen mit Sprengstoffhunden. Die Tiefgarage des Einkaufszentrums war ebenfalls streng gesichert. Ich war überrascht, wie schnell ich mich an die Kontrollen gewöhnte. Am Ende meiner Zeit in Bogotá war es mir selbstverständlich, dass jedes Risiko ausgeschlossen werden sollte, und sei es noch so klein. Sich wieder daran zu gewöhnen, dass man sich in Deutschland praktisch sorglos im öffentlichen Raum bewegen kann, selbst bei Dunkelheit, war ein kleiner Kulturschock.

Heute gehen wir zu Fuß. Die Kollegen fragen mich aus, und sie geben mir Tipps für Cali, eine der nächsten Stationen meiner Reise. Sie erzählen von den Schwierigkeiten des Friedensprozesses und berichten, der neue Eigentümer der Zeitung habe als Erstes so gut wie alle Auslandskorrespondenten entlassen. Ihre Arbeit wird schwieriger. Und sie müssen versuchen, die Lücke so gut sie eben können vom Schreibtisch aus zu füllen.

Jineth

Den Tag, an dem sie zum ersten Mal dachte, sie werde sterben, wird Jineth Bedoya Lima nie vergessen. Es war der 25. Mai 2000. Die Journalistin, spezialisiert auf Themen der inneren Sicherheit und des kolumbianischen Bürgerkriegs, dachte, sie hätte einen Interviewtermin in einem Gefängnis in Bogotá. Damals recherchierte sie für die Zeitung El Espectador. Ich lernte Jineth vierzehn Jahre später kennen, während meiner Zeit bei El Tiempo, wo sie mittlerweile arbeitet.

Jineth ist eines von vielen Opfern des Bürgerkriegs. Eine von vielen, die Gewalt erlitten und sie überwunden haben – und die sich heute für den Frieden einsetzen, die alles tun, um Angst und Groll hinter sich zu lassen, obwohl sie immer noch schwer an ihren Verletzungen tragen. Während meiner Zeit bei El Tiempo habe ich viele solcher Leute kennengelernt. Sie alle haben mich nachhaltig beeindruckt.

Jineth recherchierte damals zu einem Fall von Waffenschmuggel durch illegale Banden. »Ein inhaftierter Boss der Paramilitärs bot mir ein Gespräch an«, erinnert sie sich. Es war Mario Jaimes Mejía, genannt El Panadero, der Bäcker, einer der wichtigen Paramilitärs des Landes. Sein Interviewangebot konnte sie nicht ausschlagen. Doch der Termin war eine Falle. Vor dem Eingang des Gefängnisses, in dem El Panadero saß, ließ man sie lange warten – angeblich, weil noch ein Passierschein für sie ausgestellt werden musste. Dann fuhr ein Auto vor, in dem mehrere Männer saßen.

»Sie entführten mich auf der Straße, vor den Augen einer Polizeistreife und Zeugen«, sagt Jineth. Die Männer brachten sie zu einer verlassenen Scheune und misshandelten sie dort stundenlang. Sie dachte, es würde nie enden. »Für mich dauerte es so lange wie mein ganzes Leben.« Die Männer schlugen und traten sie, sie verletzten sie mit einem Messer, sie vergewaltigten sie und säbelten ihre Haare ab, um sie noch mehr zu demütigen.

»Ich wollte sterben«, sagt Jineth. »Ich habe mir gewünscht, dass sie mich erschießen.« Doch am Ende legten ihre Entführer sie nackt, gefesselt und »praktisch tot« am Straßenrand zwischen Bogotá und Villavicencio ab. Inzwischen wurde sie von der Polizei gesucht. Ein Taxifahrer bemerkte, wie sie sich mit letzter Kraft aufrichtete und schrie. Er hob sie auf; sie wurde bewusstlos. Der Fahrer brachte sie zur nächsten Polizeiwache.

Jineth hat überlebt, was in Kolumbien vielen Frauen widerfährt, und es bestimmt seither ihr Leben. Gewalt gegen Frauen ist in Kolumbien ein Riesenproblem: häusliche Gewalt, Gewalt in der Öffentlichkeit, Gewalt als Waffe im Krieg. Nur Mexiko sei im Vergleich mit anderen lateinamerikanischen Ländern noch schlimmer dran als Kolumbien, sagt die Journalistin. Zwischen 2001 und 2009 seien inmitten des bewaffneten Konflikts fast eine halbe Million Frauen vergewaltigt worden. »Und das sind nur die dokumentierten Fälle. Insgesamt können es durchaus zwei Millionen gewesen sein.«

In Kolumbien gehen in 98 Prozent aller Fälle von sexualisierter
Gewalt die Täter straffrei aus. Auch Jineths Fall ist einer von vielen, die nie ganz aufgeklärt wurden. Trotzdem melden sich immer
wieder die Behörden bei ihr, schicken Dokumente und informieren über den Stand der Ermittlungen. Das führt dazu, dass das Erlebte sie nicht loslässt. »Es hört nie auf«, sagt Jineth.

Als Zeichen des Protests hat sie im Herbst 2016 die Entschädigung, die ihr als Opfer des Bürgerkriegs zusteht, an den Staat
zurückgegeben: 2.460.000 Pesos, umgerechnet knapp 8.000
Euro. »Wie viel Geld kann die Würde kaufen? Oder den Schmerz
eines Verlusts, einer Entführung, einer Vergewaltigung oder einer Folter ausgleichen? Es gibt keine Summe, die einem das Leben zurückgeben kann«, sagte sie. Sie habe immer eines klarge-
macht: »Die Entschädigung, auf die ich einen Anspruch habe,
kann niemals ersetzen, dass in meinem Fall Recht gesprochen
wird.«

Jineth kennt die Statistiken über Gewalt gegen Frauen genau,
weil ihre Geschichte sie zu einer der bekanntesten Kämpferin-
nen Kolumbiens gegen die Gewalt gegenüber Frauen gemacht
hat – und gegen das beschämte Schweigen, das folgt. Jineth Bedoya will überlebende Frauen dazu bringen, ihre Geschichten öffentlich zu machen. Damit sich etwas ändert. *No es hora de callar,*
heißt ihre Kampagne, die sie aus eigenen Mitteln stemmt, unterstützt von ihrem Arbeitgeber El Tiempo: Es ist nicht die Zeit,
still zu sein. Dabei konnte sie selbst jahrelang nicht über das Er-
littene sprechen.

Heute aber will sie über die Verbrechen reden, um in der kolumbianischen Gesellschaft ein Bewusstsein für das Ausmaß der
sexualisierten Gewalt zu schaffen. »Wir wollen die Herzen der
Leute erreichen und ihre Mentalität verändern«, sagt sie. Denn in
der Geisteshaltung ihrer Landsleute und in der Geschichte Kolumbiens sieht sie die wahren Ursachen der Gewalt. Wäre sie ein
Mann gewesen, der über heikle Themen berichtet, hätte man sich

»Es gibt keine Summe, die einem das Leben zurück geben kann.« Jineth Bedoya Lima, bekannte Journalistin und Kämpferin gegen sexualisierte Gewalt

die Mühe einer Entführung gar nicht gemacht. »Hieße ich Álvaro, hätten sie einfach einen Auftragskiller geschickt und mich umgebracht.«

Dahinter steckt ihrer Ansicht nach ein tief verwurzelter Machismo, der sich, bewusst oder unbewusst, in der ganzen kolumbianischen Gesellschaft ausbreitet. »Es gibt nichts Schlimmeres, um den Stolz eines Machos zu verletzen. Wenn man auf ihn schießt und er sich erholt, gilt er als Held. Seine Frauen zu schänden, seinen Besitz, wie diese Leute es sehen, trifft ihn viel härter.« Im

Krieg, der schon so lange andauert, ist das eine beliebte Waffe. Wer seinen Feind besonders stark treffen will, verletzt gezielt die weiblichen Angehörigen.

Mit ihrer Kampagne will Jineth dagegen angehen, und sie sucht dazu auch die Unterstützung der kolumbianischen Männer. Dabei wollten die zunächst nichts mit dem Thema zu tun haben. Vor einigen Jahren aber gewann Jineth den kolumbianischen Fußballverband für *No es hora de callar*. Wochenlang zog Jineth kurz vor den Spielen durch die Umkleidekabinen der Vereine, um den Fußballern ihre Kampagne vorzustellen und sie um eine Videobotschaft zu bitten. »Alle haben mitgemacht«, erinnert sie sich. »Manche haben während der Aufnahme sogar geweint.«

Ihre Kampagne ist für sie so etwas wie ein Familienersatz geworden. Jineth hat nicht geheiratet und auch keine Kinder bekommen; zu groß wäre ihre Sorge um deren Sicherheit gewesen. »Dafür habe ich viele Tausend Fälle adoptiert«, sagt sie. »Die Frauen, denen ich helfe, für sich zu sprechen und zu kämpfen, sind für mich wie Töchter. Sie erzählen mir ihre Geschichten, weil sie glauben, dass ich etwas für sie tun kann. Für eine Mutter ist das so ziemlich die größte Befriedigung.«

Dabei hat sie selbst jahrelang geschwiegen. Statt zu reden, stürzte sie sich in Arbeit. Das war ihre Therapie. Nur fünfzehn Tage nach ihrer Entführung war Bedoya zurück in der Redaktion, obwohl es vorher schien, als würde sie das nicht schaffen. »Ich habe tagelang nur über Selbstmord nachgedacht und darüber, wie ich mich umbringen würde«, sagt sie. »Ich hatte für nichts anderes Kraft. Ich wollte nicht weitermachen. Mein Körper war völlig kaputt.« Eine ihrer größten Ängste sei es gewesen, anderen Leuten gegenüberzutreten. »Wie würden sie mich ansehen?«

Dann entschied sie sich zu kämpfen. Sie lehnte ein Angebot ab, in Berlin Schutz zu suchen, und nahm die Berichterstattung über den Bürgerkrieg wieder auf. »Ich verbrachte ganze Monate im Kampfgebiet und dort, wo Paramilitärs oder die Guerilla ihre Lager aufschlugen. Während eines Bombardements bin ich fast gestorben. Das war verrückt. Aber ich wurde Augenzeugin vieler Dinge, die niemand außer mir dokumentieren konnte.«

Der Preis war hoch. Bis heute wird sie bedroht. Aus dem Haus bewegt sie sich nur in Begleitung von Leibwächtern und in einem gepanzerten Wagen. Aber der Journalismus habe ihrem Leben wieder einen Sinn gegeben, sagt sie.

In ihrem Beruf dokumentierte sie viele Gewalttaten, doch über ihren eigenen Fall hat sie lange geschwiegen – bis eine Menschenrechtsorganisation vor ein paar Jahren ein bekanntes Gesicht suchte, um eine Untersuchung über Gewalt an Frauen in der Öffentlichkeit zu präsentieren. Kaum jemand schien besser geeignet als Jineth. Sie weigerte sich monatelang und wagte den Schritt dann doch. »Ich bin eine bekannte Journalistin, ich habe Zugang zum Präsidenten. Wenn die Täter in meinem Fall bis heute nicht bestraft wurden, wie wird es dann anderen gehen? Den indigenen Frauen? Den Frauen auf dem Land?«

Kurz danach startete sie ihre eigene Kampagne. Mittlerweile ist ihre Arbeit auch im Ausland bekannt; Jineth wird auf internationale Tagungen eingeladen, um dort zu sprechen. Die Aufmerksamkeit sei für ihre Arbeit »fundamental«, sagt sie, denn erst sie habe dazu geführt, dass die kolumbianischen Politiker sich endlich um das Thema kümmerten. So gebe es inzwischen ein Register für sexuelle Gewalt in den Streitkräften. Der Aktivismus für die Frauen habe sie gelehrt, wieder zu träumen. »Man kann die Wirklichkeit doch verändern.«

Den Panadero, den Boss der Paramilitärs, hat sie vor einigen Jahren dann doch noch interviewt, auch zu ihrer eigenen Entführung. Er bestritt jede Verantwortung. Andere Paramilitärs hätten das organisiert, er selbst sei nur »ein Opfer« gewesen. Jineth erinnert sich an das Gespräch: »Ich musste die Tränen hinunterschlucken, aber in diesem Moment war ich nur Journalistin.«

Die Überlebenden

Auf meinen Reisen durch Kolumbien habe ich immer wieder Menschen wie Jineth kennengelernt. Menschen, die unvorstellbare Gewalt erlitten haben – und denen es danach auf bewundernswerte Weise gelang, ihre Verletzungen zu überwinden, sich wieder aufzurappeln, und die von da an für ein besseres, friedlicheres Kolumbien kämpften.

Oft waren es Frauen. So wie Sandra Gutiérrez aus Villavicencio, einer Stadt etwa fünfundsiebzig Kilometer südöstlich von Bogotá. Sandra geriet zwischen die Fronten des Bürgerkriegs. Dort hat sie alles verloren – bis auf ihr Leben, wie sie sagt. Zuerst ermordeten Guerilleros ihre Familie. Dann übernahmen Paramilitärs die Macht in ihrem Heimatort – und hielten alle Einwohner per se für Sympathisanten der Guerilla. Sie entführten Sandra und misshandelten sie. Einen Monat war sie in ihrer Gewalt. »Am Ende war ich nur noch ein atmendes, Bündel aus Fleisch und Nerven auf zwei Beinen«, sagt sie.

Heute setzt sie sich öffentlich für ihre ehemaligen Peiniger ein. Wie schafft sie das nur? Es hat lange gedauert. Monatelang sei sie nicht in der Lage gewesen, irgendetwas zu tun, erinnert sie sich. Sie blieb im Haus ihrer Eltern, mit denen sie kaum sprach. Nur beten konnte sie in ihrer Verzweiflung. Dabei begriff sie eines Tages, dass nur sie selbst sich wieder ins Leben zurückholen konnte. Und fasste einen Entschluss. »Ich wollte nicht zulassen, dass das Böse, das mich getroffen hat, mich als Mensch zerstört.«

Sie weint, wenn sie über das Erlebte spricht. Vergessen wird sie nie können, sagt sie. Aber sie ist zur flammenden Kämpferin für die Versöhnung ihres Landes geworden. Als ich sie zum ersten Mal sah, in einem von der staatlichen Agentur für die Reintegration ehemaliger Kämpfer (ACR) organisierten Treffen zwischen Opfern, Tätern, Juristen und Unternehmern, hörte sie nicht auf, ihre Geschichte zu erzählen – und immer wieder an die Anwesenden zu appellieren, den Krieg hinter sich zu lassen.

Kolumbien braucht nichts dringender als solche Leute. Der jahrzehntelange Konflikt hat tiefe Wunden hinterlassen. Millionen Kolumbianer sind Vertriebene im eigenen Land, nur in Syrien gibt es mehr. Hunderttausende wurden gefoltert und vergewaltigt wie Sandra Gutiérrez und Jineth Bedoya, sie starben im Kampf, wurden entführt, verschwanden spurlos oder wurden als Zivilisten brutal massakriert. Niemand blieb in diesem Krieg verschont, so gut wie jede Familie hat Opfer zu beklagen. Die Gräben scheinen unüberbrückbar. Nur mit einer Unterschrift unter einen Friedensvertrag wird man sie nicht zuschütten.

Sandra Gutiérrez hat nicht auf den Friedensvertrag gewartet. Irgendwann entschied sie sich, aus eigener Kraft etwas zu tun. Sie gab einem ihrer Entführer einen Job und sorgte dafür, dass in ihrem Dorf ehemalige Farc-Kämpfer beschäftigt werden, die ihre Waffen niedergelegt haben und nun einen Weg zurück in die Gesellschaft suchen. Jetzt streichen sie Wände und arbeiten im Gemeindegarten. Die gemeinnützige Arbeit ist eine Bedingung dafür, dass die Behörden sie irgendwann als »reintegriert« ins zivile Leben entlassen.

Sandra aber wirbt unermüdlich für Versöhnung: auf politischen Konferenzen in Bogotá oder im Gespräch mit Richtern, Unternehmern, Politikern und Journalisten in ihrem Heimatort bei Villavicencio. Die Richter werden über ehemalige Guerilleros oder Paramilitärs urteilen, die Unternehmer sollen den Demilitarisierten Arbeit geben, die Politiker müssen die Rahmenbedingungen für den Frieden schaffen, und die Journalisten sollen Sandras Botschaft verkünden, dass Frieden möglich ist. Von ihren Nachbarn erntet sie dafür viel Anerkennung. In ihrer Gemeinde ist Sandra eine Anführerin, eine *lideresa*. Sandra wirkt stark, und sie zeigt Verständnis auch für die Täter. »In diesem Land ist nichts nur schwarz oder weiß, böse oder gut«, sagt sie. »Letztlich sind wir alle Geschwister.«

Doch das sehen nicht viele Kolumbianer so. Sie trauen der Farc nicht, seit die Guerilla um die Jahrtausendwende die damaligen Friedensverhandlungen missbrauchte, um sich militärisch neu aufzustellen, ihre Drogengeschäfte auszuweiten und erst recht zu entführen und zu morden.

Nur ein paar Kilometer entfernt von dem Dorf, in dem Gutiérrez heute wohnt, sitzen ein paar junge Männer auf einer Veranda in einem grünen Park. Sie tragen Jeans, Shorts und T-Shirts, ihre Haare sind kurz geschnitten, manche sind noch halbe Kinder. Es wär eine friedliche Szene, wären da nicht der hohe Zaun um das Grundstück und die Bewaffneten am Eingangstor. Niemand soll wissen, dass die jungen Männer hier sind, denn es sind ehemalige Farc-Kämpfer, die ihre Waffen niedergelegt haben. Der Staat hilft ihnen bei der Rückkehr in die Zivilisation. In dem geschützten Haus sollen sie die ersten Schritte gehen.

John Fredy war vierzehn, als er zu den Farc stieß. »Mir gefielen die Waffen und die Mädchen«, sagt er. »Mir war nicht klar, worauf ich mich einließ.« Dennoch blieb er zwölf Jahre lang und floh erst, als seine Waffengefährten eine Freundin ermordeten.

Die Farc ist berüchtigt dafür, Kinder zu rekrutieren, mit falschen Versprechen oder unter Zwang. James, der neben John Fredy sitzt, wurde mit sechzehn Guerillero. »Sie haben mir Lohn versprochen und dass ich was lernen kann«, sagt er. Wo er herkommt, sind der Anbau von Koka und die Kokainproduktion die einzige andere Möglichkeit, Geld zu verdienen. Mit vierzehn fing er an, aus Kokablättern Kokainpaste herzustellen. Zwei Jahre später hatte er genug davon. Die Guerilla schien ihm einen Ausweg zu bieten.

Alle Jungen in dem Haus erzählen solche Geschichten. Bei der Farc arbeiteten sie als Späher, sie trieben Geld von der Bevölkerung ein, sie kochten oder lieferten sich Gefechte mit Soldaten und Paramilitärs. Am Anfang wurden sie von der Guerilla noch gut behandelt, sagt einer. »Dann fing der Druck an.«

Manche planten ihre Flucht jahrelang. In ihre Heimatgemeinden können sie oft nicht zurück. »Die Farc verzeihen einem nicht«, sagt einer. Jetzt hoffen sie, mit staatlicher Hilfe ein besseres Leben zu beginnen, eine Ausbildung zu machen, einen Job zu finden. Es kann Jahre dauern, bis die ACR sie zurück ins Leben entlässt.

Zehntausende Guerilleros und ehemalige Paramilitärs haben das Reintegrationsprogramm bereits durchlaufen. Ungefähr drei Viertel haben den Sprung zurück geschafft, sagte mir in Villavicencio Alejandro Eder, damals noch der ACR-Chef. »Es ist möglich. Aber sie kriegen nichts geschenkt.«

Eder stammt aus Kolumbien. Der Krieg trieb auch ihn ins Ausland. Lange arbeitete er an der Wall Street und machte dort Karriere. Dann kam der 11. September 2001 – für ihn ein Wendepunkt. Eder entschied sich, nach Kolumbien zurückzukehren und sich dort für den Frieden einzusetzen. Das war nicht leicht, denn die Bevölkerung will mit den ehemaligen Kämpfern oft nichts zu tun haben. »Sie sind stigmatisiert. Viele müssen ihre Vergangenheit verschweigen, um sich wieder in die Gesellschaft zu integrieren. Doch sobald ihre wahre Identität auffliegt, werden sie ausgeschlossen.«

Seine Behörde lädt deshalb Richter und Unternehmer ein, mit den Entwaffneten zu sprechen. Sie sollen verstehen, dass die ehemaligen Krieger keine Monster sind, sondern häufig ungebildete Kinder, die sich vom kämpferischen Habitus blenden ließen oder schlicht eine ökonomische Perspektive brauchten. Es ist ein hartes Stück Überzeugungsarbeit. Selbst wohlwollenden Firmenbossen fällt es schwer, ehemalige Guerilleros einzustellen. Sie fürchten das Sicherheitsrisiko.

Viele der früheren Kämpfer entkommen der Gewalt tatsächlich nicht. Paramilitärs, die offiziell vor Jahren ihre Waffen niedergelegt haben, treiben heute als kriminelle Banden erneut ihr Unwesen. Viele Kämpfer haben nie gelernt, Konflikte ohne Gewalt zu lösen, geschweige denn, ihren Lebensunterhalt auf friedliche Art zu bestreiten. Und für viele Opfer ist es schwer zu akzeptieren, dass der Staat die Gewalttäter so sehr umsorgt, denn sie selbst erhalten keine vergleichbare Hilfe.

Sandra Gutiérrez ist jedenfalls fest entschlossen, das Ihre beizutragen, damit der Frieden gelingt. »Wir müssen einen Schlussstrich ziehen«, sagt sie. »Der Hass muss aufhören. Für die Zukunft dieses Landes. Für uns und für unsere Kinder.«

Kapitel 5

Graffiti: Medellín

Schlaflos

Ich kann nicht schlafen. Mitternacht ist schon lange vorbei, und draußen vor dem Hostal, in dem ich untergekommen bin, pumpen direkt unter meinem Fenster sehr, sehr laute Bässe. Ohne es zu wissen, bin ich am Ballermann Medellíns gelandet: am Parque Lleras im Geschäftsviertel Poblado im Südosten der Stadt.

In den Neunzigerjahren, als Medellín noch die Stadt von Pablo Escobar war, beherrschten Drogenbanden dieses Viertel – wie so viele andere Stadtteile auch. Nachts traute sich im Parque Lleras niemand nach draußen, denn das war lebensgefährlich. Die Dunkelheit muss damals sprichwörtlich totenstill gewesen sein. Das ist heute unüberhörbar anders.

Man hatte mir die Gegend empfohlen. Die Innenstadt sei viel zu gefährlich für eine so offensichtliche Ausländerin wie mich.

(Ich habe braune Haare, trotzdem nennen mich in Kolumbien immer alle *rubia*, Blondine – Gott weiß, warum.) Der Parque Lleras aber sei voll von Touristen, also Leuten wie mir, da sei es völlig unproblematisch. Warum habe ich mich nicht selbst schlau gemacht, wo ich übernachten würde? Ich verfluche meine Vertrauensseligkeit. Es verbietet sich, Pablo Escobar zurückhaben zu wollen. Aber in diesem Moment sehne ich mich sehr nach einer starken Autorität, die da draußen für Ruhe sorgt.

Immerhin, das mit den Touristen stimmt. Es ist Anfang August, Medellín feiert das Blumenfest, und die Stadt ist voller Besucher. In meinem Hostal schlafen junge Leute, etwa Anfang, Mitte zwanzig, vermutlich Studenten. Sie kommen aus Argentinien, Kolumbien, Deutschland, und sie sind wegen der Partynächte in Medellín. Sie schlafen lange, kommen spät in die Gänge, sitzen abends essend und rauchend zusammen im Innenhof, bevor sie losziehen. Leider ist das so gar nicht mein Rhythmus im Moment. Ich will Medellín kennenlernen, tagsüber, und soll am nächsten Morgen um halb acht abgeholt werden. Ich will schlafen.

Aber nun bin ich hier, am Parque Lleras, und an Ruhe ist nicht zu denken. Es ist halb zwei, und die Bässe hämmern noch immer. Das Fenster zu schließen, um die Musik auszusperren, ist unmöglich. Es ist viel zu stickig hier drin. Der Tag war warm, und unter der niedrigen Decke steht die verbrauchte Luft. Ich probiere den Ventilator, aber der rattert und schnauft wie eine alte, schlecht geölte Nähmaschine. Das schafft mich endgültig. Entnervt drehe ich mich auf den Rücken, schließe die Augen und versuche, an etwas Beruhigendes zu denken – nur nicht an die Musik, die dort draußen dröhnt. Irgendwann döse ich weg; wache wieder auf – drei Uhr, die Bässe sind verstummt, aber jetzt singen irgendwo ein paar Betrunkene –, döse wieder ein. Um halb sieben klingelt der Wecker.

In den Neunzigern galt Medellín als eine der gefährlichsten Städte der Welt, mit einer Rate von ungefähr 300 Morden pro

100.000 Einwohnern im Jahr. Heute sind es weniger als ein Zehntel. Gefährlich ist das allerdings immer noch. In Deutschland beispielsweise liegt die Quote unter eins. In Kolumbien aber ist Medellín vielleicht der Ort, der sich in den vergangenen zehn, zwanzig Jahren am meisten verändert hat. Er wird auch besonders vermarktet. Von der Drogenmetropole zur Vorzeigestadt, das ist die Geschichte, die offizielle Stellen gern und oft erzählen. Ich will herausfinden, was dran ist an diesem Bild.

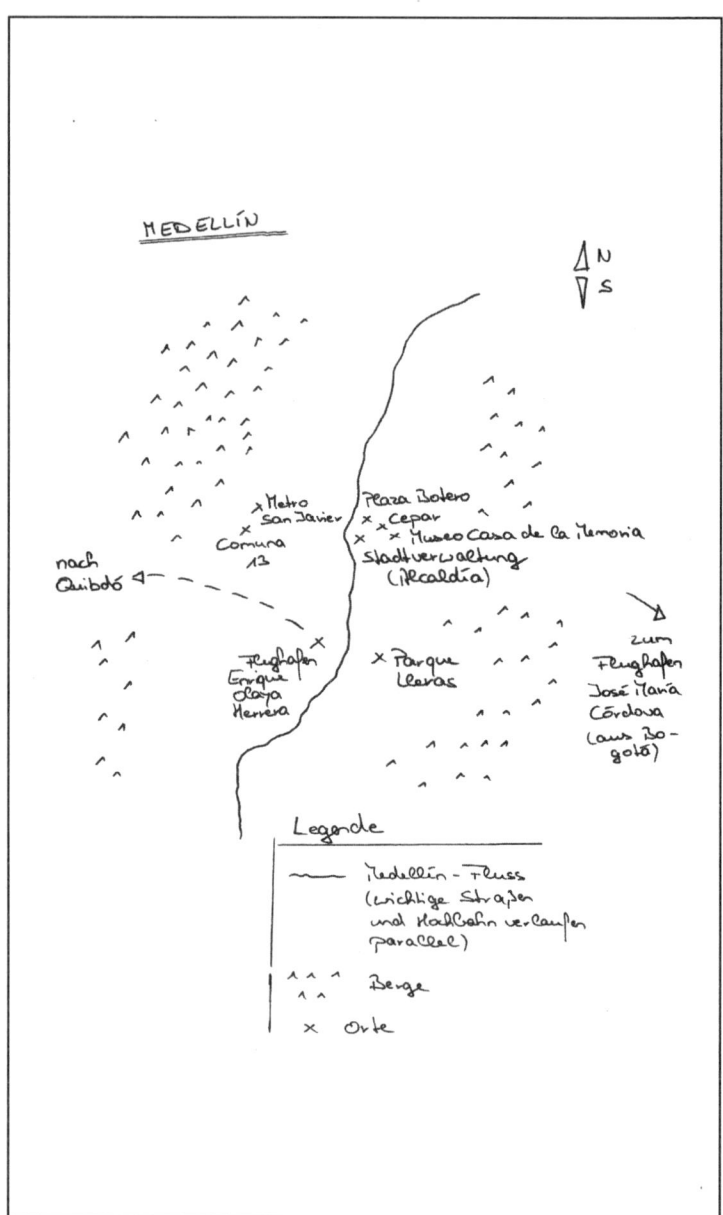

Ins Tal

Ich bin mit dem Flugzeug von Bogotá aus nach Medellín gekommen, von der größten in die zweitgrößte Stadt des Landes, 245 Kilometer Luftlinie, eine knappe Stunde Reisezeit. Man fliegt Richtung Westen, über grüne Berge mit scharf gefalteten Graten, dann über ein Tal, dann wieder in die Berge. Wie Bogotá liegt auch Medellín in den Anden, aber nicht so hoch. Deshalb ist in Medellín praktisch immer Frühling. Und deshalb feiern sie hier das Blumenfest.

Von diesen beiden Städten aus wird das Land regiert. In Bogotá sitzen die Regierung und die Zentralen der wichtigsten Unternehmen und Banken. Dort wurde Präsident Juan Manuel Santos als Sohn einer politisch einflussreichen Familie geboren. Sein Vorgänger und wichtigster Widersacher, Álvaro Uribe, ist der Sohn eines Großgrundbesitzers und stammt aus Medellín. Medellín ist nicht ganz so geschichtsträchtig wie Bogotá, und es ist die modernere Stadt. Gerade erst hat sie einen Preis für besonders erfindungsreiche Stadtplanung gewonnen. Ihren Einwohnern sagt man besonders großen Einfallsreichtum und Unternehmergeist nach; sie wirken viel freundlicher und entspannter im Umgang als die Menschen in Bogotá. Vielleicht liegt das am milderen Klima. Oder daran, dass Medellín mit ungefähr zweieinhalb Millionen Einwohnern deutlich kleiner ist. Man kommt einfach schneller durch die Stadt. Der Autoverkehr ist trotzdem eine Katastrophe.

Wirtschaftlich scheint es Medellín jedenfalls gut zu gehen. Aus der Luft sehe ich dicht befahrene Straßen, gepflegte Einfamilienhäuser auf weitläufigen Grundstücken und frisch erschlossene Neubaugebiete, nur teilweise bebaut. Picobello geschnittene Hecken trennen die einzelnen Parzellen ordentlich voneinander.

Der Flughafen liegt etwas außerhalb; ich nehme den Bus ins Zentrum. Weil so viel Verkehr ist, die Kurven unübersichtlich und die Fahrbahn einspurig, kommen wir nur langsam voran. Ich

schaue aus dem Fenster. Draußen ist es grün. Wir fahren vorbei
an Olivenbäumen, dichtem Farn, Nadelbäumen und Schilf, an
Gärtnereien, Bürokomplexen, Restaurants und Einkaufszentren
und an Großbaustellen, vor denen Plakate für die Luxuswoh-
nungen werben, die hier entstehen sollen. Ganz offensichtlich
wächst die Stadt. Schilder warnen abwechselnd vor Landmaschi-
nen, Bauarbeitern und Raubkatzen, die unverhofft die Straße
kreuzen könnten.

Irgendwann geht es hinunter ins Tal, und an einer Bushaltestel-
le steigen fast alle aus. Das heißt, fast alle außer mir, denn der Bus
fährt bis ins Zentrum, und ich habe die Hoffnung, von dort aus
leichter zu meiner Unterkunft zu kommen. Das erweist sich als
Irrtum. Wichtige Regel in den Großstädten Lateinamerikas: In
der Stadtmitte ist der Verkehr immer am schlimmsten. Daran hatte ich nicht mehr gedacht.

Ich finde mich mitten im größten Gewühl wieder. Es beginnt
mit Autowerkstätten und Ersatzteilhandlungen am Straßenrand.
Der Abend naht, hier scheint alles ruhig. Fast alle Werkstätten
sind schon mit Rolltoren verrammelt. Dann kommen wir in ein
Marktviertel mit Läden für Mützen, Taschen und anderen Klein-
kram. Hier sind die Gehsteige voll mit fliegenden Händlern, die
Obst von Holzkarren verkaufen oder Klamotten aus Autos feil-
bieten. Ich sehe Jeeps, die unter den adrett auf Ladeflächen, Dä-
chern und Türen drapierten Jeans und Schuhen kaum noch zu erkennen sind, daneben die Verkäufer und Kunden, die mit den
Fingern die Qualität der Ware prüfen und sich vom Gedränge
ringsum nicht aus der Ruhe bringen lassen. Über ihnen schwebt
auf Stelzen die Metrobahn, ihre Waggons dunkel vor Menschen.
Dazwischen hupen und wälzen sich Autos, Motorräder und Busse.
Vermutlich ist das nur der übliche Feierabendverkehr, durch den
mein Bus jetzt kriecht.

Irgendwann schält sich eine dicke Statue aus dem Getümmel,
die unverkennbar von Fernando Botero stammt, dem berühmten

Bildhauer und Maler aus Medellín. Das muss die Plaza Botero sein, das Zentrum der Stadt. Wir halten an. Zeit auszusteigen.

Es wird bald dämmern, deshalb beschließe ich, ein Taxi zu nehmen statt der überfüllten Bahn. Mein Gepäck ist mir lästig, und ich will möglichst schnell hier weg. Doch das ist schwieriger als gedacht. Kein Taxista hat Lust auf eine längere Strecke im Stau. Ich muss mehrere anhalten, bis ich einen finde, der bereit ist, mich zum Parque Lleras zu fahren. Inmitten einer gewaltigen Masse anderer Autos kriechen wir schließlich wie in einem zähen Brei Richtung Süden.

Rolltreppen

Kolumbien ist ein gewalttätiges Land, aber in Medellín kam einst alles zusammen: Paramilitärs kämpften gegen die Guerilla, die Guerilla gegen das von den USA unterstützte Militär, Militär und Polizei verfolgten das Medellín-Kartell, das sich außerdem gegen die Todesschwadronen der Pepes wehrte, die, gegründet vom konkurrierenden Cali-Kartell, ehemaligen Geschäftspartnern Pablo Escobars und paramilitärischen Verbänden, Hunderte Angehörige und Anhänger Escobars ermordeten, während andere Para- und Militärs wiederum für Escobar arbeiteten und gemeinsam mit ihm gegen Guerillaverbände kämpften. Es war ein Krieg aller gegen alle, und die Bewohner Medellíns, vor allem die in den Slums, in denen die Gangs unter Jugendlichen ohne Hoffnung ihren Nachwuchs rekrutierten, befanden sich zwischen allen Fronten.

Heutzutage soll das alles anders sein. Wie sehr, das will mir Leonardo Lemoine beweisen. Er arbeitet für die Stadtverwaltung und holt mich am Morgen nach meiner schlaflosen Nacht am Hostal ab. Punkt halb acht steht er auf der Matte, wie verabredet. Jetzt ist alles ruhig am Parque Lleras. Natürlich.

Der Kontakt zu Leonardo kam über Eliana zustande, die Freundin einer Freundin einer Freundin, wie das oft so geht in Lateinamerika. Eliana hat in Medellín die Stiftung Pazamanos gegründet. Der Name ist ein Wortspiel und bedeutet ungefähr: Der Friede liegt in Reichweite, wenn wir gemeinsam etwas für ihn tun. Eliana werde ich später noch sehen.

Mit Leonardo will ich die Menschen treffen, die Medellín zum Guten verändern. Er aber zeigt mir Architektur. Unsere erste Station ist eine riesige Freiluft-Rolltreppe im Westen der Stadt. Wir sind in der Comuna 13, einem jener Viertel, in denen sich früher Guerilla, Drogenbanden und Militär bekriegten. In Medellín ist die Comuna 13 so etwas wie das Symbol des jahrzehntelangen grausamen Konflikts. In Europa wurde sie auch durch die neuen Rolltreppen bekannt.

Streng genommen sind es mehrere Treppen, die hintereinander geschaltet im Zickzack den Hang hinaufführen, fast dreißig Stockwerke hoch. Angeblich hat sich das Leben der Bewohner von Grund auf gewandelt, seit es diese Treppen gibt. In Betrieb sind sie montags bis freitags von sechs Uhr früh bis weit in die Nacht, an Sonn- und Feiertagen von acht bis sieben Uhr. Gekostet hat das Bauwerk umgerechnet etwa fünf Millionen Euro; es zu nutzen ist gratis.

Früher mussten die Leute aus der Comuna 13 durch enge Gassen hinunter ins Tal, wenn sie zur Arbeit gingen oder etwas anderes zu erledigen hatten. Denn im Tal sind die Jobs und auch die wichtigsten Behörden. Die Busse quälten sich durch die schmalen Sträßchen. Zu Fuß über die Betonstufen war man kaum schneller. Außerdem war der Weg unübersichtlich und deshalb gefährlich, und abends musste man denselben Hang wieder mühsam hinaufklettern. Mit der Rolltreppe braucht man für den Auf- und Abstieg nur ein paar Minuten. Und ganz nebenbei macht sie das Viertel auch für die Polizei und andere Beamte leichter zugänglich.

Wir fahren nach oben, wo Cristina Zapata auf uns wartet. Cristina ist eine von einem guten Dutzend *gestores pedagógicos,* pädagogischen Helfern, die auf die Rolltreppe und ihre Benutzer aufpassen und Fragen beantworten. An jedem Abschnitt der Treppe sind sie positioniert, leicht zu erkennen an ihren dunkelgrünen Kitteln.

Cristina ist sechsundzwanzig. Sie hat eine Tochter, stammt aus der Comuna 13 und erinnert sich noch genau an die brutale Gewalt, die früher hier herrschte. »Es gab unsichtbare Grenzen im Viertel«, sagt sie. Damit meinten die Einwohner jene Grenzen, die den Einflussbereich der unterschiedlichen Banden voneinander trennten, aber nur für Eingeweihte erkennbar waren. Wer sie unbedarft überschritt, brachte sich in Lebensgefahr. Für Cristina wurde der Weg zur Arbeit irgendwann zu riskant. Also blieb sie zu Hause, obwohl sie dadurch ihre Lebensgrundlage verlor.

Und obwohl es zu Hause kaum sicherer war. Als ihre Tochter noch klein war, knapp vier Jahre alt, durfte sie einmal fernsehen, erzählt Cristina. Sie selbst war im Nebenzimmer, als plötzlich Schüsse fielen. »Ich rannte sofort zu ihr. ›Mami, Mami!‹, rief sie, ›da hat mich was gestreift!‹« Und zeigte auf einen roten Kratzer auf der Stirn.«

Eine Kugel, wohl ein Querschläger, war durchs Fenster ins Zimmer geflogen. Cristina fingerte sie aus der Wand. »Stellen Sie sich vor, was hätte passieren können! Ich habe monatelang kaum geschlafen, solche Angst hatte ich.« Jederzeit konnte es wieder losgehen. Dann ging sie mit ihrer Tochter unterm Bett in Deckung.

Heute scheint das unvorstellbar. Die Comuna 13 ist zur Sehenswürdigkeit geworden. Am Tag unseres Besuchs spazieren blonde – wirklich blonde! – junge Frauen in Sommerkleidung durch die Gassen, den Reiseführer in der Hand, und bärtige Gringos mit Rucksäcken lassen sich von Anwohnern die Geschichte des Viertels erzählen. Die kleinen Häuser haben zwar immer noch Wellblechdächer, und sie kleben noch genauso eng aneinander und übereinandergeschachtelt am Hang wie früher auch. Aber heute schmücken Graffiti die Mauern und die Hauswände sind farbig bemalt. Wenn man von der anderen Seite des Tales auf die Comuna 13 blickt, sieht man ein buntes Herz.

Graffito in der Comuna 13 in Medellín. Die trauernden Elefanten erinnern
an die vergangene Gewalt und mahnen, nicht zu vergessen.

Als Cristina noch zur Schule ging, konnten die Kinder der Comuna 13 kaum unbeschwert nach draußen. »Sogar in der Schule,
im Klassenzimmer, mussten wir manchmal vor den Kugeln in Deckung gehen«, erinnert sie sich. »Und auf dem Schulweg haben wir
uns immer dicht an die Mauern gedrückt, um uns vor den Kugeln
zu schützen, und wir haben gesehen, wie die Guerilla Menschen
aus ihren Häusern holte und umbrachte.«

Die Rolltreppen hätten den Frieden gebracht, sagt Cristinas
Kollegin Claudia. Sie ist zweiundvierzig Jahre alt und zog als kleines Kind mit ihrer Mutter und zwei Schwestern in die Comuna 13.
»Damals gab es hier drei Hütten. Die waren aus Karton und Plastik gebaut und was sonst so herumlag«, sagt Claudia. Sonst gab es
am Hang, an dem sich die Rolltreppe befindet, gar nichts.

Claudia hat miterlebt, wie das Viertel seither gewachsen ist.
Sie kennt seine ganze Geschichte. Anfangs lebten sie, ihre Mutter
und ihre beiden Schwestern in ständiger Angst vor Vergewalti-
gern. Zum Glück, sagt sie, habe dann die ELN für Ordnung gesorgt. Der Staat war hier noch nie besonders präsent, es sei denn
später als Kriegspartei.

Die ELN ist eine kleinere Guerillagruppe als die Farc, die erst später anfing, mit der Regierung über Frieden zu verhandeln. Während dieses Buch entsteht, stehen die Gespräche kurz bevor. Glaubt man Claudia, war es unter der ELN in der Comuna 13 relativ sicher. »Sie trugen keine Waffen, zumindest nicht offensichtlich, und sie haben keine Jugendlichen rekrutiert.«

Dann habe die Farc die Kontrolle über das Viertel übernommen, und alles änderte sich. Noch später kamen das Militär und die Paramilitärs, um das Viertel zurückzuerobern. »Es gab viele unschuldige Tote«, sagt Claudia, »und viele Leute sind verschwunden.« Sie selbst habe gesehen, wie Polizisten die paramilitärischen Kämpfer mit Waffen versorgten. »Wer weiß, wem sie noch Waffen gegeben haben, damit die Leute sich gegenseitig umbringen.«

Verglichen damit ist es heute in der Comuna 13 »wie im Paradies«. Jetzt überlegt Claudia, sich gemeinsam mit ihrem zwanzigjährigen Sohn ein Haus in der Comuna 13 zu kaufen. Es wäre die definitive Entscheidung für das Viertel, eine Wette darauf, dass die Ruhe anhält.

Blick über die Häuser der Comuna 13 ins Tal. Heute gilt das Viertel als Vorzeigebeispiel für die Überwindung der Gewalt. Probleme gibt es immer noch.

Im Jahr 2002 war die Comuna 13 das letzte Stadtviertel im ganzen Land, in dem die Guerilla noch Präsenz zeigte. Der damals neue Präsident Álvaro Uribe Vélez beschloss, die Kämpfer gewaltsam zu vertreiben. Am 16. Oktober, Uribe war gerade seit ein paar Wochen im Amt, ließ er die Comuna 13 vom Militär mit Hubschraubern und gepanzerten Fahrzeugen angreifen. Die Nachbarn behaupten, vorher sei das Viertel abgeriegelt worden, damit niemand fliehen konnte.

Die Projektile der Hubschrauber durchschlugen die Wellblechdächer. Geschossen wurde auf alles, was sich bewegte, auf Alte, Frauen und Kinder. Von unten drangen Soldaten und Polizisten in das Viertel vor, von oben kamen die Paramilitärs. Mehrere Tausend sollen es gewesen sein. Sie durchkämmten die Comuna 13 und nahmen willkürlich Leute fest; Paramilitärs zeigten den Soldaten, welche Häuser durchsucht werden sollten. Das war die Operación Orión – nicht die erste Militäraktion hier, aber die brutalste. Und ein Wendepunkt für Medellín.

Cristina Zapata aus der Comuna 13 hilft den Benutzern der neuen Rolltreppen und passt auf, dass alles läuft.

Mit weißen Bettlaken und Taschentüchern baten die Anwohner um eine Feuerpause, aber die Kämpfe hielten vier Tage lang an. Dutzende Zivilisten starben, viele wurden gezielt ermordet. Viele verschwanden spurlos – wie viele, weiß niemand, es könnten Hunderte sein.

Die Guerilla wurde durch die Kämpfe vertrieben. Aber danach übernahmen Paramilitärs vom Block Cacique Nutibara die Kontrolle über das Viertel, und noch mehr Menschen verschwanden. Die Bauschuttdeponie La Escombrera, auf der ihre Leichen vermutet werden, liegt mitten in der Comuna 13. Von der Rolltreppe aus ist sie gut zu sehen.

Immer noch sucht die Staatsanwaltschaft dort nach menschlichen Überresten. Die Leute in der Comuna aber, deren Angehörige seit der Operación Orión spurlos verschwunden sind, sagen, sie suche – mehr oder weniger absichtlich – nicht an den richtigen Stellen. Vielleicht weil die Vertreter des Staates dann eine Debatte darüber führen müssten, was durch Zeugenberichte und Fotos längst belegt ist: dass der Staat sich damals zum Komplizen illegaler bewaffneter Gruppen gemacht hat.

Zwei Jahre später kam Sergio Fajardo. Der Mathematiker wurde 2004 zum Bürgermeister der Stadt gewählt, und mit ihm begann der Wandel Medellíns. Fajardo begann die Stadt umzubauen. Er ließ die besten und architektonisch auffälligsten Schulen und Bibliotheken ausgerechnet in den ärmsten Vierteln errichten, außerdem Sportstätten, Parks, Kulturzentren und Kindergärten mit angeschlossenen Beratungsstellen für die Eltern – und auch Bezirksrathäuser und Polizeistationen.

Die Rolltreppen der Comuna 13 sind ein Teil dieses sozialen Städtebaus. Wo sie enden, beginnt eine Seilbahn, die Pendler übers Tal zum Netz der Metrobahn bringt. In Medellín gibt es mehrere Seilbahnlinien, und wie die Schulen und Bibliotheken hat man auch sie gezielt in Viertel gebaut, die vorher von der öffentlichen Infrastruktur abgeschnitten waren. Sergio Fajardo wollte, dass auch die Armen in Medellín schnell, bequem und zu bezahlbaren Tarifen unterwegs sein können. Gemessen am Geld, das man für den sozialen Städtebau ausgibt, ist dieser das wichtigste Element des neuen Medellín.

Glücklicherweise geht es der Stadt wirtschaftlich besser als anderen Orten und Kommunen Kolumbiens. Sie hat ausreichend Geld, um die Infrastruktur auszubauen und instand zu halten. Und alle Bürgermeister der vergangenen Jahre haben den sozialen Städtebau Fajardos weiterbetrieben. Deshalb gilt Medellín in dieser Hinsicht tatsächlich als Vorbild.

Erinnerung

Das Museo Casa de la Memoria, das Haus der Erinnerung in Medellín, ist ein freistehendes, asymmetrisch geschnittenes Gebäude, das zwischen breiten Straßen liegt wie ein kieloben gestrandetes Schiff. Die schrägen Mauern mit den kleinen Fenstern wirken, als wollte man die schlimme Zeit des Konflikts hinter dicken Wänden unerreichbar wegschließen, aber weil sie schwarz gestrichen sind, ist das Gebäude nicht zu übersehen. Das Museum liegt in der Stadt wie ein dunkler, schwerer Fremdkörper, der mit seinem ganzen Dasein zeigt: Ich bin eure Geschichte, und ich gehe hier nicht mehr weg.

Drinnen hängen Chroniken an den Wänden, von denen man die Geschichte des Terrors in Medellín und dem Departement Antioquia ablesen kann, dazu Zeitungsausschnitte, Vitrinen, die die Verfolgung einzelner Gruppen, zum Beispiel Bauern und Journalisten, dokumentieren, und Videoinstallationen, in denen Zeitzeugen sprechen.

Am stärksten beeindruckt mich ein dunkler Raum, in dem Familienfotos hinter Glas hängen. Von hinten werden sie abwechselnd beleuchtet; alle paar Sekunden scheint ein neues Bild auf und erlischt. Ich sehe Kinder in der Schulbank, Klassenfotos, Urlaubsbilder von Familien, Väter mit ihrem Baby im Arm. Fotos,

wie sie auch in meinem Familienalbum kleben, Erinnerungen an
unbeschwerte Momente, auf die man später vielleicht mit Stolz
oder leiser Wehmut zurückblickt.

Innerhalb von Sekunden werden die strahlenden Farbfotos an
der Wand schwarzweiß. Eine Person aber bleibt immer bunt und
leuchtend; mal ist es ein Kind, mal der Vater mit dem Baby im Arm,
mal eine junge Frau. Dann kommt der Abspann: José Luis Zapata Carmona, gewaltsames Verschwinden, 1995. Juan Diego Bedoya, gewaltsames Verschwinden, 1999. Miguel Estiven Ríos Correa,
Mord, 2001. Claudia Helena Orrego Toro, gewaltsames Verschwinden, 1996. Álvaro Fernández Pinzón, Mord, 1998. Es ist eine starke
Installation, die begreifbar macht, wie groß die Lücke ist, die die zu
früh Gestorbenen hinterlassen haben. Wie sehr sie fehlen.

Was es bedeutet, wenn ein Familienmitglied ermordet wird,
hat Héctor Abad Faciolince in *Brief an einen Schatten* aufgeschrieben. Das Buch ist eine Liebeserklärung an seinen Vater, einen
Arzt, der sich zeitlebens für eine bessere medizinische Versorgung
der Menschen in den Armenvierteln Medellíns eingesetzt hat.
Dabei ging es Héctor Abad Gómez um so banale Dinge wie sauberes Trinkwasser und Krankheitsprävention durch bessere Hygie-
ne. Das schien die Herrschenden (und auch die anderen Ärzte der
Stadt) zu stören. In seinem Buch beschreibt Abad, wie der Vater
bedroht wurde und immer wieder für längere Zeit ins Ausland
ging, um sich zu schützen. Manchmal konnte seine Familie ihn begleiten. Auch seine Prominenz verlieh ihm einen gewissen Schutz.
Aber der hielt nicht für immer. 1987 wurde Héctor Abad Gómez
von Paramilitärs erschossen.

Sein Sohn ging nach Italien, kehrte nach Kolumbien zurück,
lebte eine Zeit lang in Berlin und ist jetzt wieder in Kolumbien.
Héctor Abad Faciolince wirbt als Journalist für den Friedensprozess, und in dem Jahr, in dem der Friedensvertrag zwischen Farc
und Regierung unterzeichnet wurde, feierte er das mit der Gründung eines eigenen Verlags in Medellín. Als Opfer des Krieges be-

gleitete er Präsident Juan Manuel Santos im Herbst 2016 nach Oslo, wo dieser den Friedensnobelpreis entgegennahm.

Medellín, höre ich in der Stadt immer wieder, hat bezogen auf seine Einwohnerzahl besonders viele Kriegsopfer zu versorgen: mehr als 600.000. Und das sind nur die, die nach dem Opfergesetz, dem Gesetz Nummer 1448 vom 10. Juni 2011, registriert sind und einen Anspruch auf Entschädigung haben. Nicht mitgerechnet sind sowohl all jene, die sich aus Scham nicht bei den Behörden melden, als auch die Opfer der Drogenmafia, denn das Gesetz kümmert sich nur um die Überlebenden des Bürgerkriegs – und die Angehörigen seiner Toten. Und wer vor dem 1. Januar 1985 zum Opfer wurde, hat auch keinen Anspruch auf Entschädigung.

Im Zweifel, sagt Ursula Wagner vom Museo Casa de la Memoria, müsse jeder Fall genau geprüft werden. Denn nicht immer seien die Täter einwandfrei einer Gruppe zuzuordnen. Waren es Mörder oder Vergewaltiger der Drogenmafia? Oder doch Angehörige paramilitärischer Gruppen oder der Guerilla?

Ursula ist Anthropologin, Politikwissenschaftlerin und Anwältin, sie hat bei den Vereinten Nationen zu Menschenrechtsthemen gearbeitet und sich an der Universität in Oxford auf Flucht und gewaltsame Migration spezialisiert. In Medellín beschäftigt sie sich seit Jahren mit der Frage, wie man die Kriegsverletzungen heilen und eine Kultur des Friedens schaffen kann – und wie sich garantieren lässt, dass die Grausamkeiten des Krieges sich nie mehr wiederholen. Es ist die Frage, die alle umtreibt, zu denen mich Leonardo in Medellín bringt.

Das Museum ist wichtig, sagt Ursula, denn es hilft, eine gemeinsame Erinnerung herzustellen. Sich auf eine gemeinsame Geschichte zu einigen. Die Casa de la Memoria soll den Konflikt in und um Medellín rekonstruieren, und zwar nicht von oben herab, sondern zusammen mit den Betroffenen. Eigentlich müsste es Casa de las Memorias heißen, findet Ursula, denn jeder Mensch habe seine eigene Geschichte und seinen persönlichen Blick auf die Vergangenheit. Und alle sollten sich in der Ausstellung des Museums wiederfinden.

Von den aktuellen Verhandlungen auf Kuba, die zur Zeit meines Besuchs noch laufen, sei die Friedensarbeit in Medellín völlig unabhängig. »Selbst wenn der nationale Friedensprozess scheitern sollte – wir machen auf jeden Fall weiter.«

Open Air

An einem der nächsten Abende fahre ich noch einmal zur Casa de la Memoria. Eine der bekanntesten Bands Kolumbiens wird dort ein Open-Air-Konzert geben, für den Frieden und wegen des Blumenfests. Die Band heißt Estados Alterados (übersetzt etwa: aufgewühlte, alarmierte Zustände) und wurde Anfang der Neunziger international bekannt, als MTV ihre Videos ins Programm nahm. Die Musik – melancholische Melodien, Synthesizer – erinnert an Joy Division und Depeche Mode. Doch sie hat mehr Bass, ein treibendes Schlagzeug und Gitarren. Das lässt die Stücke live rockiger und rauer klingen. Der Sänger nennt sich Elvis, hat aber eine viel härtere Stimme als sein Namensgeber. Sein Gesang verbreitet eine düstere, drängende Stimmung. Das Konzert wird trotzdem zu einem Fest. Das passt gut zu Medellín, finde ich.

Elvis' bürgerlicher Name ist Fernando Sierra, und er arbeitet mittlerweile als Architekt und Designer. Der Schlagzeuger Ricardo Restrepo, genannt Ricky, ist im Alltag ein auf Suchtkrankheiten und Traumata spezialisierter Psychiater mit einer Zusatzqualifikation in öffentlicher Gesundheit. Aber nebenher halten sie ihre alte Band am Laufen. Heute spielen sie zu viert, verstärkt durch eine Sängerin und einen zweiten Gitarristen.

Mit Einbruch der Dämmerung setzt die Musik ein, und das Publikum bejubelt Estados Alterados vom ersten Augenblick an. Mehrere Hundert Menschen haben sich auf dem Rasen neben der schwarzen Museumswand versammelt. Manche haben ihre Kin-

der mitgebracht, andere ihren Hund. Die Atmosphäre ist sehr
entspannt. Zigaretten kreisen, es duftet süßlich, vor der Bühne
wird getanzt. Viele kennen die Texte und singen laut mit. Fliegende Händler drängen sich durchs Publikum. Auf der Straße staut
sich der Verkehr. Es sieht fast so aus, als würden die Autos absichtlich langsam fahren, um auch etwas vom Konzert mitzubekom-
men. Passanten bleiben stehen und versammeln sich am Bauzaun,
der als Absperrung zwischen Open-Air-Wiese und Gehsteig dient.
Unter den Schaulustigen befindet sich auch ein Grüppchen Polizisten. Sie sollen das Gelände sichern, aber offenbar haben sie wenig zu tun, denn auch sie lehnen am Bauzaun, schauen zur Bühne
und unterhalten sich.

Es ist ein kurzer Auftritt, er dauert nur eine gute Stunde. Den
Fans macht das nichts aus, sie singen, tanzen und genießen jeden
Ton. Gegen acht ist schon alles vorbei. Vermutlich ist das doch ein
kleines Zugeständnis an die Sicherheitslage in der Stadt.

Kämpfer zu Zivilisten

Wer garantieren will, dass die Kriegsverbrechen sich nicht wiederholen, dass der Friede von Dauer ist, wie die offizielle Losung
heißt, der muss sich auch um die Täter kümmern. Zwischen November 2003 und August 2006 legten die paramilitärischen Gruppen in ganz Kolumbien ihre Waffen nieder. Der Staat hilft ihnen,
ins zivile Leben zurückzukehren.

Nicht immer klappt das. Einige Kämpfer haben sich kriminellen Banden angeschlossen, den sogenannten Bacrim. Manchmal
legten ganze Gruppen einfach ihr ideologisches Etikett als Paramilitärs ab, behielten aber ihre Waffen und machten als Bacrim
weiter wie bisher. Den umgekehrten Fall gab es wohl auch. Dann
ergaben sich Drogenhändler den Behörden und behaupteten, sie
seien Paramilitärs, um staatliche Hilfe zu erhalten – und um der
Auslieferung in die USA zu entgehen.

In Medellín rühmt man sich, besonders viel Erfahrung mit der Reintegration ehemaliger Kämpfer gesammelt zu haben. Man will Vorbild sein für die Demobilisierung der Farc, die jetzt beginnt. Leandro bringt mich zu einer Schule, die etwas umständlich »Ausbildungszentrum für Frieden und Versöhnung« genannt wird (Centro de Formación para la Paz y la Reconciliación, Cepar). Sie liegt in einem schlichten vierstöckigen, mit roten Ziegeln verkleideten Gebäude im Stadtzentrum, nur ein paar Blocks von der Plaza Botero entfernt.

Drinnen warten drei Schüler und ein paar Lehrer auf uns, unter ihnen Mónica, die Englischlehrerin. Mónica ist blind. Als sie fünfzehn Jahre alt war, Anfang der Neunzigerjahre, hat man auf sie geschossen. Durch die Verletzung habe sie ihre Sehkraft komplett verloren. »Es war sehr schwer, damit zurechtzukommen. Früher habe ich Basketball gespielt. Ich musste alles von vorne lernen: gehen, lesen, mit Brailleschrift.« Aber sie wollte sich nicht unterkriegen lassen. Und ihre Familie, sagt sie, hat ihr immer geholfen. So schaffte sie es, zu studieren und Lehrerin zu werden.

»Ich bin ein Opfer – aber ich fühle mich nicht so, denn hier kann ich meinen Beitrag leisten, das Land wieder aufzubauen. In dieser Schule kommen Täter und Opfer zusammen. Jeder hat seine Geschichte. Aber die lassen wir an der Tür zurück. Wir urteilen nicht übereinander. Wir arbeiten zusammen, in aller Ruhe. Und das geht! Damit beweisen wir: Frieden ist möglich. Wenn jeder Einzelne ihn will.« Dann muss sie los, zu einem wichtigen Termin.

Schafft man das wirklich? Die Wut, die Trauer und alle Aggressionen an der Tür abzulegen, so wie man einen Mantel auszieht und an die Garderobe hängt? Man muss eine Entscheidung treffen, sagt Alejandro. Das sei die Bedingung. Sonst könne der Neuanfang nicht gelingen.

Der achtunddreißigjährige Alejandro hat für die Paramilitärs gearbeitet – allerdings nicht freiwillig. »Sie haben mich entführt, damit ich ihre Kranken versorge.« Er musste die Rolle des Arztes einnehmen, obwohl ihm dafür die Ausbildung fehlte. Drei Jahre lang sei er verschwunden gewesen, ohne seiner Familie eine Nachricht zukommen lassen zu können. Zu fliehen habe er sich nicht getraut. Zweimal habe er Fluchtpläne geschmiedet und doch wieder verworfen. Erst als sein Kommandant entschied, dass die Gruppe die Waffen niederlegen sollte, kehrte auch er aus dem Krieg zurück. Vorher darüber informiert habe ihn und seine Kameraden aber niemand. »Man hat uns einfach befohlen, zu einem Treffpunkt zu kommen. Dort wurden wir demobilisiert, ohne es vorher zu wissen.«

Heute arbeitet Alejandro als *promotor de paz*, was übersetzt etwa Friedensbotschafter bedeutet, für die kolumbianische Agentur zur Reintegration ehemaliger Kämpfer (ACR). Aufhören zu lernen will er nicht. Er hat schon mehrere Ausbildungen abgeschlossen, jetzt will er noch eine draufsetzen und Lehrer werden. »Man muss sich entscheiden, das Alte hinter sich zu lassen, und hart für das Neue arbeiten«, sagt er noch einmal. Zwischen den Zeilen kann man heraushören, dass es für einen ehemaligen Kämpfer wie ihn nicht leicht ist, eine Arbeit zu finden – trotz aller Qualifikationen. Aber er macht einfach weiter.

Dann sind da noch Dairo und Rubén, beide vierzig Jahre alt, und der dreiunddreißigjährige Leandro. Dairo und Leandro waren nicht im Krieg. Sie sind Drogenopfer, Junkies, die jahrelang in Medellín auf der Straße gelebt haben. Jetzt holen sie bei Cepar ihren Schulabschluss nach. Dairo hofft, auch die Chance zu einer Berufsausbildung zu bekommen. Leandro träumt von einem Job, einer Frau und Kindern.

Rubén hat eine ganz andere Geschichte. Er war bei der Guerilla. Er sei auf dem Land aufgewachsen, erzählt er, mit dreizehn Brüdern und vier Schwestern. Die Familie satt zu bekommen war kein Problem. »Zu essen gab es immer. Wir hatten Kochbananen und Bohnen«, erinnert er sich. Aber ganz so einfach war das Leben offenbar trotzdem nicht. Als er neun war, hat sein Vater angefangen, ihn zu schlagen. »Und die Waffen kamen ins Dorf.«

Mit elf schloss Rubén sich der EPL an, einer Guerillagruppe, die in Kolumbien einen sozialistischen Staat errichten wollte; wenige Jahre später wechselte er zur Farc. »Niemand in meiner Familie wusste davon. Ich habe im Verborgenen gearbeitet.« Das musste er auch, denn er wurde als Spion eingesetzt. Er kundschaftete Gebiete aus, die die Guerilla übernehmen wollte, beobachtete die Vorgänge im Dorf und berichtete regelmäßig an die Kommandanten. Mit seiner Frau und den vier Kindern zog er um, wenn seine Kommandanten es für nötig hielten.

Mit Ideologie hatte seine Entscheidung für den bewaffneten Kampf wohl wenig zu tun. Eher scheint es eine Flucht vor den väterlichen Misshandlungen gewesen zu sein – und später dann einfach eine Möglichkeit, den Lebensunterhalt für sich und seine Familie zu bestreiten. Auch seine Frau, die er seit seiner Kindheit kannte, arbeitete für die Farc. »Manchmal war sie monatelang weg, genauso wie ich auch«, sagt Rubén. »Seit wir hier in Medellín sind, verbringen wir mehr Zeit miteinander.«

Vor fünf Jahren nahm man ihn gefangen, dann trat er in den Reintegrationsprozess ein. Jetzt ist er vierzig und hat einen Schulabschluss. »Damit hätte ich nie gerechnet.«

Dabei hatte er Angst, in einer Stadt zu leben. Inzwischen aber sei er zufrieden. »Wir haben uns einen Unterschlupf gebaut, kaum dass wir angekommen waren, und haben angefangen zu arbeiten. Heute gehen unsere Kinder zur Schule. Und ich habe meinen eigenen Laden.« Sich als Schreiner selbständig zu machen, das wäre sein Traum.

Vermisst er manchmal sein altes Leben in der Wildnis? »Man denkt viel daran. Man fragt sich, warum so viele Leute ermordet wurden. Und irgendwann merkt man: Das ist nicht der richtige Weg.«

Vertriebene

Am nächsten Morgen bringt mich Leonardo zu Luz Patricia Correa, die in Medellín die Unidad para las Víctimas leitet, die städti-

sche Behörde, die sich um die Opfer kümmert. Und dort passiert
etwas sehr Merkwürdiges.

Was tut Medellín für die Kriegsopfer?, frage ich. Luz Patricia
aber fängt an, von Gesetzen zu sprechen und von Verordnungen:
vom Opfergesetz aus dem Jahr 2011, von einem anderen Gesetz
aus dem Jahr 2005, das damals schon die Entschädigung von Vertriebenen regelte, von den vierzehn möglichen Delikten, die jemanden zum Opfer im Sinne des Gesetzes machen können, von
den Ansprüchen, die sich je nach Opferstatus daraus ableiten lassen, von den Behörden, die Medellín eingerichtet hat, um die Opfer versorgen zu können, davon, wie komplex das alles ist, und dass
die Helfer es nie schaffen können, alle perfekt zu versorgen.

Ich hatte auf konkrete Beispiele gehofft, auf Geschichten, die
mir begreiflich machen, was in Medellín mit den Kriegsopfern passiert, wie man ihnen hilft, ihre Verletzungen zu überwinden. Luz
Patricia aber redet von Gesetzen, Verordnungen und Institutionen.

Das ist typisch für Kolumbien – und es passiert im Gespräch
mit Leuten, die den Staat vertreten, sehr häufig. Kolumbien ist ein
auf Paragrafen fixiertes Land. Die Gesetze sind dort wichtig, und
oft sind sie auch sehr gut. Daran halten die öffentlichen Funktionäre sich fest. Von Gesetzen, Erlässen und erklärten Regierungs-
strategien sprechen sie gern. Ob diese aber gut umgesetzt werden
und ob sich der Sinn der Gesetze in der Praxis überhaupt erfüllen
lässt – das ist eine ganz andere Frage.

»Wir wollen immer perfekt sein«, sagt Luz Patricia. Darauf sei-
en die Gesetze ausgerichtet: um alles bestmöglich zu regeln. Doch
in der Praxis sei das oft gar nicht möglich. Nicht bei mehr als acht
Millionen registrierten Bürgerkriegsopfern in ganz Kolumbien,
und nicht bei mehr als 600.000 allein in Medellín.

Dabei ist man in Medellín stolz darauf, schon länger mit Opfern zu arbeiten als anderswo. Seit 2005 zahlt man hier Entschädi-
gungen an Vertriebene, hilft ihnen, nach Hause zurückzukehren,
und dokumentiert die erlittenen Verbrechen. Aber um die Kriegs-

opfer, die nicht vertrieben worden sind, sondern andere Formen
der Gewalt erlitten haben, kümmerten sich die Behörden nicht.
Das taten nur Hilfsorganisationen. 2011 dann kam das Gesetz, in
dem auch vergewaltigte Frauen, Entführte, durch Minen Verletzte, die Angehörigen von Ermordeten offiziell als Bürgerkriegsopfer anerkannt wurden. Und in Medellín entstand die Unidad para
las Víctimas, um die staatliche Hilfe für alle zu koordinieren.

Die Behörde leistet Nothilfe, zum Beispiel in Form von Lebensmitteln. Sie vermittelt psychologische Unterstützung und
Traumatherapie. Sie gibt Rechtsberatung, bringt Leute vorübergehend unter, hilft den Vertriebenen, nach Hause zurückzukehren. Mehr als 20.000 Menschen seien es schon gewesen, sagt Luz
Patricia.

Welche Rechte ein Opfer hat, hängt davon ab, was ihm widerfahren ist. »Es gibt da eine Art Hierarchie«, hatte mir Ursula im
Museum erklärt. Manche hätten Anspruch auf eine Wohnung, andere nicht, und nicht alle könnten das verstehen.

Während Luz Patricia über Gesetze und staatliche Institutionen spricht, ertappe ich mich dabei, dass ich ihr nicht mehr richtig zuhöre. Was sie sagt, wirkt merkwürdig trocken, abstrakt, weit
weg von der Realität. Ob die Leute in der Comuna 13 oder auf dem
Land, dort, wo der ehemalige Farc-Kämpfer Rubén herkommt,
die Sprache der Juristen verstehen, mit denen diese die Folgen des
Krieges bewältigen wollen? Ob sie sich dafür interessieren, wel-
ches Gesetz die Grundlage für eine mögliche Hilfe ist und wie
man ihre persönliche Geschichte korrekt der richtigen Opferka-
tegorie zuordnet?

Vermutlich nicht, denke ich. Wie aber verständigen sich die einen dann mit den anderen? Der Friedensvertrag, über den zu jener
Zeit noch verhandelt wird, dürfte in einer ähnlich lebensfernen
Sprache verfasst sein. Die Regierung sagt, sobald er unterzeichnet
sei, würde man ihn den Leuten erklären. »Friedenspädagogik«
nennt sie das. Ob sie die Menschen damit erreichen wird? Als ich

Luz Patricia reden höre, habe ich das Gefühl, es könnte schwierig werden.

Dabei gibt es in ganz Kolumbien kaum jemanden, der mehr Erfahrung in der Arbeit mit Opfern hat als sie. Und mangelndes Engagement kann man ihr ganz gewiss nicht vorwerfen.

Ein Beispiel dafür ist der Ort La Loma. Im Mai 2013, berichtet Luz Patricia, erreichte sie von dort ein Hilferuf. Bewaffnete hatten angefangen, die Bewohner zu vertreiben. Lokale Führungspersönlichkeiten wurden umgebracht, unter ihnen der Bürgermeister; die Menschen wurden bedroht. Die ersten hatten ihren Heimatort aus Angst bereits verlassen. Da habe der Bürgermeister von Medellín entschieden, Vertreter nach La Loma zu senden – nicht nur vorübergehend. Seine Leute sollten dort wohnen. Präsenz zeigen, als Schutz gegen die Drohungen der illegalen Kämpfer.

»Wir haben vier Monate lang um das Gebiet gekämpft«, berichtet Luz Patricia. »Wir sind mit den Leuten in die Kirche gegangen, haben mit ihnen gebetet, sind bei Prozessionen mit dabei gewesen.« So schufen sie Vertrauen. Familien, die sich schon entschieden hatten zu gehen, seien geblieben, weil die Repräsentanten des Bürgermeisters nebenan wohnten. Und am Ende seien fast alle Vertriebenen wieder nach La Loma zurückgekehrt.

Mittlerweile sind siebzehn Personen wegen der Vorfälle in La Loma im Gefängnis. »Es gibt immer noch illegale Gruppen dort. Aber es gibt keine Vertreibungen mehr.«

Ein anderes Beispiel: San Carlos, ein Ort mit ungefähr 24.000 Einwohnern. Mehr als drei Viertel davon sind vertrieben worden, sagt Luz Patricia. Etwa 12.000 davon kamen nach Medellín. »Im Jahr 2008 haben sie uns um Hilfe gebeten. Der Ort war komplett vermint. Die Bürgermeister wurden bedroht, Ratsleute ermordet.«

Inzwischen seien mehrere Tausend Menschen wieder in ihren Heimatort zurückgekehrt. »Wir haben San Carlos zurückerobert.« Die Unidad para las Víctimas baute ihnen Häuser und half, die Geschehnisse zu dokumentieren und aufzubereiten. Die Armee suchte und entfernte die Minen. Eine Bank eröffnete eine Filiale, um den Einwohnern mit Krediten zu helfen. »Es ist unglaublich, wie der Ort sich entwickelt hat. Die Häuser in San Carlos sind heute sogar mehr wert als früher«, sagt Luz Patricia. »Heute ist der Ort ein Symbol für die Zeit nach dem Konflikt.«

Der Erfolg lässt sich aber nicht so ohne Weiteres auf andere Orte übertragen. Damit der Einsatz in San Carlos gelingen konnte, musste alles passen. Bevor die Vertriebenen zurückkehrten, hatte die Armee dort halbwegs für Sicherheit gesorgt, die Macht der Guerilla und Paramilitärs war gebrochen. Dann taten die Bürgermeisterämter alles, um den Leuten zu helfen, und die Koordination der unterschiedlichen Verwaltungsebenen – San Carlos, Medellín, der Nationalstaat – funktionierte so gut wie sonst normalerweise nicht. Die Behörden sorgten dafür, dass man in San Carlos wieder einigermaßen gut leben konnte, Schulen und Gesundheitsversorgung inklusive. Sie halfen den Rückkehrern, sich eine wirtschaftliche Existenz aufzubauen. Sie ließen sie mitentscheiden. Und die Leute wollten wirklich zurück in ihr Heimatdorf. »In dieser Gegend ist man sehr stark in der Heimat verwurzelt«, sagt Luz Patricia. »Man fühlt sich dem Land sehr verbunden. Das ist nicht überall so.« Geld war auch vorhanden. Allein für San Carlos gab Medellín in sechs Jahren etwa 20 Milliarden Pesos aus, umgerechnet etwa 6,4 Millionen Euro.

Die meisten der Bürgerkriegsopfer in Medellín sind Vertriebene. Vermutlich hat das damit zu tun, dass im Departement Antioquia, dessen Hauptstadt Medellín ist, der Aufstieg der Paramilitärs seinen Anfang nahm. In Antioquia gibt es Bodenschätze und fruchtbares Land, strategische Routen für den Waffen- und Truppentransport, und die Geographie erschwert die Kontrolle des Territoriums durch den Staat. Der Bürgerkrieg in Kolumbien war immer auch ein Kampf um Ressourcen. Antioquia hat Reichtümer, um die es sich zu kämpfen lohnt.

In einem Einkaufszentrum in Medellín besuche ich später ein Projekt für vertriebene Frauen, das von der Stadtverwaltung unterstützt wird. Luz Patricia lag es sehr am Herzen. Crisálidas heißt es, Puppen. Die Frauen fertigen Kunsthandwerk – Kleider in leuchtenden Farben, gehäkelte Sandalen, die traditionellen bunten Perlenketten der Indígenas, Handtaschen aus Leder und Stoff, Marmeladen, Pralinen.

Eine von ihnen ist Marta, einundsechzig, aus Cocorná. Vor siebzehn Jahren sei sie vertrieben worden, erzählt sie, erst vor einem Jahr kehrte sie wieder in ihren Heimatort zurück. Jetzt soll Crisálidas ihr helfen, Geld zu verdienen. Marta bastelt Schmuckkästchen und bestickt Weihnachtsdeckchen. Obwohl sich ihre Lage verbessert hat, glaubt sie nicht an den Friedensprozess. »Es wird sich nichts ändern. Uns wurde versprochen, dass der Krieg aufhört. Aber wir haben uns getäuscht. Es gibt immer mehr Waffen. Und die Gewalt nimmt wieder zu.«

Die Kultur der Gewalt

Martas Geschichte lässt ahnen, wie schwer es ist, nach Jahrzehnten des Krieges den Frieden zu erreichen. Eliana Uribe, jene Freundin, die Medellín mit ihrer Stiftung Pazamanos zu einem besseren Ort machen will und die mir den Kontakt zur Stadtverwaltung vermittelt hat, sagt, ihre Landsleute hätten sich an die Gewalt gewöhnt, und das mache es so schwer, Frieden zu schaffen. Die meisten Toten in Medellín gingen heute nicht mehr auf das Konto des Bürgerkriegs, sondern würden wegen banaler Nachbarschaftsstreitigkeiten umgebracht oder von Kriminellen ermordet. Eine Kultur der Gewalt – das sei es, was Medellín vom Krieg geblieben sei.

Sie ist nicht die Einzige, die das so sieht. »Als Kind habe ich die Ermordeten auf den Straßen gesehen«, erzählte mir eine Frau, die anonym bleiben will. »Täglich gab es Schusswechsel, täglich explodierten Bomben.« Das hinterlässt wohl oder übel Spuren.

»Ein Mensch hat zwei Möglichkeiten, auf diese Gewalt zu reagie-
ren: Man kann sich immer wieder darüber empören. Oder man betrachtet es irgendwann als normal.« Die meisten in Medellín hätten irgendwann angefangen, die Gewalt als alltäglich anzusehen.

In vielen Städten Kolumbiens war das wohl genauso. In Medellín aber kam der Reíz des schnellen Drogengeldes hinzu. »Viel
Geld zu haben war wichtig. Woher es kam, nicht so sehr«, sagt die
Frau. »Die Leute hier sind sehr geschäftstüchtig, und die soziale
Ungleichheit ist groß. Deshalb wurden Drogen, illegales Handeln
und Gewalt irgendwann zu einer Alternative.« Und die Bosse der
Drogenmafia wurden zu Idolen der Jugend. Anders gesagt: Wer
ohnehin jung sterben wird und vom Leben nichts zu erwarten hat,
kann in der kurzen Zeit ebenso gut versuchen, möglichst viel Geld
zu machen, Spaß zu haben und Luxus zu genießen.

»Es ist viel besser geworden«, sagte die Frau noch. »Aber es
lässt sich trotzdem schwer ändern.« Und die Gewalt falle heutzutage nicht mehr so sehr auf. Man müsse nicht mehr morden, um
im organisierten Verbrechen Geld zu verdienen. Es gebe »sanftere
Möglichkeiten«: Erpressungen, Drogenhandel in kleinerem Maßstab für den heimischen Markt oder die Kontrolle von Straßenver-
käufern, die von der Mafia gezwungen werden, für einen Stand-
platz auf dem Gehsteig zu bezahlen.

Eliana findet, dass eine Redewendung die Gewöhnung an die
Gewalt gut beschreibt. *Algo habrá hecho*, irgendwas wird er (oder
sie) schon getan haben. Das sagte man früher über die Opfer –
vielleicht in dem Bestreben, sich selbst in Sicherheit zu wiegen
und die Gefahr zu verdrängen, in der jeder schwebte. Und man gebraucht den Spruch immer noch.

Oder *Aquí no pasa nada,* hier passiert nichts – inmitten der bru-
talsten Gewalttaten. Aus diesem Satz hat Elianas Stiftung Pazamanos eine Aktion gemacht. Sie bedruckten mannshohe Plakate
mit Porträts und setzten neben die Gesichter den Satz *No pasa
nada.* Darunter aber stand, was die Porträtierten wirklich erlebt

hatten: »Ich musste meine Gemeinde verlassen und habe meine Wurzeln verloren.« – »Ganze Dörfer sind im Nichts verschwunden. (Es blieb) nur Urwald.« – »Sie haben meinen Sohn von dieser Welt genommen.« – »Ich habe gezahlt, damit sie mich arbeiten ließen.« – »Meine Mutter musste mich allein großziehen.« Pazamanos hängte die Plakate an die schwarzen Außenwände des Museo Casa de la Memoria, dorthin, wo stark befahrene Straßen sich kreuzen und die Fotos weithin zu sehen sind.

Pazamanos entwickelt Werbekampagnen, um zu zeigen: Gewalt ist nicht normal, und jeder kann etwas dazu beitragen, dass sie verschwindet. Die Stiftung hat auch Poster in der Comuna 13 aufgehängt, allerdings nicht mit den Gesichtern von Opfern, sondern mit den Porträts der »Helden« des Viertels – Nachbarn, die sich um andere kümmern, Vorbilder aus der Comuna. In den Ausgehvierteln, zum Beispiel rund um den Parque Lleras, ist Kinderprostitution ein Problem. Pazamanos verteilte Aufkleber mit hochhackigen Schuhen, darauf der Slogan: Kauf dir ein anderes Souvenir, sonst wollen wir dich hier nicht. Und an städtischen Bushaltestellen hängte die Stiftung wieder andere Plakate auf, die kolumbianische Redewendungen in ihr Gegenteil verkehrten. Dann stand da etwa: »Wer eine Papaya gibt, muss dafür nicht bezahlen. Ändere etwas! In deiner Familie und in deinem Leben.«

Nur wenn man die Haltung der Menschen zur Gewalt ändert, sagt Eliana, könne man den Frieden erreichen.

Suche nach Frieden

Eine Kultur der Gewalt? Der Anwalt und Politikwissenschaftler Hernando Roldán bezweifelt, dass es so etwas gibt. Er weiß, wovon er redet. Hernando kennt die Realität in Medellíns *barrios*, den Armenvierteln, seit Jahrzehnten. Er arbeitete dort schon als Schüler, und er hat dort schon oft in Konflikten vermittelt. »Jede Gesellschaft hat ihre Art von Gewalt«, sagt Hernando. »Und jede

Kultur, mag sie noch so gewalttätig sein, verfügt über friedliche
Formen, sich auszudrücken.«

Zum Beispiel in der Comuna 13. Ende der Achtzigerjahre entstanden dort wie in vielen anderen Vierteln Medellíns Banden, denen es um die Kontrolle bestimmter Gebiete ging. »Sie besetzten
das Gebiet«, sagt Hernando. »Das heißt: Sie infiltrierten auch die
sozialen Beziehungen mit ihrer Gewalt. Viele Jugendliche, die
dort geboren sind, oft die ältesten Söhne, wurden Bandenmitglie-
der.« Sie waren in den Vierteln zu Hause, sie gehörten dazu. Indem
sie den Banden beitraten, halfen sie diesen, sich zu etablieren.

In den gleichen Vierteln aber lebten auch Menschen, die ihre
sozialen Kontakte friedlich organisierten und Vorbild waren für
andere. Die Nachbarn suchten ihren Rat. Sie waren natürliche Re-
spektspersonen. »Das konnten Familienmütter mit viel Lebenser-
fahrung sein. Ein Ladeninhaber oder ein Friseur. Vielleicht der
Pfarrer, wenn die Ratsuchenden fromm waren.«

Wenn kriminelle Banden von außen kamen, um ein Viertel zu
erobern, unterwarfen sie zuerst die örtlichen Führungspersonen.
Im Umkehrschluss bedeutet das: Wer den Frieden will, muss die
lokalen Vorbilder stärken und die friedlichen Mechanismen fördern, durch die sich eine Gemeinde organisiert, sagt Hernando.
»Regulierende Dispositive gegen die Gewalt« nennt er das. Sozio-
logenspanisch. Ich bin verwirrt. Was genau sind wohl Dispositive?
Hernando gibt mir ein paar Beispiele. Die Frauen in der Comuna 13
etwa und ihre Art, sich zu organisieren: Das sei so ein Dispositiv.
Wenn ich ihn richtig verstehe, meint er damit alle Rahmenbedingungen und Regeln, ausgesprochene wie unausgesprochene, innerhalb derer sich die sozialen Beziehungen einer Gemeinschaft
entfalten können.

»Viele von ihnen haben in ihrer Familie, in der Nachbarschaft
und im Viertel Gewalt erlebt. Daraufhin haben sie beschlossen,
sich regelmäßig zu versammeln, um einander von ihren Proble-
men zu erzählen.« Oder sie trafen sich an den Nachmittagen, um

sich mit ihren Handarbeiten zu beschäftigen, und kamen darüber ins Gespräch. Dann redeten sie über die Politik, über die Stadt, über das Viertel, über die Gewalt. Die Frauen gaben einander Ratschläge. Und wenn es im Viertel etwas zu erledigen galt, etwa wenn ein Abwasserrohr verlegt werden musste oder eine Mauer gebaut, dann brachten sie am Sonntag ihre Männer dazu, die Arbeit gemeinsam zu machen. Und währenddessen kochten sie Eintopf für alle.

Das klingt banal. Aber wer friedlich gemeinsam isst und arbeitet, wer sich ständig austauscht, entschärft dadurch mögliche Streitigkeiten schon früh. Jede Gesellschaft verfüge über solche gewaltfreien Formen der Konfliktlösung, sagt Hernando, und sie seien in jeder Gesellschaft anders, je nach den Gewohnheiten und dem Glauben der Menschen, ihrer Kultur, ihren Haltungen, ihrer Weltsicht. Diese Gewaltfreiheit müsse man stärken.

Das Problem in Kolumbien, aus Hernandos Sicht: Der Friede, der in Havanna verhandelt wird, hat mit den lokal gut funktionierenden Strategien der friedlichen Konfliktlösung so gut wie nichts zu tun. »Das ist eine Konstruktion der Eliten, ein Friede von oben.« Wie die Leute an der Basis leben, welche Kultur und welche Haltung sie vertreten, davon hätte weder die Regierung noch die Farc sehr viel Ahnung. Es sei auch schwer zu verstehen, denn die eine Kultur des Friedens, die alle Probleme lösen könne, die gebe es nicht. »Die Frauen haben eine andere Kultur als die Künstler, die Bauern eine andere als die Leute in der Stadt. Und selbst wenn man den Wohnort wechselt, nimmt man seine Kultur immer mit.«

Aber ohne zu wissen, wie die Leute an der Basis ihre Angelegenheiten regeln, kann man keinen Frieden aufbauen. Hernandos Erfahrung aus jahrzehntelanger Arbeit ist: Wenn jemand Konflikte entschärfen und Frieden schaffen kann, dann nur die Leute aus den Barrios selbst.

Dazu bringt er noch ein Beispiel aus der Comuna 13. Dort gibt es Musiker, die mit ihren Raps gegen den Krieg protestieren. »Sie nennen es *revolución sin muertos*«, sagt Hernando, eine Revolution ohne Tote. »Ihre Texte sind eine Form des verbalen Widerstands gegen die bewaffneten Gruppen. Die müssen das aushalten – oder handeln.« Bisher halten sie es aus.

Hip-Hop

An meinem letzten Tag in Medellín fahre ich noch einmal in die Comuna 13, um mich von den Rappern durch ihr Viertel führen zu lassen. Ich buche die *grafitur*, einen Rundgang entlang der Graffiti der Comuna, den sie für Touristen anbieten. So verdienen sie Geld und finanzieren ihre eigentliche Arbeit. Die meisten Graffiti haben sie selbst gesprayt, um ihr Viertel zu verschönern. Andere Wandmalereien stammen von ausländischen Gastkünstlern.

Ich merke schnell, dass es hier nicht nur um Musik und Graffiti geht. Jeihhco – der Name wird ausgesprochen wie das englische Jacob – nennt es Hip-Hop, und für ihn ist es eine Haltung und eine Lebensform. Hip-Hop, also die Mischung aus Rap, Breakdance, Graffiti und DJ-Remixes, ist die Kunst der Armen, sagt er, der Afros und Latinos, für die sich der Mainstream sonst nicht interessiert; eine soziale Bewegung, mit der Macht, die Welt zu verändern – und die Comuna 13. Was würde besser hierher passen? »Ich mache keinen Hip-Hop. Ich bin Hip-Hop«, sagt Jeihhco.

Er kommt aus der Comuna 13 und hat zusammen mit anderen die Casa Kolacho gegründet, nicht weit von der Metrostation San Javier entfernt. Sie ist der Treffpunkt der Hip-Hopper. Drinnen stehen Farbdosen im Regal, die Wände sind neonbunt bemalt. Davor ein DJ-Pult, ein Mischpult, Mikrofone, Kabel. Das Nebenzimmer ist ein Tonstudio. Dort laufen Aufnahmen.

Sie haben das Haus nach einem ermordeten Freund benannt. Sie sind Überlebende, und sie haben genug von der Gewalt. Sie wollen Bildung für alle, Kunst, Raum für Kreativität. Deshalb geben sie in der Casa Kolacho Kurse in Breakdance, Graffitisprayen und Musik, kostenlos, und jeder kann mitmachen. Ihre *revolución sin muertos* soll Schluss machen mit der Gewalt, sagen sie, und gleichzeitig die Erinnerung daran lebendig halten.

Zum Beispiel durch die Graffiti. Juda zeigt sie mir, richtiger Name: Juan David, siebenundzwanzig, der zusammen mit Jeihhco und zwei anderen die Band C15 gegründet hat. Seit der Schule rappen sie zusammen. Den Namen haben sie sich von einem spanischen Jagdflugzeug geliehen, das nicht rechtzeitig für den Krieg fertig wurde und deshalb für den Transport von Verletzten, Nahrungsmitteln und Medikamenten eingesetzt wurde. So erklärt es Juda. Sie seien so wie dieses Flugzeug. »Wir wurden in einem Viertel geboren, wo immer noch eine latente Kriegsgefahr besteht, in einer Stadt und einem Land, in denen Menschen legal und illegal für den Krieg rekrutiert werden. Aber wir kommen zu spät, genau wie die C15-Flugzeuge. Wir sagen: Wir ziehen nicht in den Krieg. Wir wollen lieber etwas aufbauen und das Blut stillen.«

Die Graffiti, an denen Juda und ich vorbeigehen, zeigen Fantasielandschaften, Frauengesichter, Kinder, Vögel – und immer wieder Elefanten, das Symbol für ewige Erinnerung. Auf dem größten Bild sieht man einen Elefantenfriedhof: ein Gerippe, darüber weinende Tiere, die in ihren Rüsseln weiße Tücher tragen. Daneben sitzt ein schockierter Pandabär, eine alte Frau schaut den Betrachter direkt an, Heißluftballons, die Namen tragen, steigen in den Himmel. Dieses Bild zeigt die Operación Orión. Die Ballons stehen für die Kinder, die während des Militärangriffs gestorben sind, sagt Juda. Im Hintergrund, auf blauem Grund, steht geschrieben, was sie sich für die Zukunft wünschen: »Farbe« steht da, »Gerechtigkeit«, »Freiheit«, »Einheit«, »Liebe«, »Frieden«.

Die Hip-Hopper protestieren in ihren Texten nicht nur gegen die kriminellen Banden, die bewaffneten Gruppen des Bürgerkriegs und die Drogenmafia, sondern auch gegen den Staat, der während der Operación Orión ihre Nachbarn verhaftete, tötete und verschwinden ließ. »Wenn der Staat Menschen verschwinden lässt, verschwindet auch der Staat«, sagt Jeihhco. »Er verliert seine Legitimität. Also müssen wir unsere eigenen Vorschläge machen. Wir sagen, wir sind nicht damit einverstanden. Wir machen es anders.«

Judas Familie ist vor Jahren aus reiner wirtschaftlicher Not in die Comuna 13 gezogen. »Hier waren die Mieten so niedrig wie sonst nirgends.« Mittlerweile aber lebt er gern hier. »Wir haben die Musik, wir haben unsere Kunst. Man kann auf den Straßen unterwegs sein. Die Kinder können draußen spielen. Die Nachbarn grüßen sich. In der Innenstadt ist das anders.« Auch darüber, über die schönen Dinge in ihrem Viertel, an deren positive, das Leben verändernde Energie sie glauben, rappen C15. *Aquí Sí Hay Amor,* Hier gibt es sehr wohl Liebe, heißt eines ihrer Stücke.

Verschwunden ist die Gewalt aber nicht, sie hat sich nur zurückgezogen. An der Rolltreppe in der Comuna 13 lassen die Gangs sich im Moment zwar nicht blicken, aber ein paar Straßen weiter kontrollieren sie den Drogenhandel, erpressen Geschäftsleute, Tante-Emma-Läden und die Fahrer der Linienbusse; sie blockieren Wege und besetzen Sportplätze, einfach nur, weil sie es können. Die kriminellen Gruppen sind im Viertel immer noch mächtig, sagt mir ein Bewohner der Comuna 13. Wer sie anschwärzt, riskiert sein Leben – und das der Polizisten gleich mit.

Glaubt man Hernando Roldán, ist die Musik der Rapper für Medellín wichtiger als alle Rolltreppen, Verkehrsbauten und Bibliotheken. Jeihhco formuliert es so: »Medellín ist keine Musterstadt. Medellín ist eine Laborstadt.« Was das bedeutet? »Wir experimentieren jeden Tag von Neuem. Weil wir es satt haben, zu leiden, zu erleben, was wir erlebt haben. Und weil wir glauben, dass eine bessere Welt möglich ist. Dass wir selbst sie errichten können.«

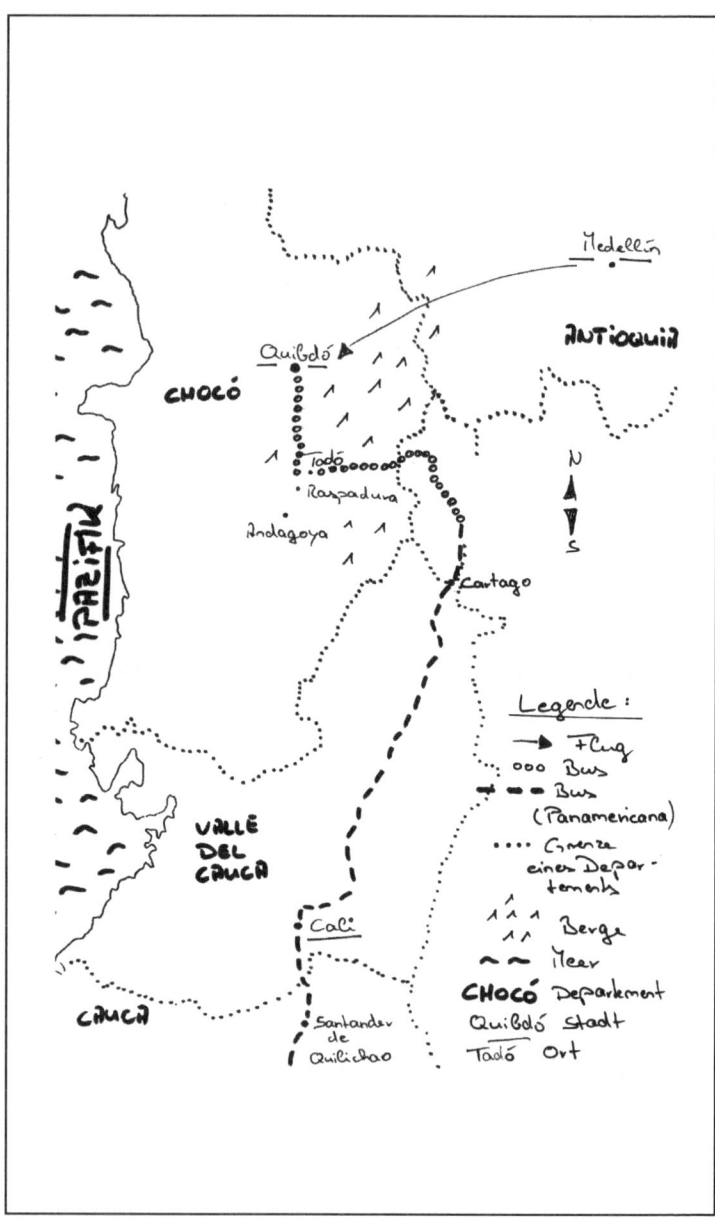

Medellín

ANTIOQUIA

Quibdó

CHOCÓ

Todó

Raspadura

Andagoya

Cartago

PACIFIC

VALLE
DEL
CAUCA

Cali

Santander
de
Quilichao

CAUCA

N
S

Legende :

→ → + Cug

ᵒᵒᵒ Bus

▬ ▬ ▬ Bus
(Panamericana)

⋯⋯ Grenze
eines Depar-
tements

∧∧∧
∧ ∧ ∧ Berge

~ ~ Meer

CHOCÓ Departement
Quibdó Stadt
Todó Ort

Kapitel 6

Gold: Quibdó

In den Chocó

Ich fliege in den Dschungel. Schon kurz hinter Medellín sieht das Land aus der Luft aus wie ein dicker, sattgrüner Teppich aus Moos, hie und da gewärmt von hellen Sonnenflecken. Aber es ist kein Moos. Es ist der Regenwald des Chocó.

Fast nirgendwo auf der Welt regnet es so viel wie hier. Der Wald scheint undurchdringlich, nur ab und zu öffnet sich eine schlammige Lichtung im grünen Dickicht. Dort leben angeblich so viele Tier- und Pflanzenarten wie nirgendwo sonst in Kolumbien.

Straßen gibt es nicht so viele. Eine Fernstraße, 230 Kilometer lang, führt von Medellín bis nach Quibdó, der Hauptstadt des Chocó. Aber ein Erdrutsch blockiert sie seit Monaten, ohne dass irgendjemand irgendetwas dagegen unternimmt. Und selbst wenn sie passierbar wäre, würde eine Busfahrt von Medellín nach Quibdó mühselige acht Stunden dauern. Wer kann, fliegt also – von

Medellín aus verkehren regelmäßig kleine Propellermaschinen
mit Platz für etwa fünfzig Passagiere –, und wer dann noch tiefer
in den Chocó eindringen will, nimmt ein Boot. Auf den Flüssen
kommt man hier leichter voran als an Land.

Der Chocó liegt eingeklemmt zwischen Anden und Pazifik im
Nordwesten Kolumbiens, durch die Berge vom Rest des Landes
getrennt. Es ist eine kaum erschlossene Region, in der vor allem die
Nachfahren der Sklaven leben, die einst zum Arbeiten in den Minen und Zuckerrohrplantagen hierhergebracht wurden, und Indígenas vom Stamm der Emberá. Drei Flüsse durchziehen den dichten Dschungel: der Atrato, der San Juan und der Baudó. Fragt man
chocoanos, woher sie kommen, nennen sie nicht den Namen eines
Ortes, sondern des Flusses, an dessen Ufer sie geboren wurden.

Die Hauptstadt Quibdó mit ihren 120.000 Einwohnern liegt
am Atrato, der vierhundert Kilometer weiter nördlich ins Karibische Meer mündet. Früher verkehrten auf dem Atrato aus Cartagena kommende Handelsschiffe, was Quibdó einen gewissen
Wohlstand verschaffte. Bis dorthin war der Fluss befahrbar, und
so entluden die Schiffe in Quibdó ihre Fracht und kehrten zurück

Kanus auf dem Fluss Atrato in Quibdó. Die Flüsse des Chocó sind seine
wichtigsten Verkehrswege; die Boote befördern Menschen und Waren.

in die Karibik. In den weit zurückliegenden Zeiten, in denen Alexander von Humboldt Südamerika bereiste, dachten Forscher, Regierungen und Investoren darüber nach, den Atrato als Teil eines Kanals zu nutzen, der Karibik und Pazifik verbinden sollte. Quibdó sähe heute völlig anders aus. Doch dann wurde es der Panama-Kanal, der übrigens damals, bis zur Besetzung durch die USA, auch noch zu Kolumbien gehörte.

Je näher unser Flugzeug Quibdó kommt, desto dichter wird der Wald. Gabriel García Márquez nannte den Chocó einst »die meistvergessene Region des Landes«.

Der Schriftsteller wurde 1954, während er als Reporter für die Zeitung El Espectador arbeitete, von seiner Redaktion nach Quibdó geschickt, weil die Militärregierung in Bogotá unter Diktator Gustavo Rojas Pinilla das Departement zerteilen wollte, wogegen die Chocoanos in Quibdó protestierten. García Márquez sollte über die Proteste berichten.

»Es ist schwer, nach Quibdó zu kommen. Aber es ist noch schwieriger, wegzukommen«, schrieb er. Seit seinem Besuch hat sich nicht viel geändert. Und weiter heißt es: »Das ist, kurz gesagt, das Problem des Chocó [...] der Ursprung des Konflikts [um eine mögliche Teilung des Departements], und zugleich die Quelle der stählernen Einheit und dieses ungebrochenen Patriotismus der Chocoanos. Wenn man ein wenig tiefer gräbt, begreift man, dass die Bewohner des Chocó ihr Land lieben und unerbittlich und entschieden an ihm festhalten, weil sie schon immer wissen, dass sie eine einzige Familie sind.«[1]

Gabriel García Márquez' Reportagen trugen den Titel *El Chocó que Colombia desconoce,* Der Chocó, den Kolumbien nicht kennt. Er beschrieb darin einen wundersamen Landstrich, in dem es nur eine einzige Straße gab, die weit entfernt von allen menschlichen

---

[1] Eigene Übersetzung; Quelle: http://www.programaacua.org/index.php/
acua-ar/208-una-familia-unida-sin-vias-de-comunicacion

Siedlungen nirgendwohin führte: »Straßen führen durch Dörfer, das ist immer so. Nur im Chocó ist es umgekehrt: Dort sind die Dörfer gezwungen, zu den Straßen zu kommen.« Er beschrieb ein Land, in dem die Bananen verfaulten, weil der Transport in die Stadt zum Markt zu lange dauerte. »Wenn es schon schwierig ist, von irgendeinem Ort des Landes in den Chocó zu gelangen, so ist es noch schwieriger, innerhalb des Chocó zu reisen.« Und er berichtete von einem Mann, der überzeugt war, das Wasser aus der Leitung habe ihm eine Schlangenhaut in die Küche gespült. Die Nachbarn wollten ihm nicht glauben, doch im ganzen Dorf traute sich niemand mehr, das Wasser aus der Leitung zu trinken.

Wie zu García Márquez' Zeiten kennt der Rest Kolumbiens den Chocó immer noch nicht. Straßen und Wasserleitungen sind selten, und sie werden schlecht gewartet. Gute Schulen und Krankenhäuser gibt es im Chocó kaum, und die, die es gibt, reichen nicht aus. Selbst Trinkwasser war in Quibdó vor ein paar Jahren knapp – in einer Stadt, deren Bewohner nie ohne Schirm aus dem Haus gehen, weil die dicken grauen Wolken über ihnen jeden Moment platzen könnten und dann wahre Sintfluten herabstürzen.

Der Chocó ist unfassbar reich und unfassbar arm zugleich. Unfassbar reich, weil der Boden unter dem Urwald voller Gold und Platin ist, die Flüsse voller Fische, und weil auf dieser fruchtbaren Erde und in diesem Klima alles von selbst wächst und gedeiht. Unfassbar arm aus demselben Grund. Bei ihrer Schatzsuche kehren illegale bewaffnete Goldgräbertrupps im Chocó das unterste Erdreich zuoberst. Ihre Bagger lassen sterilen Schutt zurück, sie zerstören den Wald und vergiften Gewässer, Menschen und Tiere. Der Fisch aus den hiesigen Flüssen ist oft voller Quecksilber. Die Leute essen ihn trotzdem. Großgrundbesitzer haben mit undurchsichtigen Manövern Land gekauft, das gemäß gesetzlichen Vorschriften gar nicht verkauft werden dürfte, und wenn die Bewohner sich weigerten, ihre Lebensgrundlage herzugeben, erschienen Bewaffnete, um sie zu massakrieren oder zu vertreiben.

Der Staat ist nicht präsent. Dafür sind die illegalen bewaffneten Gruppen umso mächtiger. Alle paar Monate verkünden die Guerilla oder die Nachfolger der Paramilitärs einen *paro armado*, einen bewaffneten Streik. Dann sind die Schulen geschlossen, die Straßen und Flüsse blockiert, und die Leute wagen sich nur für die allernötigsten Besorgungen aus dem Haus. Es sind pure Machtdemonstrationen. Niemand stellt sich den Bewaffneten entgegen.

Gabriel García Márquez wurde 1954 von seiner Redaktion nach Quibdó geschickt, um über eine Protestaktion zu berichten. Doch als sein Flugzeug landete, hatte sich die Kundgebung schon aufgelöst. Um die Reise vor seinen Chefs zu rechtfertigen und weil er nicht wusste, worüber er sonst hätte berichten sollen, arrangierte García Márquez einen neuen. Es war eine Inszenierung, die aber im Grunde genommen der Realität entsprach, denn es gab ja eine Protestbewegung, und es gab auch genügend Missstände, gegen die es zu protestieren galt.

Die gibt es bis heute. Wenn die Einwohner des Chocó die Vernachlässigung nicht mehr ertragen, gehen sie auf die Straße oder rufen einen Generalstreik aus. Dann reagiert der Staat, baut hier eine Brücke und da ein paar öffentliche Gebäude – um den Chocó dann wieder zurück ins Vergessen gleiten zu lassen. Und irgendwann beginnt alles wieder von vorne.

So auch in dem Sommer, in dem ich hier unterwegs bin, in den Tagen, in denen Kolumbien seine Unabhängigkeit von Spanien feiert. Nur der Chocó feiert nicht. Die Chocoanos weigern sich einfach, so zu tun, als hätten sie einen Grund zur Freude. Stattdessen demonstrieren 40.000 Menschen in Quibdó für asphaltierte Straßen, Strom und Trinkwasser, eine bessere Gesundheitsversorgung und Bildung. Wenig später legen sie die Stadt über eine Woche lang durch einen Generalstreik lahm. Mehr als 80.000 Menschen gehen auf die Straße; sie tragen symbolische Särge und die grün-gelb-blauen Fahnen des Chocó. Ihre Forderungen sind dieselben wie seit jeher.

Für Reisende gilt der Chocó als gefährlich, zumal für so offensichtliche Ausländer wie mich, die sich hier überhaupt nicht auskennen. Egal, mit wem ich vorab spreche, jeder gibt mir den Rat, auf keinen Fall allein hierherzufahren. Ich beherzige ihn. Bevor ich in Medellín ins Flugzeug stieg, habe ich Ursula und Ulli mein Kommen angekündigt, zwei Deutschen, die von der katholischen Kirche in den Chocó entsandt wurden und schon seit Jahrzehnten in Quibdó leben. Sie arbeiten für die Armen und die Vertriebenen und engagieren sich gegen Menschenrechtsverletzungen. Sie wissen, wo es sicher ist und wohin man sich als Fremde besser nicht wagen sollte. Ursula wird mich vier Tage lang nicht aus den Augen lassen.

Quibdó

Das Flugzeug, in dessen Frachtraum Gabriel García Márquez nach Quibdó flog, musste noch auf dem Atrato landen, denn einen Flughafen gab es nicht. Wenigstens das ist heute anders. Was gleich geblieben ist: Der Atrato ist immer noch die Lebensader der Stadt. Braun und behäbig fließt er unter tief hängenden, grauen Wolken dahin und lässt sich auch durch die schmalen Holzkanus nicht stören, die sein breites Flussbett ständig kreuzen, um Passagiere und Waren von einem Ufer zum anderen zu bringen: Tropenfrüchte, Fisch und Holz, Goldschürfer aus dem Urwald, die Händler vom Markt und ihre Kunden.

An manchen Ecken sieht der Stadtkern von Quibdó aus wie in einem Wildwestfilm. Dort sind die Häuser aus Brettern zusammengenagelt und rosa oder blau gestrichen. Im Erdgeschoss haben sie Fenster und Türen, aber im ersten Stock nur Lüftungsschlitze. In die Wände der Steinhäuser von Quibdó sind zum Teil kunstvolle Öffnungen eingefügt, die eine frische Brise einlassen und den Bewohnern Kühlung verschaffen. Das funktioniert gut, nur leider hat man dann auch den Lärm und die Abgase von der Straße im Haus.

Straßenszene im Zentrum von Quibdó. Die wendigen Motorroller und Mopeds sind in der Stadt allgegenwärtig.

Der Markt liegt am Fluss gleich neben dem Bischofspalast. Am Anleger stapeln sich grüne Bananenstauden, in der Garküche nebenan, wo frittierter Fisch mit gedämpftem Maisbrei und frischen Mangos feilgeboten wird, vertreiben sich Rentner die Zeit zwischen Frühstück und Mittagessen beim Dominospiel. Marktfrauen frisieren einander die Haare, während sie auf Kundschaft warten. »*A la orden!*«, Zu Diensten, rufen sie, um Passanten an ihren Stand zu locken.

Unter den bunten Marktschirmen, die sie vor Regen und Sonne schützen, finden die *quibdoseños* alles, was sie zum Leben brauchen: Maniok, Süßkartoffeln und Kohl, Karotten und Zwiebeln, Ingwer, Fisch und Zuckerrohr, Baumtomaten, Orangen, Zitronen und Ananas, selbstgebrannten Schnaps und Mittel zur Stärkung der Potenz, Plastikschüsseln und Elektrogeräte, Schuhe, Stoffe und Jeans. Die Kunden kommen zu Fuß, mit dem Moped oder dem Motorroller. Autos gibt es in Quibdó nur wenige, man käme damit ohnehin nicht besonders gut voran. Auffallend ist, wie elegant und stilvoll die Leute gekleidet sind – Haltung ist hier wichtig.

Im Schatten eines Marktstands vertreibt sich dieser
Herr die Zeit beim Dominospiel.

Auf dem Platz gegenüber lassen sich gut gekleidete Herren unter Palmen die Schuhe polieren. Daneben steht die Kathedrale
des heiligen Franz von Assisi, ein kleines Prunkstück aus grün-
grauem Beton, mit Säulen verziert, das Portal flankiert von zwei
Türmen, deren Blechspitzen in der Sonne glänzen. Obwohl gerade
kein Gottesdienst stattfindet, sitzen drinnen in den Kirchenbänken ein paar fromme Besucher.

Ich glaube, Kirchen sind in Lateinamerika niemals leer. Irgendjemand zündet immer eine Kerze an, bittet Gott oder seinen Lieblingsheiligen um Hilfe oder gönnt sich einfach einen
Moment der Stille im Getöse der Stadt. So ist es auch in Quibdó.
Während draußen die Mopeds lärmen, kniet ein großer, schlan-
ker Mann versunken vor einem Seitenaltar, die erhobenen Arme
bittend ausgebreitet. Nur einen Augenblick später ist er schon
wieder verschwunden. Ein Paar sitzt lange andächtig und still in
einer Bank. Menschen kommen, verharren nur einen Moment
im Gebet und gehen wieder. Eine Frau spaziert umher und berührt die Heiligenfiguren, ein alter Mann legt seine Hand ans
Bein des Gekreuzigten. Ein anderer hebt seine Hände flehend

Die Kathedrale von Quibdó, erbaut am Ufer des Atrato,
ist dem Heiligen Franz von Assisi gewidmet.

zur Gottesmutter, dann geht er nach vorne und verbirgt sein Gesicht in ihrem Mantel.

Das große Bild, das die Wand hinter dem Altar bedeckt, weckt meine Aufmerksamkeit. Es ist ein Triptychon in leuchtenden Farben, und es erzählt die Geschichte einer Befreiung. Auf der linken Seite sieht man aneinandergekettete Schwarze. Einer von ihnen schüttet in unterwürfiger Haltung einen Berg Goldkörner vor einem spanischen Kolonialherrn auf. So hat die Geschichte des Chocó begonnen. Aber die Unterdrückung ist noch nicht vorbei. Auf dem Bild steht neben dem Spanier ein weißer Mann im modernen Anzug und erteilt Befehle. Ein Priester beobachtet die Szene leicht distanziert, im Hintergrund erheben sich ägyptische Pyramiden. Sie sind eine Anspielung auf die Versklavung des jüdischen Volkes im fremden Land, von der im Alten Testament berichtet wird.

Im Zentrum des Triptychons sind die Ketten gesprengt. Der heilige Franziskus und der heilige Antonio María Claret, der Gründer des gleichnamigen Ordens, überbringen die frohe Botschaft der Befreiung. Über allem schweben ein dunkelhäutiger segnender Jesus und die Taube des Heiligen Geistes. Rechts aber geleitet

Das Altarbild in der Kathedrale zeigt einen alten Traum:
den von der Befreiung der Menschen aus der Sklaverei.

eine ebenfalls dunkelhäutige Maria das Volk in eine gerechtere Zukunft. Das Bild ist aus dem Jahr 1985, das ist schon eine Weile her. Aber noch befindet sich der Chocó eher auf der linken Seite.

Die Claretiner

Ich komme, nicht weit vom Fluss entfernt, im Gästehaus der Claretiner unter, wo ich ein ganz ähnliches Wandgemälde entdecke. Es zeigt einen Mönch, der Indígenas, Schwarze und Weiße beschützt. Neben ihnen liegt ein Mann regungslos zwischen gefällten Bäumen, eine Frau beklagt seinen Tod; im Hintergrund blitzen die Türme der Kathedrale. »Ein Volk, das zusammensteht, stirbt nie!«, steht auf einem Schild, das einer der Beschützten trägt. Das Bild ist vom gleichen Maler wie das Triptychon in der Kathedrale. Die Befreiungstheologie ist hier noch sehr lebendig.

Bei den Claretinern kümmert sich Marta um mich, eine fromme Frau aus Andagoya am San Juan. Marta liebt die traditionelle Chirimía-Musik des Chocó und das Fest des Heiligen Franziskus, das ganz Quibdó jedes Jahr Ende September, Anfang Oktober in einen Ausnahmezustand versetzt, und sie arbeitet unentwegt. Sie bekocht mich, als sei ich halb verhungert bei ihr angekommen und bekäme danach nie wieder etwas zu essen. Sie frittiert Fisch aus dem Fluss und Kochbananen, sie kocht Reis, sie bereitet Salat aus Gurken, Tomaten und Zwiebeln, sie presst Ananas- und Zitronensaft und besorgt eigens für mich Zapote: eine heimische Frucht, die, rundlich und mit Hütchen, an eine riesige Eichel erinnert. Zapote isst man mit der Hand. Man bricht sie am Hütchen auf, gräbt die Finger tief ins orangerote Fruchtfleisch, pult die dunklen Kerne heraus, die so groß wie Zwetschgen sind, und lutscht sie ab. Es schmeckt sehr, sehr süß.

Wenn Marta mir beim Essen Gesellschaft leistet, greift sie erst dann zu, wenn ich satt bin, was mich beschämt. Würde ich länger bei ihr wohnen, ich würde Quibdó rollend verlassen, rund wie eine Kugel.

An meinem ersten Tag in der Stadt will ich Geld abheben und erlebe auf der Suche nach einem Automaten, der auch für ausländische Geldkarten funktioniert, ein merkwürdiges Spektakel mit. Es ist ein Sonntagvormittag, heiß und feucht und bestimmt schon an die dreißig Grad warm. Im Moment regnet es nicht; die Sonne brennt, und in der prallen Hitze defilieren Kinder in Uniform zu Marschmusik. Die Mädchen tragen Faltenröcke und makellose Blusen, die Jungen enge Hemdkragen und Krawatten. Sie schleppen Fahnen mit Schulnamen und kolumbianische Fahnen. Sie schlagen Trommeln und Glockenspiele. Sie nuckeln an Tütchen mit Wasser und machen nur kleine Schritte, um zu vermeiden, dass ihr Kreislauf in der Hitze versagt.

Bewaffnete Soldaten sichern die Straßen. Kinder in weißen Kampfsportanzügen tragen handgeschriebene Schilder, auf denen »Liebe« steht, »Gerechtigkeit«, »Zusammenarbeit«, »Bescheidenheit«. Sie gehen durch die Innenstadt, vorbei an der Kathedrale, am Fluss an den Marktständen entlang. In den Straßen ringsum staut sich der Verkehr. Die Gehsteige sind voller Zuschauer, die ihre Kinder bejubeln.

Was ist da los? Als ich zurückkomme, frage ich Marta, und sie erklärt es mir. Die Schulen der Stadt gedenken mit der Parade der Schlacht von Boyacá vom 7. August 1819. »Wir feiern die Unabhängigkeit Kolumbiens«, sagt sie mit leichtem Zorn, »wir feiern, dass so viele dafür gestorben sind, für die Interessen einiger *criollos*, während sich für das Volk rein gar nichts geändert hat.« Die Criollos waren die in der Kolonie geborenen Nachkommen der Spanier, die neue Oberschicht, die für die Unabhängigkeit gekämpft hat, um selbst an die Macht zu kommen. Ihre Sklaven hielten sie weiter in Unfreiheit.

Martas Heimatort Andagoya war einst im Besitz des US-Konzerns Chocó Pacífico. Das Unternehmen baute dort Gold und Platin ab. Damals konnte man in Andagoya gut leben, sagt Marta, in schönen, komfortablen Häusern, mit einer guten medizinischen Versorgung für die Bergarbeiter und gutem Essen für sie und ihre Familien. »Die Firma hat dort zwar ein Umweltdesaster angerichtet. Aber wenigstens hat sie ihre Leute gut behandelt.«

Als es aber im Erdreich von Andagoya nicht mehr so viel Gold und Platin zu holen gab, verkaufte die Chocó Pacífico ihre Anlagen an Einheimische, und von diesem Zeitpunkt an ging es bergab. »Sie haben alles gestohlen, die Arbeiter nicht mehr fair bezahlt, und am Ende musste die Gewerkschaft um vernünftige Löhne und Renten kämpfen.« Viele Leute haben damals den San Juan verlassen. Jetzt leben sie überall im Land. Nur an Weihnachten kehren sie jedes Jahr zurück.

García Márquez war 1954 auch in Andagoya. Doch er erzählte eine etwas andere Geschichte. »Im Chocó, im tiefsten Herzen des Dschungels, erhebt sich eine der modernsten Städte des Landes«, schrieb er. »Sie heißt Andagoya ... Sie hat elektrisches Licht, Wasserleitungen, ein perfektes Telefonnetz, Anleger für die Schiffe und Boote, die zur Stadt gehören, und breite, schöne baumbestandene Straßen. Die Häuser, klein und sauber, mit großen umzäunten Grundstücken und malerischen Holztreppen am Eingang, sehen aus wie in den dichten, sauberen Rasen gepflanzt. Innen atmet man hygienische und gastfreundliche Luft, und die Küche, ausgestattet mit allen modernen Bequemlichkeiten, ist ebenso wie das Esszimmer, die Speisekammer und die Schlafräume, so makellos sauber und still wie das ganze Haus.«

In Andagoya, schreibt García Márquez, lebten überwiegend die ausländischen Mitarbeiter der Chocó Pacífico. Es sei eine private Stadt mit einem Geschäftsführer statt eines Bürgermeisters; ein extraterritoriales Gebiet, dessen einziger kolumbianischer Polizist nichts zu tun habe, als dekorativ vor der Tür seines Büros zu sitzen und das Treiben auf der Straße zu beobachten.

Auf der anderen Flussseite aber befinde sich Andagoyita, eine elende Ansammlung von Häusern, gebaut auf dem Abraum der Mine, in denen die Arbeiter mit ihren Familien lebten und die

Prostituierten, die in der Nähe der Musterstadt Andagoya auf gute
Geschäfte hofften. »So gut wie ganz Andagoyita ist ein Bordell.« Es
herrschte eine Art Apartheid. Der Wohlstand, den das Gold von
Andagoya brachte, war nur für Privilegierte.

Chocó Pacífico verdiente mit dem Gold und Platin aus dem
San Juan so viel Geld, dass die Firma den New York Yankees ein eigenes Stadion schenken konnte. Im Chocó aber ist davon nichts
geblieben. Gold gibt es in der Region allerdings immer noch reichlich.

Quecksilber und Gold

Eldorado liegt in Kolumbien. Seit Tausenden von Jahren wird in Lateinamerika Gold gefördert und verarbeitet. Die Ureinwohner Kolumbiens begannen damit ungefähr 500 vor Christus und entwi-
ckelten darin eine besondere Kunstfertigkeit. Sie schmiedeten das
Gold mit dem Hammer, gossen es in Formen, die sie zuvor aus
Wachsmodellen hergestellt hatten, sie schweißten, verbanden einzelne Teile mit Golddraht, löteten winzige Goldperlen zu feinen
Ketten zusammen, verarbeiteten Legierungen und verwendeten
mehrere Metalle zugleich für ein einziges Stück. So fertigten sie
winzige Poporos, filigrane Broschen, Ehrfurcht einflößenden Kopfschmuck. Nur Priester und andere hochgestellte Persönlichkeiten
durften Gold tragen, denn es galt als Brücke zu den Göttern.

Die spanischen Eroberer wussten davon nichts, und die Schönheit der Gegenstände war ihnen gleichgültig. Sie raubten, was sie
kriegen konnten, schmolzen es zu Barren und verschifften es nach
Spanien. Das wenige, das sie übrig ließen, stellt Kolumbien heute
in seinen Goldmuseen überall im Land aus, in Bogotá, in Santa
Marta, in Cali und anderswo.

In Quibdó gibt es kein Goldmuseum, aber unzählig viele Gold-
geschäfte. An jeder Ecke der Innenstadt verspricht mindestens
ein Laden in großen Lettern, gute Preise für Goldkörner zu zah-

len. In den Schaufenstern prangt Schmuck aus den Werkstätten der Stadt. Ein filigraner Ring kostet um die sechzig Euro. Halsketten mit Anhänger sind ab sechshundert Euro zu haben.

Weil die Goldwerkstätten das Edelmetall mitten in Quibdó verarbeiten und dafür Quecksilber nutzen, ist das Gift auch im Trinkwasser der Stadt. Draußen im Dschungel aber sind die Schäden noch größer. Dort werden jedes Jahr Tausende Hektar Wald abgeholzt, damit die Bagger der illegalen organisierten Goldschürfer an die Adern im Erdreich gelangen. Fast die Hälfte der Entwaldung im Chocó, behaupten die Vereinten Nationen, sind auf den illegalen Bergbau zurückzuführen.

Es gibt auch Einzelgänger, die im Sand der Flüsse und im Schutt der Minen des Chocó nach Gold suchen, um ihren Lebensunterhalt zu bestreiten. Manche verlieren dabei ihr Leben. Alle paar Monate geraten Abraumhalden ins Rutschen und begraben ein paar Unglückliche unter sich. Doch das Risiko, verschüttet zu werden, hält die Menschen nicht vom Graben ab.

Vor mehr als fünfzehn Jahren wollte eine Gruppe junger Leute aus Medellín eine gesündere Art des Goldbergbaus im Chocó etablieren. Oro Verde, grünes Gold, nannten sie ihr Vorhaben. Zwei Gemeinden aus dem Chocó beteiligten sich: Tadó und Condoto. Zwischenzeitlich haben mehr als tausend Menschen Gold für Oro Verde gewaschen. Sie förderten das Edelmetall so, wie es schon ihre Vorfahren vor Jahrhunderten machten, ohne giftiges Quecksilber und Zyanid, ohne Bagger und Sprengstoff. Stattdessen benutzten sie einfache Holzschalen, um Goldkörner aus dem Sand der Urwaldgewässer zu waschen. Es war eine mühselige Arbeit, und sie brachte wenig Ertrag, aber sie versprach den Leuten wenigstens ein kleines Zubrot.

In seinen guten Zeiten produzierte Oro Verde ein paar Kilo Gold und Platin pro Jahr. Das ist nicht viel – ganz Kolumbien fördert im gleichen Zeitraum Dutzende Tonnen. Als dann der Goldpreis stieg, wurde der illegale Bergbau im Chocó noch lukrativer

für die Mafia. Sie versprach den Leuten schnelles Geld und ver-
drängte die Öko-Goldwäscher aus den Flüssen. Ich hätte sie gern
besucht. Mehrere Male habe ich versucht, ein Oro-Verde-Mit-
glied in Tadó anzurufen. Aber aus der Fahrt dorthin wurde nichts.
Er hob nicht ab.

Villa España

Am nächsten Tag nimmt Ursula mich mit zur Arbeit nach Villa España, einer Ansammlung von schmucklosen Betonhäuschen am
Stadtrand von Quibdó. Im Minibus fahren wir steil bergauf, bis
der Asphalt endet, und dann noch ein Stück weiter. Oben am
Hang leben Familien, die in den Neunzigerjahren von Paramilitärs
aus ihren Dörfern vertrieben wurden. Die Alten können sich nicht
an das Leben in der Stadt gewöhnen, wo es für sie nichts zu tun
gibt, und die Jungen wüssten, sollten sie jemals zurückkehren,
wohl nichts mit dem Landleben anzufangen. So hängen sie irgendwo dazwischen fest und schlagen sich durch. Die jungen Männer
verdingen sich als *mototaxistas,* um ein paar Pesos zu verdienen,
und die Frauen verkaufen gegrillten Mais oder Früchte auf dem
Markt am Fluss.

Ursula trifft sich in Villa España mit Frauen zum Häkeln. Das
klingt vielleicht absurd, wie ein spießiges Handarbeitskränzchen
an einem Ort, an dem es Dringenderes zu tun gäbe. Außerdem ist
es in Quibdó viel zu schwül, um Wollsachen anzuziehen, denke ich
– und merke schnell, wie sehr ich mich irre.

Wir versammeln uns unter Bäumen im Schatten, jemand
bringt auch mir einen Plastikstuhl, und die Frauen beugen sich
konzentriert über ihre Handarbeit. Eine von ihnen trägt eine schicke, selbst gehäkelte feuerrote kurze Hose mit passender knapper
Weste über einem T-Shirt. Kinder stehen am Rand und schauen
uns neugierig zu. Ein kleines Mädchen, vielleicht drei Jahre alt,
will unbedingt dazugehören und bittet mich, ihr zu zeigen, wie

Im Viertel Villa España häkeln Frauen gemeinsam.
Manchen bringt das ein wenig Geld, allen aber hilft es, sich zu vernetzen.

man mit Häkelnadel und Wolle umgeht. Die Nadel ist viel zu groß für ihre Hand, und der Faden flutscht nicht, wie er sollte. Aber sie gibt nicht auf. Die Frau im roten Outfit hilft ihr geduldig. Sie ist schon sehr lange dabei und häkelt so gut, dass andere Frauen bei ihr Kleidungsstücke bestellen.

Seit zwanzig Jahren häkelt, stickt und näht Ursula mit Frauen, die gewaltsam aus ihren Dörfern vertrieben wurden und nach Quibdó geflohen sind. Ende der Neunziger fanden viele von ihnen Zuflucht in der Sporthalle der Hauptstadt. Aber dort lebten sie sehr beengt. Es gab für sie nichts zu tun – aber ständig Streit. Einige Frauen waren vergewaltigt worden und schwanger. Die Handarbeit war für sie eine Beschäftigungstherapie, und indem sie Babykleidung häkelten, sich auf etwas Schönes konzentrierten, konnten sie sich mit der Zeit doch ein wenig auf ihr Kind freuen.

Ursula trägt immer eine angefangene Handarbeit bei sich. Sie kann die Hände nicht stillhalten. Sobald sie irgendwo warten muss, holt sie ihr Stickzeug aus der Tasche. Gerade arbeitet sie an einem Wandbehang mit den Namen der Menschen, die beim Massaker von Bojayá ums Leben gekommen sind, einem der schlimmsten des kolumbianischen Bürgerkriegs. Am 2. Mai 2002 hatten sich in Bojayá Paramilitärs in der Nähe der Kirche verschanzt; die Farc griff sie mit Bomben an. Eines der Geschosse durchschlug das Dach der Kirche und explodierte auf dem Altar. Etwa hundert Menschen starben, unter ihnen viele Kinder, und an die hundert weitere wurden verletzt.

Zwei Drittel der Einwohner des Chocó sind angeblich Vertriebene, und ihre Zahl wächst. Der Gewalt entkommen sie auch in der Hauptstadt nicht. Sie fliehen vor den bewaffneten Gruppen auf dem Land und landen in vielen Fällen in prekären, von Kriminellen kontrollierten Vierteln der Stadt, wo Drogengangs ihre Macht verteidigen, indem sie töten und gezielt Frauen bedrohen, die sich in ihrer Nachbarschaft engagieren. Eine Perspektive haben sie nirgendwo. In den von Ursula initiierten Handarbeitsgruppen gelingt es wenigstens einer Handvoll Frauen, ein kleines Einkommen zu erwirtschaften.

In Villa España waren die Häkelkurse eine Zeit lang eingeschlafen. Doch dann erzählten die Mädchen ihren Müttern von Männern, die sich ihnen gegenüber zu viel herausnahmen, die sie anmachten und übergriffig wurden – und sie erzählten es nicht nur einmal, sondern immer wieder, auffallend oft. Früher sei Villa España frei von kriminellen Banden gewesen, sagen die Bewohner. Doch inzwischen seien die Gangster auch hier.

Wer genau hinter den sexuellen Übergriffen steckt, ist nicht wirklich klar. Aber jetzt treffen sich die Frauen wieder unter den Bäumen – nicht nur, um zu häkeln, sondern vor allem, um sich auf dem Laufenden zu halten und einander im Notfall zu helfen. Ich muss an Medellín denken, an Hernando Roldán, den ich dort getroffen habe, und an seine Antwort auf meine Frage, wie in einer von Gewalt geprägten Gesellschaft Frieden entstehen kann. Gemeinsam zu häkeln ist eine Möglichkeit, wenn auch keine leichte, das wird mir in Villa España klar.

Später sitze ich am Fluss und schaue der Sonne zu, wie sie hinter dem Horizont versinkt. Unter den Palmen bringen Eltern ihren Kindern das Radfahren bei. Ein paar Markthändler hoffen immer noch auf Kunden. Hinter mir knattern die allgegenwärtigen Motorräder. Boote kreuzen den Atrato. Der träge Fluss, das weiche Licht, die spielenden Kinder verbreiten eine entspannte Stimmung. Dennoch möchte ich vor Einbruch der Dunkelheit zu Hause sein.

Beim Bischof

Im Innenhof des Bischofspalasts von Quibdó dokumentieren Fotos die Verwüstungen, die der Goldbergbau angerichtet hat: abgeholzte Wälder, Bagger, die den Boden aufreißen und nur Schlamm zurücklassen, Förderbänder, die massenhaft Erde aus Flüssen holen, nackte rote Erde, Pfützen in ungesund gelboranger Farbe, Goldwäscher mit Holzschalen am Ufer wassergefüllter Löcher, die aussehen wie Seen in einer toten Gebirgslandschaft. Daneben hängt ein Plakat: »Der unverantwortliche Bergbau ruiniert uns.« In Kolumbien seien 78.939 Hektar Land vom Tagebau betroffen, steht daneben, fast die Hälfte davon liege im Chocó.

Damit ist die Haltung des Bischofs zum Goldbergbau klar. Juan Carlos Barreto Barreto lebt in der Innenstadt von Quibdó, mitten zwischen den Goldwerkstätten. Eigentlich müsste er sein Blut einmal auf Quecksilber testen lassen, sagt er. Bisher hat er das noch nicht getan. Aber er weiß vermutlich genau, was dabei herauskäme, denn ein anderer, der nie selbst im Bergbau aktiv war, hat seine Untersuchungsergebnisse jüngst öffentlich gemacht. Seit neun Jahren leitet William Klinger das Umweltforschungsinstitut Iiap in Quibdó. »In jedem Liter Blut habe ich 18 Mikrogramm Quecksilber«, sagt er im Interview mit der Zeitung El Tiempo. Das liegt deutlich über dem Referenzwert, und es ist auf keinen Fall gesund. »Ich müsste schon die Symptome spüren: Dinge vergessen, zittern. Aber noch ist das nicht der Fall.« Klinger hat seine Mitarbeiter jetzt angewiesen, sich ebenfalls untersuchen zu lassen.

Ein bunter Wandbehang verkündet, wie die Diözese von Quibdó ihre Arbeit versteht: »Wir setzen uns für die Armen und Unterdrückten ein, für eine Evangelisierung, die befreit, für die Verteidigung und den Erhalt des Lebensraums, für Frauen, Kinder und Jugend, für die Verteidigung der Menschenrechte.«

Zwei Drittel der Chocoanos leben unterhalb der Armutsgrenze, viel mehr als im Landesdurchschnitt, sagt der Bischof. Zugleich streiten sich alle möglichen bewaffneten Gruppen um den Reichtum des Landes: unterschiedliche kriminelle Gruppen, die Guerilla, die Paramilitärs. »Sie sind alle hier.« Sie erpressen, handeln mit Drogen, holen ohne Genehmigung Gold und Platin aus dem Boden. Die Kriminalität ist hoch, die Mordrate auch.

Bischof Barreto hat wenig Hoffnung, dass der Friedensvertrag mit den Farc den Menschen im Chocó Verbesserungen bringt. Selbst wenn die Guerilleros ihre Waffen niederlegen, gibt es noch zu viele andere Banden, die hier viel Geld machen. Und sie können in Abwesenheit des Staates tun und lassen, was sie wollen.

»Wenn wir einen stabilen und dauerhaften Frieden wollen, müssen wir das wirtschaftliche Modell ändern«, sagt der Bischof. »Nur gibt es dafür im Moment keinerlei Anzeichen.« Der Chocó produziere so viel Reis, Zuckerrohr und Kochbananen, dass er die Nachbarprovinz Antioquia versorgen könnte. Aber kein Politiker interessiere sich dafür, daraus etwas zu machen. Viel eher konzentriere sich die Regierung in Bogotá darauf, den natürlichen Reichtum des Landes zu verbraten, und zerstöre so das ganze Gebiet. »Es ist ein Konflikt mit vielen Beteiligten: dem Staat, multinationalen Unternehmen, illegalen Banden – und mittendrin den Gemeinden, die oft nicht verstehen, was vor sich geht.« Ihnen versuche die Diözese zu helfen.

La Gloria

Die Kirche kümmert sich auch um die Schulen in Quibdó, zum Beispiel im Viertel La Gloria im gefürchteten Norden der Stadt, der per *mototaxi* über die Huapango-Brücke zu erreichen ist. In Quibdó heißt es, diese Brücke teile die Stadt in zwei Teile: einen, in dem man leben kann, und einen, den im Norden, in dem man für gewöhnlich stirbt. Im Norden wohnen schätzungsweise 40.000 Menschen. Die meisten wurden von ihrem Land vertrieben, aber die Gewalt ist ihnen gefolgt. Die Polizisten vor Ort können wenig tun, denn die Kriminellen wissen, wo sie wohnen. Die Militärpolizisten, die von außerhalb kommen, sind schwer bewaffnet und schießen rücksichtslos.

In einer Schule von La Gloria arbeitet Stephan – das heißt, eigentlich ist es seine Aufgabe, die Eltern für das zu interessieren, was in der Schule ihrer Kinder passiert, sich mit ihnen zu vernetzen, um vielleicht irgendwann einmal etwas Gemeinsames auf die Beine stellen zu können. Aber daran ist überhaupt nicht zu denken. Denn die bewaffneten Banden sind auch hier. Sie sind in La Gloria, und sie sind in der Schule. Sie verlangen Wegzoll, sie erpressen Schüler, sie beanspruchen Mädchen für sich und sie bedrohen Lehrer, die dann nicht zum Unterricht erscheinen.

Es gibt auch nicht genügend Lehrer. Manche kommen nicht zur Arbeit, weil sie nicht in La Gloria unterrichten möchten – im Zentrum von Quibdó hätten sie bessere Bedingungen, aber sie können sich ihren Arbeitsplatz nun mal nicht aussuchen. Die Gebäude sind in schlechtem Zustand; es gibt nicht einmal Toiletten. Die Kinder kommen hungrig zur Schule – falls sie kommen. Mädchen prostituieren sich, um Nahrung zu beschaffen. Zu Hause werden sie von ihren überforderten Eltern verprügelt oder sie sind den ganzen Tag allein, weil ihre Eltern von früh bis spät arbeiten. Dann kümmert sich die älteste Tochter um ihre Geschwister, sie kocht auf einer offenen Feuerstelle vor der Holzhütte, in der die

Familie lebt, und erledigt den Rest der Hausarbeit, so gut ein Kind das eben kann. Zur Schule geht sie in der Zeit natürlich nicht.

Stephan und andere Helfer halten in der Schule einen Raum offen, in dem die Kinder ihre Freizeit verbringen können – ohne Angst. Einen Fußballplatz gibt es auch. Aber was nützt das, wenn die Grundvoraussetzungen fürs Lernen nicht gegeben sind?

Stolz auf Schwarze?

Als ich gerade zwei Tage in Quibdó bin, holt in Rio der Gewichtheber Óscar Figueroa Gold. Es ist die erste Medaille für Kolumbien bei diesen Olympischen Spielen. Zwei weitere Gold-, zwei Silber- und drei Bronzemedaillen sollen noch hinzukommen. Die Kolumbianer sind selig vor Stolz.

Doch es gibt da ein kleines Problem: Die erfolgreichen Olympioniken sind fast alle schwarz. Der Gewichtheber Óscar Figueroa, die Dreispringerin Catherine Ibargüen, die Judoka Yuri Alvear, der Boxer Yuberjen Martínez, der Gewichtheber Luis Javier Mosquera, die Boxerin Ingrit Valencia: alle schwarz.

Schwarze haben einen schlechten Ruf, und Kolumbien ist ein rassistisches Land. Vielen gelten sie als faul und kriminell, und in Kolumbien bekleiden nur wenige wichtige Ämter. Haben sie eine Arbeit, verdienen sie oft weniger als den gesetzlichen Mindestlohn. Sie sind häufiger arm, und ihre Lebenserwartung ist geringer als die der Weißen.

Die schwarzen Medaillengewinner von Rio wurden vom Staat auch nicht besonders unterstützt. Catherine Ibargüen lebt und trainiert auf Puerto Rico. Yuberjen Martínez arbeitete als Fahrradmechaniker und zog Entwässerungsgräben auf Bananenplantagen, um nicht zu hungern. Sich nur auf den Sport zu konzentrieren war für ihn lange nicht möglich. Luis Javier Mosquero hält sich als Friseur über Wasser. Óscar Figueroa bedankte sich nach seinem Olympiasieg zwar für die »ausgezeichnete Unterstützung«

durch die staatliche Sportförderung, beschwerte sich aber zugleich über angeblich nicht eingehaltene finanzielle Zusagen.

Normalerweise interessiert sich niemand für die Geschichten der Schwarzen. Aber ihre Medaillen werden plötzlich als nationale Erfolge vereinnahmt.

Während dieser Spiele aber regt sich daran Kritik. »Wir scheren uns einen Dreck darum, was im Chocó geschieht. Es ist uns egal, dass ein paar Schwarze, die außerdem arm sind, weder Straßen, Krankenhäuser, Energie oder Wasserleitungen haben«, schreibt die Kolumnistin Paola Ochoa in El Tiempo. »Es ist uns egal, wenn sie keine Toiletten haben oder in Hütten wohnen, die ein Wolkenbruch umwirft. Die Schwarzen ekeln uns an. Sie sind uns nur zu einem ganz bestimmten Zeitpunkt wichtig: alle vier Jahre während der Olympischen Spiele.« Kolumbien sei ein heuchlerisches, illoyales und opportunistisches Land, »das die Schwarzen nur dann preist, wenn sie berühmte Sportler sind«.

Dann gefällt es der Regierung, sich mit ihnen zu schmücken. Erfolgreich werden aber müssen die Sportstars schon selbst. Gegen alle Widerstände und ganz aus eigener Kraft.

Verlieb dich in den Chocó!

Mauricio Mosquera hat es satt, dass der Chocó nur wegen schlechter Nachrichten bekannt ist. Er stammt aus Quibdó, und um den Leuten draußen die schönen Seiten seiner Heimat zu zeigen, bereist er sein Departement und fotografiert: die Feste, die Menschen, ihre Kleidung, ihre Musik. Bunte Früchte, sattgrüne Wälder, flammende Sonnenuntergänge, glitzernde Flüsse. Intensive Farben. Nie verlässt er ohne Kamera das Haus. Er will in der Geschichte, die über seine Heimat erzählt wird, »ein neues Kapitel aufschlagen«, wie er sagt.

Neunundzwanzig Jahre ist er alt, und die vergangenen sieben Jahre lang hat er an der Seite gearbeitet, auf der er seine Fotos im

Netz präsentiert. *Enamórate del Chocó* heißt sie: Verlieb dich in den
Chocó! Wenn man sie aufruft, spielt die Band Chocquibtown ihr
Stück *Lindo Cielo*, schöner Himmel. Chocquibtown, das sind Gloria und Miguel Martínez aus Condoto und Carlos Valencia aus
Quibdó; ihre Musik ist eine Mischung aus Funk, Hip-Hop und
traditionellen kolumbianischen Rhythmen. Chocquibtown singen vom Gold des Chocó und seinen Plünderern, von Identität
und Alltag. Das hat sie auch im Ausland bekannt gemacht; zwei
Latin Grammys haben sie schon gewonnen.

Ihre Musik passt gut zu Mauricios Arbeit. »Die Chocoanos sollen sich ihrer Identität nicht schämen«, sagt er. Das ist sein Ziel.
Mit Enamórate del Chocó will er eine Verbindung zwischen ihnen
schaffen. Gastgeber sein für eine Gemeinschaft, die sich vernetzt,
indem sie auf seiner Seite Bilder von den Schönheiten ihrer Heimat teilt. »Das können ganz einfache Dinge sein: das Sonntages-
sen, das unsere Mütter oder Großmütter immer für uns gekocht
haben. Der Faltenwurf eines blauen Rocks, die gelbe Bluse dazu.«

Es ist wohl kein Zufall, dass er solche Beispiele wählt. Mauricio
ist mit starken Frauen aufgewachsen – seiner Mutter und seiner
Großmutter –, in einer großen Familie »mit zwanzig, dreißig Cou-
sinen und Cousins. Meine Mutter war immer allein mit uns. Die
Väter haben nie eine Rolle gespielt.« Der Mittelpunkt einer Familie im Chocó sei ohnehin die Großmutter. »Ist die Großmutter da,
herrscht Ordnung im Haus.«

Mauricio zog aus, um in Medellín Kunst zu studieren, weil seine Mutter überzeugt war, dass es im Chocó keine passende Ausbildung für ihn gab. Sie bezahlte die Uni. Sein Vater, ein Goldwäscher
aus dem früheren Wehrdorf und heutigen Wallfahrtsort Raspadura, finanzierte seine Unterkunft. Der Anfang war hart. »Beim
Frühstück habe ich geweint. Ich ging zur Uni – und habe geweint.
Kam weinend zurück und aß weinend zu Abend.«

Irgendwann zeigte er seine Fotos aus dem Chocó seinen Do-
zenten und Kommilitonen. Die konnten nicht glauben, was sie da

sahen. Er hatte sein Thema gefunden. Jedes Mal, wenn er neue Bilder mitbrachte, riefen die Leute in Medellín voller Bewunderung: »*Waosolo!*«, was so viel heißt wie »Einfach nur: Wow!« Jetzt ist das sein Künstlername.

Die Website Enamórate del Chocó ist wie ein Fenster in den Chocó für alle, die ihn immer noch nicht kennen. In Raspadura fotografierte Waosolo die Wallfahrt, die dort jedes Jahr nach Ostern mit Prozessionen und Feuerwerk zu Ehren des wundertätigen Jesusbildes Ecce Homo gefeiert wird. Es ist ein nachdenklicher, dornengekrönter Jesus, aber er hat besondere Kräfte. Angeblich habe man das Bild einst wegbringen wollen aus Raspadura, heißt es. Doch plötzlich sei es so schwer gewesen, dass man es nicht mehr bewegen konnte.

Aus Andagoya zeigt Waosolo Fotos vom Encuentro de Alabaos, Gualíes y Levantamiento de Tumbas, einem Festival mit traditionellen Begräbnisritualen der Region. In den *alabaos* besingt man verstorbene Erwachsene, um ihre Seele auf ihrer Reise in die kommende Welt zu begleiten. Die *gualíes* sind Lieder für Kinder,

Mauricio Mosquera, alias Waosolo, macht Fotos, die zeigen, wie schön der Chocó sein kann - und gelegentlich macht er ein Selfie (hier mit der Autorin).

und das Ritual des *levantamiento de tumbas* beschreibt das Ende der Totenwache, wenn Blumen, Kerzen und andere verwendete Gegenstände weggepackt werden. Angeblich entstand das Treffen in Andagoya, als der Goldrausch dort eine geplünderte, verzweifelte Stadt hinterließ und ihre Bewohner eine Entscheidung trafen: Wenn die Zukunft nur den Tod für sie bereithielt, dann wollten sie ihm wenigstens würdevoll begegnen.

Heute pendelt Waosolo zwischen Medellín und Quibdó, gibt Kunstkurse und übernimmt Aufträge vom Kultusministerium; er lebt bescheiden, kleidet sich dennoch stilvoll und steckt ansonsten all sein Geld und seine Zeit in seine Internetseite. Bald soll eine zweite hinzukommen: *Enamórate del Pacífico,* verlieb dich in den Pazifik. Denn die Pazifikküste Kolumbiens ist größer als die des Chocó, und der Ruf der Regionen weiter südlich ist nicht viel besser.

Ich frage Mauricio nach seinem Lieblingsort im Chocó. Er sagt, es sei Nuquí, ein Dorf an der Küste. Dort gibt es einsame Strände, unberührten Dschungel, und manchmal kann man dort Buckelwale beobachten. »Dort kann ich abschalten«, sagt er. Das Mobilfunknetz reicht nicht bis Nuquí. Und Straßen führen auch keine dorthin, man kann nur per Flugzeug oder Boot anreisen. Gabriel García Márquez würde vermutlich über die Abgeschiedenheit des Ortes schreiben.

San Pacho

Anfang September beginnen in Quibdó die wichtigsten Wochen des Jahres. Dann feiert die Stadt das Fest ihres Patrons, und ihm zu Ehren kehren Chocoanos und Exil-Quibdoseños aus dem ganzen Land zurück in ihre Heimat. Niemand will diese Feier verpassen. Bis zum vierten Oktober, dem Tag des heiligen Franz von Assisi, dauern die religiösen Prozessionen und Messen an. An jedem Tag sind die Bewohner eines anderen Viertels dafür verantwortlich, die Feiern zu organisieren.

Die Anfänge waren deutlich bescheidener. In den Chroniken des Chocó ist nachzulesen, dass das allererste San-Pacho-Fest im Oktober 1648 stattfand, als eine Expedition an jener Stelle am Ufer des Atrato ankam, an der sich heute die Kirche von Quibdó befindet. Unter den Reisenden war der Franziskanermönch Fray Matías Abad, der offenbar eine Christusstatue und ein Bild des heiligen Franz von Assisi mit sich führte. Schon am 5. Oktober 1648, wenige Tage nach seiner Ankunft am Fluss, schrieb Pater Matías dem Gouverneur einen Brief: [2]

»Am ersten Oktober entschieden wir uns für einen Ort und schlugen Holz, und am zweiten Oktober, im Namen Gottes und unseres Vaters, des heiligen Franziskus, begann ich die Kirche zu bauen, und als der Tag unsers Vaters Franziskus anbrach, war sie fertig. Und am Morgen seines Tages unternahmen wir eine Prozession auf dem Fluss, mit fünfzehn Kanus voller Menschen, und voraus fuhr, ein Glöcklein läutend, der oberste Indio, der Candia hieß. Ich befand mich in der Mitte mit einem heiligen Christus und einem Bild unseres Vaters, des heiligen Franziskus, und sang die Litaneien. An der Kirche angekommen, stellten wir [die Heiligen] auf den Altar. Alle knieten nieder, und ich sang das Te Deum. Danach hielten wir ein Mahl aus sehr vielen Fischen.«

Ein Fisch-Festmahl gibt es heute zu San Pacho vermutlich immer noch, ebenso wie Alkohol und Musik, Kostümwettbewerbe und ein Feuerwerk. Doch im Kern ist das Fest religiös geblieben. Aber seit 1926, dem Jahr, in dem sich der Todestag des Heiligen zum siebenhundertsten Mal jährte, hat San Pacho auch viel von einem afro-südamerikanischen Karneval.

Ich will mehr darüber wissen und verabrede mich mit Ramón Cuesta, dem Chef des Organisationskomitees. Wir treffen uns im Kulturhaus, einem schlichten, mehrstöckigen Bau in einer Ein-

2   Eigene Übersetzung; Quelle: William Villa: San Pacho en Quibdó. Fiesta y Religiosidad. Quibdó 2015

kaufsstraße in der Innenstadt. Auf dem Gehsteig vor dem Eingang verkaufen Händlerinnen Schmuck und Kosmetik; auf der Straße knattern die allgegenwärtigen Mopeds.

In Ramón Cuestas Räumen aber herrscht eine respektvolle, geschäftige Stille. Standesgemäß wacht eine Franziskus-Statue über das Wartezimmer; auf dem Boden vor ihr brennt eine dicke weiße Kerze. Eine Frau drapiert Plastikblumen zu Füßen des Heiligen, eine andere nähert sich der Statue und berührt die Kutte. Ramón Cuestas aufmerksame Vorzimmerdame reicht mir einen Becher Wasser – sehr willkommen bei der Hitze – und bittet mich, Platz zu nehmen.

Durch die Decke ist, zerhackt von gelegentlichen Schlagzeugwirbeln, eine Trompete zu hören; jemand übt Bruchstücke einer Melodie. Ich erkenne das Lied: *Kilele* – ein Stück, das niemanden kalt lässt, der hier am Pazifik aufgewachsen ist; ein Hit, der alle zum Tanzen bringt. *Kilele* ist eine *chirimía*. So heißt die Musik, gespielt auf Trommeln, Becken, Klarinetten und – in ihrer modernen Variante – weiteren Blasinstrumenten und benannt nach einem Vorläuferinstrument der Oboe, die vom spanischen Klerus nach Lateinamerika gebracht wurde. Die Chirimía gehört zum Chocó wie San Pacho und das Gold.

»*Todo el mundo está bailando, Kilele, yo también lo sé bailar, Kilele, como bailan los demás, Kilele, como baila mi papá, Kilele, sabroso con mi mamá*«, lautet der Text: »Alle tanzen, Kilele, und ich weiß auch, wie das geht, Kilele, so wie die anderen tanzen, Kilele, und so wie mein Papa tanzt, Kilele, fröhlich mit meiner Mama.« Ich denke gerade, wie gut die Worte zu der Wirkung des Stückes passen, da bittet Ramón Cuesta mich in sein Büro.

San Pacho sei für die Chocoanos ein Fest der gemeinsamen Erinnerung, sagt Ramón, ein höflicher Mann mit unauffälliger Brille; einer Erinnerung an die Vergangenheit voller Unterdrückung, von der man sich durch Musik und Tanz befreit hat. Ein Fest zu Ehren eines Heiligen, der immer an der Seite der Armen steht. »Der Heilige Franziskus ist wie unser Bruder. Er gehört zur Familie.«

Das Volk organisiert sein Fest selbst. Schon Monate vorher bauen die Handwerker Prunkwagen und fertigen Puppen mit enormen Schwellköpfen, die dann durch die Straßen paradieren. Die Frauen nähen glamouröse Kostüme, die Musiker proben für den Umzug ihres Viertels. Und als ob die Quibdoseños es nicht erwarten könnten, finden die ersten Veranstaltungen zum Auftakt des Festes schon im August statt, lange bevor San Pacho offiziell beginnt. »Die Leute sollen sich vorbereiten«, sagt Ramón. »Sie sollen sich gut benehmen, damit künftig noch mehr Touristen kommen.«

Am 3. September bei Tagesanbruch wird es ernst. Aus zwölf Vierteln der Stadt, den zwölf »Franziskanervierteln«, ziehen Prozessionen zum Parque Centenario, einer Grünanlage zwischen Kathedrale und Fluss. In der Kathedrale zelebrieren sie die Messe, und danach erhält jedes Viertel eine Fahne, die es symbolisch in die Pflicht nimmt, an dem Tag, an dem es die Verantwortung für die Festlichkeiten trägt, eine schöne Feier auszurichten.

An diesem Tag schmückt sich jedes Viertel mit Girlanden, Altären und Bannern, um die Prozession des Heiligen zu empfangen. Es ist ein Wettbewerb – das schönste Viertel gewinnt. Vom 21. September bis zum 2. Oktober dauert der Reigen, und am 3. Oktober lassen sie den heiligen Franziskus gemeinsam in blumengeschmückten Booten zu Wasser. Am Tag danach begehen sie seinen Todestag in feierlichen Prozessionen, gekleidet in braune Kutten wie einst der Heilige. Und am 5. Oktober schließlich werden die Fahnen wieder eingeholt, bis zum nächsten Jahr.

Während der Feiern können die Chocoanos die Schwierigkeiten des Alltags für ein paar Tage vergessen. Zugleich nutzen sie die Gelegenheit für den politischen Protest: gegen Vernachlässigung und Umweltzerstörung oder für den Frieden. In diesem Jahr soll San Pacho eine Hommage an die Chirimía werden, sagt Ramón. Zum Abschied schenkt er mir einen Bildband über das Fest.

Wasser und Wald

Ich werde nicht lange genug in Quibdó bleiben können, um San Pacho zu erleben. Aber ich will ein anderes Fest besuchen. In Cali läuft schon seit ein paar Tagen Petronio Álvarez, das wichtigste afropazifische Musikfestival Kolumbiens.

Um nach Cali zu kommen, nehme ich den Bus – Flüge sind schon lange ausgebucht, und ich möchte gern etwas von dem Land sehen, durch das ich reise. Auf der Fahrt bekomme ich noch einmal eine Ahnung von der Abgeschiedenheit des Chocó. Denn bevor wir eine gut ausgebaute Asphaltstraße erreichen, müssen wir erst einmal die Anden überqueren. Es wird mühsam.

Wir fahren wie durch eine neblige, feuchte Waschküche. Der Himmel ist grau, die Wolken hängen tief, es regnet. Ringsum ist tiefgrüner Wald. Die Passagiere – Familien, Alte, junge Paare in Feierlaune – dösen, der Fahrer spielt Salsa, Son und Rumba, um sich wachzuhalten. Es wäre auch unbedingt besser, wenn er nicht einschliefe, denn die Straßen sind kurvig und nicht immer asphaltiert, und wir müssen immer wieder Schlaglöchern ausweichen und Baustellen umfahren.

Nach knapp zwei Stunden Fahrt überqueren wir einen Fluss und erreichen Tadó, die Stadt der Goldgräber, die ich leider nicht treffen konnte. Im Busterminal halten wir an. Aus dem Bauch des Busses holt der Fahrer fünf Kunststoffhocker und wäscht sie ausgiebig mit Wasser, das er in einer Colaflasche vorrätig hält. Es sind seine Ersatzsitze. Stellt er sie im Gang seines Busses auf, muss er niemanden zurücklassen und erhöht zugleich seinen Verdienst. Zurückgelassen aber wird ohnehin niemand. Gibt es keine Hocker mehr, reisen die Fahrgäste eben im Stehen.

Der Wald dampft. Vor dem Fenster huschen Bananenstauden, Mangobäume, Palmen und Farne vorbei; Schlingpflanzen wie Bärte, rote und weiße Blüten, die das Grün sprenkeln. Die Pflanzen wachsen auf-, neben- und übereinander, als hätte jemand Bäume und Büsche kunstvoll geschichtet. Selbst wo vor Kurzem gerodet wurde, sprießt jetzt schon wieder hellgrünes Gras aus dem sumpfigen Boden. Wir überqueren einen schlamm-gelben Fluss, noch einen und dann noch einen. Auf dem nächs-ten dümpelt ein Boot mit Goldwäschern, die von ihrer schwim-menden Basis aus den Kies am Flussgrund durchsuchen. Dann erreichen wir eine Hängebrücke. Sie wird von Soldaten bewacht. Die paar Verkehrswege, die es hier gibt, sollen nicht noch durch Anschläge zerstört werden.

Wir passieren kleine Dörfer, schnell errichtet in Lichtungen im Regenwald, in denen Männer in Gummistiefeln und lehmver-schmierter Arbeitskleidung die Straße überqueren, Kinder Bällen hinterherrennen und ihre Mütter auf der Veranda sitzen und unse-rem Bus nachschauen. Die Straße scheint ihre einzige Abwechs-lung zu sein.

Offensichtlich ist es nicht leicht, sie in dem feuchtheißen Kli-ma instand zu halten. Unser Fahrer manövriert den Bus immer wieder sicher durch Schlamm und Pfützen, vorbei auch an schwer beschädigten Streckenabschnitten.

Während wir uns immer höher in die Berge schlängeln, wird es dunkel und kühler. Der Fahrer lässt sich durch den Nebel draußen nicht verunsichern, die Salsa hält ihn wach. Wer die Musik nicht mag, hätte in diesem Bus ein ernstes Problem. Zum Glück aber gibt es hier niemanden, dem Salsa nicht gefällt. Die Passagiere sin-gen leise mit, sie klatschen im Takt, essen, trinken und sind sehr entspannt.

In Pueblo Rico halten wir fürs Abendessen. Es gibt gewaltige Portionen Fisch, Rindfleisch oder Huhn mit Reis, Bananen und Bohnen. Irgendwann erreichen wir bessere Straßen, und es geht schneller voran. Um zwei Uhr nachts rollt unser Salsabus ins Ter-minal von Cali ein.

Kapitel 7

Cantaoras: Cali

Der Lohnschreiber

Bisher dachte ich, Lohnschreiber – auf Spanisch *escribanos* – seien eine Erscheinung längst vergangener Zeiten, auf nostalgische Art höchstens noch existent in der lateinamerikanischen Literatur. Doch der Schreiber, den ich in Cali kennenlerne, ist ziemlich pragmatisch und sehr real. Er heißt Germán Martínez, ist achtundfünfzig Jahre alt und macht den Job, seit er siebzehn ist. Germán hat einen selbstbewussten Blick, Lachfalten um die Augen und die Haut eines Menschen, der immer draußen ist. Egal bei welchem Wetter.

Ich bin auf dem Weg zu den Escribanos von Cali, weil es noch zu früh am Tag ist fürs Petronio-Festival. Angeblich arbeiten die Schreiber unter freiem Himmel im Parque de los Poetas, vor der Kirche La Ermita im Zentrum der Stadt, und so fahre ich dorthin. Ich bin neugierig: Was sind das für Leute? Und wer sind ihre Kun-

den? Ich stelle mir Herren mit altmodischen Manieren vor, die auf
parfümiertem Papier blumige Liebesbriefe entwerfen oder auf alten Schreibmaschinen Eingaben bei Gericht für zu Unrecht Be-
schuldigte verfassen, vielleicht auch Briefe für deren Angehörige,
die weder lesen noch schreiben können. Aber das klingt mir zu
sehr nach einer Geschichte aus alten Kolonialzeiten. Was tut ein
Escribano heutzutage?

Der erste Schreiber, den ich anspreche, schickt mich zu Germán. Germán ist der Präsident der Lohnschreiber vom Parque de
los Poetas, und sein Kollege will einer neugierigen Fremden nichts
Falsches sagen. Lieber, findet er, soll der Chef Auskunft geben,
und Germán nimmt sich Zeit, denn im Moment hat er ohnehin
nichts anderes zu tun.

Er bietet mir einen Stuhl unter dem rot-grün-blau-weißen Sonnenschirm, unter dem er jeden Tag seine Kunden empfängt. Auf
dem Schirm steht in großen Ziffern seine Handynummer. Mehr
Werbung braucht Germán nicht, den Rest erledigt die Mund-zu-
Mund-Propaganda.

Sein Arbeitsplatz ist spartanisch eingerichtet. Was Germán für
seine Arbeit braucht: den Sonnenschirm mit der Handynummer,
damit jeder weiß, wie er zu erreichen ist, zwei Plastikstühle, das
Handy. Ein metallenes Tischchen, nummeriert wie die Tischchen
der anderen Escribanos auch, mit Briefpapier und Briefumschlä-
gen in einer Schublade. Und, am wichtigsten: die jahrzehntealte
mechanische Schreibmaschine Marke Facit. Germán tippt mit
zwei Fingern, »aber schnell!«

»Sehr geehrte Damen und Herren, hiermit erlaube ich mir, Ihnen mitzuteilen, dass ...« Die Escribanos von Cali schreiben offizielle Briefe, erledigen die Steuererklärung, helfen in juristischen
Fragen. Anwälten oder Notaren aber sind sie nicht gleichgestellt.
Diese brauchen für ihren Beruf einen Studienabschluss. Den haben die Escribanos nicht, obgleich manche von ihnen ein, zwei Se-
mester lang die Universität besucht haben. Germán hat Abitur –

und die Erfahrung von mehr als vierzig Jahren Arbeit. Seine Kunden, sagt er, stammen aus allen Gesellschaftsschichten.

Während wir reden, kommt ein Mann auf Germáns Sonnenschirm zu. Es ist ein Händler, und er braucht Hilfe bei seiner Steuererklärung. Germán erkundigt sich nach seinen Einkommensverhältnissen, den Steuern, die er bisher gezahlt hat, dem Wert seiner Häuser. Dann sagt er: »Ich will offen zu Ihnen sein. Sie verdienen zu wenig und besitzen zu wenig. Sie sind gar nicht verpflichtet, eine Steuererklärung abzugeben. Das ist die Wahrheit.« Einen Moment lang schaut der Mann verdutzt, dann steht er auf, bedankt sich und geht. Germán hat sich gerade selbst das Geschäft verdorben.

»Ich will ehrlich arbeiten, selbst wenn ich dadurch weniger verdiene«, sagt er zu mir, als wir wieder allein unter seinem Sonnenschirm sitzen. Mein Angebot, ihm wenigstens die Zeit zu bezahlen, in der er mir von seiner Arbeit erzählt, lehnt er ab. »Das ist mir ein Vergnügen.« Germán scheint ein Caballero der alten Schule, vielleicht freut er sich auch einfach über die Abwechslung, die ihm unsere Unterhaltung bringt.

Mit siebzehn hat er angefangen, als Schreiber zu arbeiten, erzählt er. Zuerst erledigte er Botengänge für einen älteren Kollegen, später überließ dieser ihm in den Mittagspausen seinen Arbeitsplatz. So arbeitete Germán sich langsam ein. Die Schreibmaschine, ein siebzig Jahre altes Ding, hat er von seinem Vorgänger übernommen, als der seinen Platz aufgab. Alles, was ein Escribano wissen müsse, habe er sich selbst angeeignet, sagt Germán. »Das hier ist die Uni der Straße«, witzelt er.

Einen Computer, Internetzugang? Dieses neumodische Zeug sei für seine Arbeit überflüssig. Die jungen Leute verstünden vielleicht viel von moderner Technik, aber sie wüssten nicht, worauf es wirklich ankomme. »Gute Texte formulieren, das können sie nicht. Dafür sind wir da.« Dafür brauche man immer noch einen klugen menschlichen Kopf, keine Maschinen.

»Die jungen Leute verstehen viel von Technik, aber gute Texte formulieren
können sie nicht.« Germán Martínez, seit fast vierzig Jahren Lohnschreiber

Seit hundertfünfzig Jahren gibt es die Lohnschreiber von Cali angeblich schon. Aber es werden immer weniger. Einst verfassten fünfundfünfzig Escribanos neben Germán ihre Schriftstücke, nur achtzehn sind übrig geblieben. So richtig erwünscht scheinen sie nicht mehr zu sein. Einige Male habe die Stadtverwaltung sie schon gezwungen, ihren Standort zu wechseln, bis sie hier vor der Kirche ankamen, sagt Germán, und wenn ein Escribano stirbt, vergibt die Stadtverwaltung keine Arbeitsgenehmigung mehr an einen neuen. Die Schreiber wollen dagegen vorgehen. Wie sind die Chancen? »Abwarten«, sagt Germán nur.

Ich finde, der Parque de los Poetas ist ein sehr passender Standort für die Escribanos, denn schließlich ist der Platz berühmten Männern gewidmet, die ebenfalls das Schreiben zu ihrem Beruf gemacht hatten: den Dichtern des Cauca-Tals. Unter den Bäumen haben sie sich – als Bronzestatuen – versammelt, fünf grün gestrichene, elegante Erscheinungen mit Spazierstock und Anzug, als führten sie eben, im Schatten geschützt vor der Sonne des Nachmittags, ein angeregtes Gespräch: Jorge Isaacs, Carlos Villafañe, Octavio Gamboa, Ricardo Nieto und Antonio Llanos. Isaacs, nach dem auch das Theater gegenüber benannt ist, beansprucht gebieterisch stehend die meiste Aufmerksamkeit.

Er ist der einzige Poet, der nicht sitzt. Er ist auch der einzige, dessen Namen ich kenne. Isaacs war, außer Dichter, der Sohn eines Großgrundbesitzers und Soldat. Neben seinen Gedichten veröffentlichte er nur einen Roman, und der machte ihn im Jahr 1867 weltberühmt. *María* ist die tragische, zum Teil wohl autobiografische Liebesgeschichte zwischen Efraín, dem Sohn eines Großgrundbesitzers, und seiner Cousine María. Für sein Studium muss Efraín die elterliche Hacienda verlassen. Als er zurückkehrt, ist seine große Liebe tot. Nie kommt er über diesen Verlust hinweg.

Germáns Probleme scheinen weniger romantisch als die von Efraín, dem Helden von Isaacs' Roman. Als Präsident der Escribanos muss er für Disziplin unter seinen Kollegen sorgen, also dafür, dass sie am Arbeitsplatz keinen Alkohol trinken und Streitereien nicht öffentlich ausgetragen werden, schon gar nicht mit Gewalt; denn bekäme die Stadtverwaltung davon etwas mit, würden sie alle Schwierigkeiten bekommen. »Da muss man oft aufstehen«, sagt Germán. Die ständigen Geldsorgen machten die Escribanos reizbar und führten zu Streit. »Wenn man hungrig ist, dauert die Freundschaft nicht an.«

Germán kann sich keine andere Arbeit vorstellen, trotz Lärm, Staub und Hitze, trotz des Regens, der manchmal über dem Parque de los Poetas niedergeht, und der Abhängigkeit von den Kunden. »Ich muss an der frischen Luft arbeiten. Drinnen würde ich einschlafen«, sagt er. Für seine Kinder und Enkel wünscht er sich trotzdem einen anderen Job. Sein Sohn arbeitet in Spanien, seine Tochter ist Hausfrau und Mutter. Bisher sieht es nicht so aus, als würde ihm aus seiner Familie jemand nachfolgen wollen. Ich bedanke mich bei ihm für seine Geschichte und wünsche ihm viel Glück.

Noch habe ich Zeit, also statte ich der Kirche La Ermita am Rand des Parks einen kurzen Besuch ab. Es ist eine kleine gotische Kirche, die inmitten der klobigen Häuser ringsum elegant gen Himmel strebt. La Ermita wurde nach dem Vorbild des Kölner Doms errichtet, steht auf einem Marmorschild im Inneren, aber sie wirkt deutlich fröhlicher als ihr rheinisches Vorbild. Womöglich liegt das an der tropischen Sonne, vielleicht auch an der grazilen Architektur. Innen leuchten bunte Kirchenfenster, die Wände strahlen weiß, und die goldenen Bordüren, die sich an den Spitzbögen nach oben winden, sorgen für noch mehr Glanz.

Ein paar Touristen schlendern durch die Kirche, in den Bänken beten etliche Gläubige. Sie alle kommen wegen eines Bildes hierher. Das Fresko zeigt einen dornengekrönten, blutüberströmten Jesus mit einem Zuckerrohr in der Hand – der Pflanze, deren Anbau die Kultur des Cauca-Tals seit Jahrhunderten prägt. Angeblich blieb dieses Fresko als einziges heil, als ein Erdbeben die Vorläuferkirche am gleichen Ort vollständig in Trümmer legte. Die *Caleños* nahmen es als Zeichen, dass ausgerechnet ihr *Señor de la Caña,* der Herr des Zuckerrohrs, das Beben überstand. Sie umrahmten das Bild, setzten es zu seinem Schutz hinter Glas und bauten darum herum eine komplette neue Kirche. 1942 war La Ermita fertig.

Wer tanzt, lebt

Ich stehe inmitten von tanzenden Menschen, die ihre Arme in die Luft strecken und weiße Tücher im Takt der Musik kreisen lassen. Ihre Gesichter leuchten. Alle singen lauthals mit, so gut wie alle kennen den Text, und zwar jedes Wort – und wer ihn nicht kennt, singt einfach, soweit er kommt, und feiert trotz der Wissenslücken ausgelassen mit. Denn darauf kommt es an: dieses Fest gemeinsam zu genießen.

Ich habe kein Taschentuch, keine Tanzpartner und null Ahnung von den Liedzeilen. Aber die überschäumende Fröhlichkeit steckt mich an. Mehr als zwanzigtausend Menschen tanzen vor der Bühne, alte, junge, Männer, Frauen, Familien mit kleinen Kindern, allein, in Formationen. Rechts vor der Bühne sehe ich eine Gruppe junger Leute, die sich hinreißend bewegen. Im Gleichschritt zelebrieren sie den *currulao,* den Tanz der Pazifikküste, in dem die Männer die Frauen umwerben. Die Frauen tragen weiße Tücher im Haar, die Männer haben ausrasierte Schläfen; der Vortänzer, dem sie folgen, bewegt seinen Körper in Wellen, wie eine Schlange.

Das Publikum ist größtenteils schwarz, denn dies ist Petronio Álvarez: das größte Festival afropazifischer Musik in Kolumbien, so benannt nach dem gleichnamigen Eisenbahnmaschinisten, Poeten und Musiker, der 1966 in Cali starb. Seit zwanzig Jahren findet es immer im August in Cali statt, und jedes Jahr zieht es mehr Besucher an. Mehrmals musste das Fest schon umziehen, weil die

Spielorte den Andrang nicht mehr fassen konnten. In diesem Jahr hatten die Verantwortlichen Schwierigkeiten, überhaupt eine geeignete Fläche zu finden. Jetzt strömt die Menge aufs Gelände des Alberto-Galindo-Stadions im Süden der Stadt.

Um die Show und ums Geschäft geht es hier wie bei jedem Festival auch, aber erst in zweiter Linie. Wichtiger ist, dass die Musiker vom Pazifik hier eine Bühne finden für ihre Traditionen, ihre Lieder und ihre Identität. Das ist das Besondere am Petronio.

»Es ist der einzige Ort, den wir haben, um unsere Kultur zu zeigen«, sagt mir eine junge Sängerin. Früher habe die Musik der Schwarzen im Land nichts gegolten, doch das habe sich geändert. »Jetzt kommen Besucher von überallher in die Pazifikregion, um von uns zu lernen. Unsere Folklore ist nicht tot.« Mit dem Petronio-Festival könne sie sich identifizieren, sagt sie. Die Besucher tun das auch, das kann man spüren. Was da auf der Bühne gespielt wird, ist ihre ureigene Musik. Deshalb kennen sie die Lieder Wort für Wort. Und deshalb hören sie nicht auf zu tanzen, bis die letzte

In Feststimmung: fröhliche Besucherinnen des Petrionio-Festivals in Cali

Note verklungen ist.

Petronio Álvarez entstand, als der Bürgermeister von Cali vor zwanzig Jahren eine Abordnung an die Pazifikküste entsandte, um dort Musik aufzuspüren, die er in seiner Stadt bekannt machen wollte. Die Expedition bereiste die Küste von Bahía Solano im Norden bis Tumaco im Süden und sogar weiter bis nach Ecuador. Doch sie fand etwas ganz anderes als erwartet: keine populäre Musik, die man leicht nach städtischem Geschmack hätte orchestrieren und arrangieren können, sondern ländliche, traditionelle Musik, gespielt auf ungewohnte Art.

»Es waren ganz andere Klänge, fast immer auf Instrumenten, die nicht auf eine westliche Tonskala gestimmt waren«, erinnerte sich Germán Patiño, der Gründer des Festivals, in der lokalen Tageszeitung El País. »Diese Musik wurde mit Leidenschaft und Feuer gespielt, aber es sah nicht so aus, als ob das Publikum in Cali sie verstehen könnte.« Trotzdem lud man die Musiker ein. Viele seien zu diesem ersten Petronio mit akustischen Instrumenten gekommen, »was die Techniker und Toningenieure vor fast unlösbare Probleme stellte«.

Und noch ein Problem gab es. Damals, vor zwanzig Jahren, interessierte sich die Jugend weder für die Chirimía des Nordens noch für die Marimba des Südens, sondern überhaupt nicht für die traditionelle Folklore. Die Musiker und Instrumentenbauer waren alt. Das hat sich ganz offensichtlich geändert. Heute kann das Petronio-Festival sogar ein Sprungbrett für den großen kommerziellen Erfolg sein. Die Band Herencia de Timbiquí (das Erbe von Timbiquí) aus dem gleichnamigen Ort wurde populär, nachdem sie im Jahr 2006 die freie Kategorie des Petronio gewonnen hatten – im Wettbewerb des Festivals treten Künstler in den Genres Chirimía, Marimba, Violine und freie Interpretation gegeneinander an.

Herencia de Timbiquí treten heute weltweit auf. Auch Chocquibtown, die Grammy-Gewinner aus Quibdó, haben schon mehrere Male auf dem Petronio gespielt, und die Veranstalter des Festivals schmücken sich mit ihnen.

Die Bands spielen fünf Abende lang. Sie beginnen kurz nach sechs, wenn es dunkel wird und der Platz vor der Bühne sich langsam füllt. Jede Nacht kommen mehr Menschen, um singend, tanzend und trinkend ihre Heimat zu feiern. Tagsüber zeigen auf dem Festivalgelände Kinder, was sie können. Künstler, die es nicht auf die Hauptbühne geschafft haben, spielen vor flanierendem Publikum, einfach so zum Spaß oder um ihre CDs zu verkaufen. In der Stadt treffen sich Musiker zu Workshops und Vorträgen und sprechen bei Plattenfirmen und Konzertveranstaltern vor, um mit ihnen ins Geschäft zu kommen.

Viele nehmen eine beschwerliche Anreise in Kauf, um auf dem Petronio spielen zu können. Manche zahlen ihre Reise selbst – und weil ein Flug zu teuer wäre, brauchen sie Stunden, um aus ihren Heimatorten an der Küste per Boot und Bus nach Cali zu gelangen. Nicht immer haben die Boote Platz für alle im Trockenen unter Deck. Aber weil sie ein Jahr lang für diese fünf Tage geprobt haben, lassen die Musiker sich auch von tropischen Regengüssen, übervollen Bussen und durchnässten Kleidern nicht beirren.

Ich bin leider spät dran. Als mein Bus aus Quibdó in der Nacht von Donnerstag auf Freitag in Cali einfährt, ist der zweite Konzertabend gerade vorbei – schade. Ich habe Herencia de Timbiquí verpasst und das Red de Cantadoras del Pacífico Sur, das Netzwerk der Cantadoras vom Südpazifik, die das Festival eröffnet haben; ebenso die Vorentscheidungen des Wettbewerbs in den Kategorien Violine und freie Interpretation. In den beiden anderen Kategorien, Marimba und Chirimía, wird am Freitag entschieden, wer weiterkommt.

Das will ich sehen – und hören. Um fünf Uhr nachmittags, deutlich zu früh, trudle ich auf dem Festivalgelände ein. Noch ist es relativ ruhig.

Neben dem Stadion, dort, wo sonst Basketballspiele stattfinden, hat man eine kleine Kunsthandwerksmesse aufgebaut. Das

Publikum spaziert an den Auslagen vorbei, begutachtet Kleider, Schmuck und Instrumente.

Die Stände der Friseurinnen sind am beliebtesten; sie werden von Frauen umlagert, die darauf warten, sich die Haare machen zu lassen. Die Stylistinnen flechten, toupieren, binden Tücher, sie arbeiten ohne Unterlass. Und die Frisuren – auch die der Besucher – sind toll. Ich sehe voluminöse, wilde Afros ohne jeden Schmuck – die gefallen mir am besten –, dicke Turbane mit riesigen Schleifen über der Stirn oder an den Schläfen, kunstvolle Skulpturen aus perlengeschmückten Zöpfchen, zu Stirnbändern gefaltete Tücher, ausladende Strohhüte über aufwendigen Frisuren, Ringellocken, auch glatte Haare.

Frisuren sind wichtig. Sie haben eine Bedeutung über die pure Ästhetik hinaus. Einst versteckten Sklavinnen auf der Flucht Samen in ihren Zöpfen, und die Körner wurden zur Grundlage ihres neuen Lebens in Freiheit. Heute stehen die Frisuren immer noch für Rebellion, Identität und Selbstbehauptung. Und man kann damit immer noch anecken. Selbst am Pazifik, in den Gegenden Kolumbiens, in denen fast ausschließlich Schwarze leben, gibt es Schulen, die ihren Schülern verbieten, mit natürlich krausem, ungebändigtem Haar zum Unterricht zu kommen. So sähen nur Delinquenten aus, lautet die Begründung.

Auf dem Petronio lassen sich auch weiße Frauen Turbane binden und Zöpfe flechten, und die schwarzen Stylistinnen freuen sich darüber. So viele Weiße mit Afro-Haar gibt es sonst in Cali vermutlich im ganzen Jahr nicht. Die Atmosphäre an den Friseurständen ist geschwisterlich entspannt und fröhlich. Die Freude ist so ansteckend, dass ich kurz überlege, mir auch so einen bunten Turban verpassen zu lassen. Doch dann entscheide ich mich dagegen. Es fühlt sich irgendwie unangebracht an, als würde ich mir das Symbol eines Kampfes zu eigen machen, den ich nie führen musste.

Hungrig wechsle ich hinüber zu den Imbissbuden. Stand Num-

mer 66 gehört Alejandrina Ruiz aus Timbiquí, einem Ort an der
südlichen Pazifikküste. Sie koche wie zu Hause, verspricht ihre
Werbung. Ich bitte sie, einmal mit der Kelle quer durch ihre Töpfe zu gehen, damit ich von allem ein wenig kosten kann: vom Reis
mit Meeresfrüchten, der Ceviche mit Krabben, den Riesengarne-
len mit Knoblauch, dem Schmortopf mit Muscheln. Nur vor ihrem Hummer habe ich Respekt, den lasse ich lieber liegen. Würde
ich mich daranwagen, seine Schale auch nur halbwegs manierlich
aufzubrechen, gäbe es mit Sicherheit ein Unglück, und weder der
Hummer noch ich noch die Zuschauer hätten ihre Freude an dem
Schauspiel. Zum Essen serviert Alejandrina kaltes *agua de panela*,
das übliche Zuckerwasser. Das Essen schmeckt toll, so als kämen
die Muscheln und Krebse gerade frisch aus dem Meer, obwohl der
Pazifik noch ein ganzes Stück von Cali entfernt ist.

Die Muschelernte ist hier an der Küste noch harte Handarbeit
– und traditionell die Aufgabe der Frauen. Mit dem Kanu fahren
sie in die Mangrovenwälder, wenn die Gezeiten günstig sind. Bis
zu den Knien stehen sie dann mit gebeugtem Rücken im Schlamm,
in der einen Hand brennende Kokosfasern gegen die Stechmücken, und mit der anderen tasten sie im Schlick an den Wurzeln
der Mangroven nach Muscheln. Sobald sie eine finden, reißen sie
sie ab. *Pianguas* werden diese Muscheln genannt. Die weiblichen
Exemplare lassen sich besonders gut verkaufen. Sie finden Liebha-
ber bis nach Ecuador.

Ich schlendere weiter übers Festivalgelände. Vor einer Showküche schräg gegenüber, in der eine Köchin mit imposantem oran-
gem Turban dem städtischen Publikum ihre pazifischen Koch-
künste demonstriert, spielt eine Chirimía-Band. Die Klarinette
führt die Melodie, die Trommeln treiben den Rhythmus voran,
weibliche Stimmen erzählen singend die Geschichte. Einige Besucher singen mit. Sie stehen so dicht gedrängt, dass ich die Band
erst sehen kann, als ich auf einen Baum steige. Egal wann ich in
den kommenden Tagen hier vorbeikommen werde, tagsüber spie-

Diese Köchin zelebriert in ihrer Showküche jeden Tag die Zubereitung der traditionellen Gerichte des Pazifik. Beim Publikum kommt das gut an.

len die Musiker hier immer. Und jeden Abend sehe ich den Klari-
nettisten auf dem Pressepodest vor der Hauptbühne, wie er nicht
aufhört zu tanzen und mit seinem Handy die große Party zu fil-
men.

Unter einem Zeltdach lassen sich Kinder und Erwachsene zeigen, wie man die Marimba spielt. So wie die Chirimía mit ihrer
Klarinette die Musik der nördlichen Pazifikküste ist, gehört die
Marimba zum Süden. Ursprünglich stammt sie aus Afrika. Sie
sieht aus wie ein Xylophon, hat Rohre als Resonanzkörper unter
den Holzklangstäben und ist so groß, dass man sie im Stehen
spielt, und zwar beidhändig mit Klöppeln. Eine Hand spielt den
Bass, die andere die Melodie, erklärt mir ein *marimbero*. »Am wichtigsten ist, den Rhythmus zu vermitteln. Zu spüren, was du spielst:
Ist es ein *currulao*, eine *cuga*, eine Rumba? Das Publikum muss es
fühlen.« Gute Marimberos bauen sich ihr Instrument aus dem
Holz der Pfirsichpalme selbst.

So langsam wird es Zeit für das Hauptprogramm. Der Weg zu
den Bühnen ist gesäumt mit Schnapsbuden, und die Stände sind
so umlagert, dass es schwer ist durchzukommen. Hier werden die
hausgemachten Zuckerrohrschnäpse des Pazifik verkauft: Viche,
Arrechón und Toma Seca, pur oder versetzt mit Kräutern, Sahne
und anderen geheimnisvollen Zutaten. Sie sollen aphrodisisch
wirken und auch sonst medizinische Wundertaten vollbringen,
zum Beispiel verabreichen die Hebammen sie Gebärenden zur
Entspannung. Womöglich liegt darin der Grund für die gelassene,
fröhliche Atmosphäre des Festivals. Mir kommen sie vor allem
sehr süß vor.

Der Wettbewerb beginnt mit dem Einbruch der Dämmerung.
Mehr als zwanzig Gruppen treten an, und jede hat nur wenig Zeit,
um ein paar Stücke vorzutragen. Das Publikum bejubelt sie alle.
Ich bin wieder einmal fasziniert von dem Frage-Antwort-Gesang
der Cantaoras. Manche sind schon alt und haben raue, brüchige
Stimmen, ganz anders als die jungen Sängerinnen, deren Gesang

das Stadion mühelos füllt. Aber das ist gar nicht entscheidend, denn das Wichtigste an den Cantaoras ist, wofür sie stehen. Gerade besingen sie auf der Bühne die Toten, was für mich ein starker Kontrast ist zur sonst herrschenden Partystimmung. Das Publikum aber nimmt die Darbietung mit Gleichmut auf, als müsse das so sein, als gehöre beides, die Trauer und das Feiern, ohnehin zusammen. Drei junge Musiker knien vor einem blumengeschmückten Sarg, die Hüte gezogen, die Köpfe gesenkt. Die Stimmen der Cantaoras klagen. Es sieht aus wie eine traditionelle Beerdigungszeremonie, es ist genau die Situation, in der die Sängerinnen in den Dörfern gebraucht werden.

Im Publikum sind alle still – bis auf einen großen grauhaarigen Weißen, der mit seinem Taschentuch wedelt. Vielleicht versteht er den Gesang nicht. Vielleicht ist er einfach betrunken. Lange bleibt er jedenfalls nicht allein, denn mit dem nächsten Stück kehren die Trommeln zurück. Sobald ihr Rhythmus einsetzt, tanzen wieder Tausende.

Vier Stunden lang geht das so, und dann strömen alle erschöpft, glücklich und zufrieden aus dem Stadion. Ein Vater trägt seine schlafende Tochter auf dem Arm. Ein alter Mann, schon etwas wacklig auf den Beinen, beginnt noch einmal zu tanzen, als er an einem Imbisswagen mit Musik vorbeikommt. Jugendliche bleiben lachend stehen und schauen ihm zu.

Ich versuche, ein Taxi anzuhalten, aber das erweist sich als schwierig. Die Bahnstation ist überfüllt, alle wollen jetzt nach Hause, und alle Taxen, die an mir vorbeifahren, sind besetzt. Schließlich hält doch eines für mich an. Leider ist der Fahrer kein Sympath. Kaum bin ich eingestiegen, empfängt er mich mit dem Satz: »Ich bin ein Rassist.« Soll heißen: Für einen der Schwarzen, die hier am Straßenrand winken, hätte ich nicht gehalten. Für die weiße Frau schon.

Mein erster Impuls ist, empört auszusteigen. Der zweite Gedanke ist: Dann strande ich irgendwo in der Stadt und komme

heute Nacht nicht so schnell nach Hause. Ich bleibe sitzen und
fühle mich schlecht. Immerhin schaffe ich es dann doch, ihm zu
sagen, dass ich schwarze Freunde habe, alles wunderbare Menschen. Er spricht kein Wort mehr mit mir, nur den Fahrpreis, den
nennt er mir noch, als er mich vor meiner Unterkunft absetzt.

Erkundungen

Tagsüber versuche ich herauszufinden, wie weit mich meine Reise
noch führen kann. Ich will Amazonien so nahe wie möglich kommen, aber viel Zeit habe ich nicht mehr, und je weiter ich in den
Süden fahre, desto größer ist das Risiko, auf Straßenblockaden
oder sonstige Schwierigkeiten zu stoßen. In Cali treffe ich mich
mit Umweltschützern, die im Amazonasgebiet arbeiten, und bitte
sie um Tipps.
        Zwei Ziele scheinen mir möglich. Eins davon ist Inírida, die Stadt
am gleichnamigen Fluss, ganz im Südwesten Kolumbiens an der
Grenze zu Venezuela – so abgeschieden, dass sie auf Straßen nicht zu
erreichen ist. Aber vielleicht doch mit dem Flugzeug, hoffe ich.
        Eine Reise nach Inírida wäre ein Ausflug in ein anderes, weit
abgelegenes Kolumbien. Touristen gibt es dort (noch) keine. Dafür aber die Mavicure-Berge, drei Monolithen, die man über den
Fluss Inírida erreichen könnte; Flüsse mit braunem, gelbem und
rotem Wasser, die im Regenwald sternförmig zum Orinoco zu-
sammenfließen und so ein für die Umweltschützer besonders in-
teressantes Ökosystem entstehen lassen. Es gibt Zierfische, die
für europäische Aquarien lebend gefangen werden; informellen
Handel mit Venezuela, Tropenhölzer, Gold – und die Farc. Im Moment wäre eine Reise nach Inírida wohl trotz ihrer Anwesenheit
grundsätzlich sicher, solange man die unsichtbaren Grenzen respektiert, die natürlich auch in Inírida existieren. Die Orte, an denen das Gold gewonnen wird, zum Beispiel: Dort sollte man sich
lieber nicht blicken lassen.

Die zweite Möglichkeit wäre Piedemonte, eine Region südlich von Cali am Fuß der Anden, die relativ einfach erreichbar wäre. Bis Puerto Asís am Putumayo-Fluss, nicht weit von der Grenze zu Ecuador, verkehren Busse. Dort hört die Straße auf. Weiter, oder zurück nach Bogotá, kommt man nur noch mit dem Flugzeug. Wer von Puerto Asís lieber weiter in die Wildnis vordringen will, Richtung Osten zum Amazonas, der nimmt das Schiff.

Um nach Puerto Asís zu kommen, müsste ich noch einmal quer durchs Gebirge. Die Fahrt ginge vorbei an den Páramos, den feuchten Hochebenen der Anden, die sich drei- bis fast fünftausend Meter hoch über dem Meer befinden, durch die Nebelwälder in den tieferen, aber immer noch kühlen Vegetationszonen der Berge, schließlich hinab ins heiße, feuchte Urwaldklima des Flusses.

Am Fuß der Berge treffen Kulturen aufeinander. Dort hört der Pazifik auf, und Amazonien beginnt. Von den Anden steigen Kleinbauern und Unternehmer herab, um das Land in Besitz zu nehmen. Unten am Fluss treffen sie auf Ureinwohner, die schon seit Jahrhunderten im und mit dem Urwald leben; Campesinos, die das Land vor Generationen urbar gemacht haben, als Kolumbien Menschen in diese entlegene Gegend schickte, um seinen Anspruch auf das Gebiet zu bekräftigen; auf bewaffnete Banden, die mit illegal abgeholztem Tropenholz, illegal geschürften Edelmetallen und Kokain viel Geld machen; und auf Umweltschützer, die versuchen, das Roden und Plündern aufzuhalten.

Die Regierung in Bogotá hingegen möchte Piedemonte erschließen. Sie plant eine internationale Fernstraße, die vom Atlantik bis zum Pazifik führen soll – sie wäre der perfekte Transportweg, um Soja aus brasilianischen Monokulturen in die Pazifikhäfen und von dort weiter nach China zu bringen. Die Straße würde durch Naturschutzgebiete und über geheiligtes Land der Ureinwohner führen. Aus Sicht der Regierung würde sie Entwicklung bringen.

Mich reizen beide Ziele: Inírida, weil es so abgelegen ist, und

Piedemonte, weil dort so viele unterschiedliche Lebensweisen auf-einandertreffen. Doch am Ende meiner Recherchen stellt sich he-raus, dass es nur wenige Flüge nach Inírida gibt, was meine Reisepla-nung kompliziert machen würde – noch dazu sind sie auf Wochen hinaus ausgebucht. Ich beschließe also, nach Piedemonte zu fahren.

Wer singt, erzählt

Am Nachmittag des zweiten Tages besuche ich das Petronio-Fes-tival erneut. Dort habe ich das Glück, hinter der Bühne eine junge Cantaora sprechen zu können. Es ist kurz vor ihrem Auftritt, die Musiker ihrer Band legen schon ihre Kostüme an, die Sängerinnen schminken sich nervös. Livia Susanne Sinisterra aber, sechsund-zwanzig Jahre alt, aus Guapi im Departement Cauca, nimmt sich ein paar Minuten für mich Zeit.

Sie kommt aus einer musikalischen Familie. Ihre Onkel waren Musiker, die Großmutter und Urgroßmutter Cantaoras. Von ih-nen hat sie gelernt, sagt sie. »Cantaoras singen, um die Arbeit auf dem Land zu erleichtern. Um den Schmerz zu vertreiben, wenn je-

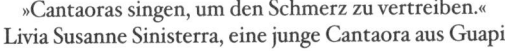

»Cantaoras singen, um den Schmerz zu vertreiben.«
Livia Susanne Sinisterra, eine junge Cantaora aus Guapi

Showeinlage am letzten Tag des Festivals:
Eine Gruppe von Profi-Tänzern zeigt den Currulao.

mand von einer Schlange gebissen wird. Sie singt den Heiligen zu
Ehren und wenn etwas Neues passiert.«

Guapi sei eine Kommune, die sehr unter der Gewalt gelitten
habe. »Wir wollen dem etwas entgegensetzen« – Musik. Ihre
Gruppe gehört zu einer Musikschule, die mit Kindern arbeitet,
um die alten Traditionen lebendig zu halten. »Wir wollen zeigen,
dass es möglich ist, mit konstruktiven Beiträgen ein Land aufzubauen. Hoffentlich bringt der Friedensprozess Besserung.« Dann
singt sie für mich ein Lied von den Fischern des Guapi-Flusses, die
gerade von der Arbeit zurückkommen und Fisch bringen fürs
Frühstück und den Mittagsimbiss.

Später lese ich in der Festivalzeitung über die Cantaoras: »In
ihren Stimmen wird ... die Zeit der Sklavenhaltung wieder lebendig, aber sie besingen auch die Freuden der Freiheit, und vor allem
haben sie die musikalische Tradition ihrer Dörfer lebendig erhalten. In ihren Regionen werden sie respektiert und zu Festen und
Zeremonien eingeladen, was früher nicht geschah, als man ihr Talent noch nicht wertschätzte.«

Livia sagt, sie sei stolz, eine Cantaora zu sein. Sie wird später das Stadion rocken. »*Arriba Pacífico*!«, ruft sie von der Bühne, »Auf, Pazifik!« Sie singt vom Frieden und dem, was sie sich davon erhofft. »Wir sind Brüder, wir wollen Frieden, kein Blutvergießen mehr!«, deklamiert sie laut. »Es lebe der Frieden!!!« Die Zuhörer brechen in frenetischen Jubel aus. Die Tücher fliegen. Es ist ein Gänsehautmoment.

Der Höhepunkt des Abends ist das Galakonzert eines Symphonieorchesters mit Musikern, die traditionelle Folklore spielen. Ich bin skeptisch – meist mag ich Orchesterversionen von populärer Musik nicht, weil ich finde, dass sie die Stücke im Klangbrei ertränken. Doch diesmal ist es anders. Die Trommeln und die Stimmen des Pazifiks sind stark genug, das Orchester spielt nuanciert und klar, zusammen entfalten beide eine berückende Wucht. Ich merke mir den Namen eines Sängers mit besonders schöner Stimme, Victor Hugo. Freunde erklären mir später, ich hätte an diesem Abend den besten Sänger des kolumbianischen Pazifiks gehört.

Bevor das Orchester spielt, erlebe ich allerdings einen anderen, viel kurioseren Moment. Eine Chirimía-Band betritt die Bühne, offenbar eine Familie, denn so heißen sie: Son Familia, Sie sind Familie. Der Vater ist der Bandleader, seine Frau singt, und die zweite Sängerin ist vermutlich die Tochter. Ganz vorne tanzt ein kleines Mädchen, vielleicht vier, fünf Jahre alt, vielleicht die Enkelin.

Während die Band sich warmspielt, erklärt das Familienoberhaupt dem Publikum seine Musik. »Wir fangen mit der Flöte an, denn die kann sich jeder leisten. Trommeln und singen können wir am Pazifik sowieso alle. Sobald dann noch eine Klarinette hinzukommt, ist die Chirimía fertig.«

Die Sängerinnen fordern rhythmisch im Chor: »*Toca la flauta!* Spiel die Flöte!« Dann necken sie ihn: »*Toca la flauta – con la nariz!* Spiel die Flöte mit der Nase!« Und er setzt tatsächlich seine Block-

Diese Sängerin spielte mit ihrer Band jeden Nachmittag auf dem Festivalgelände. Abends zogen die Musiker vor die Hauptbühne, um dort zu feiern.

flöte an die Nase, spielt eine Chirimía – und das Publikum flippt völlig aus. Dem Nasenflötisten aber gelingt das Kunststück, seine Würde trotz des Schauspiels völlig zu bewahren.

Am Sonntag werden die Gewinner des Wettbewerbs gekürt; währenddessen geht die Party einfach weiter. Nach der Siegerehrung ist das größte Fest des Jahres schlagartig vorbei. Bis zum nächsten August. Tags drauf besteige ich erneut einen Bus. Diesmal geht es auf der Panamericana drei Stunden in Richtung Süden, nach Popayán.

Kapitel 8

Stöcke: Popayán

Die weiße Stadt

Als ich in Popayán ankomme, komme ich mir vor, als sei ich in der Kolonialzeit gelandet. *La Ciudad Blanca*, die weiße Stadt, wird Popayán auch genannt – weshalb, ist nicht zu übersehen. Fast alle Häuser sind weiß gestrichen, und würden hier Pferdekutschen fahren statt der Autos, kämen sicher gleich spanische Kolonialbeamte in Halskrause und dunkler Tracht um die Ecke; es würde mich nicht wundern.

Es gibt nur wenige Städte in Kolumbien, die noch einen historischen Kern in dieser Größe besitzen. Auch mein Hotel sieht aus wie ein Relikt aus früheren Zeiten. Es hat Möbel aus schwerem, braunem Holz, verschnörkelte schmiedeeiserne Balkongeländer, und im Treppenhaus wacht ein vom Alter dunkel gefärbtes Madonnenbild, Überbleibsel eines strengen spanischen Katholizismus.

Als Kolumbien noch eine Kolonie war, residierten in Popayán die Eigentümer der Goldminen des Chocó. Man ahnt, dass diese Stadt einmal sehr reich gewesen sein muss. Im Unabhängigkeitskrieg war sie eine Hochburg der Königstreuen. Viele Ureinwohner kämpften auf ihrer Seite, denn der spanische König hatte ihnen damals relativ weitreichende Bürger- und Landrechte zugestanden – weitreichend zumindest im Vergleich zu den Rechten, die ihnen später von den Criollos noch gelassen wurden.

Mit 280.000 Einwohnern ist Popayán eher klein, und weil der Ort mehr als 1.700 Meter über dem Meeresspiegel liegt, herrscht frühlingshaftes Klima. Was für ein Gegensatz zu Cali, der heißen, tropischen Millionenstadt unten im Tal!

Ich bin wegen der Nasa hier. Nein, nicht wegen der US-Raumfahrtbehörde. Die Nasa, von den Spaniern Paéz genannt, sind mit ungefähr 140.000 Angehörigen das zweitgrößte indigene Volk Kolumbiens. Die meisten von ihnen leben in den schwer zugänglichen Bergen nordöstlich von Popayán. Es ist eine Gegend, deren Abgeschiedenheit schon ihr Name verrät: Tierradentro, das Landesinnere, wird sie genannt. Von dort aus zieht sich das Siedlungsgebiet der Nasa weit in Richtung Südosten bis nach Amazonien.

Der Gründungsmythos der Nasa erzählt, dass sie aus der Liebe zwischen Sternen und Lagunen geboren wurden. Aber die ersten Angehörigen ihres Volkes hatten einen großen Fehler: Sie brachten sich gegenseitig um. Es war wie eine Krankheit, unter der sie litten, und bis heute ist kein Mensch gegen Ansteckung gefeit. So sehen das zumindest die Nasa. Und so lese ich es in einem noch unveröffentlichten Manuskript von Herinaldy Gómez, der sich auf Jesús Enrique Piñacué beruft, den ersten Nasa, der (im Jahr 1998) zum Senator der Republik gewählt worden ist und der Herinaldy den Gründungsmythos übermittelte.

Der Mythos geht so weiter: Weil das Morden nicht aufhörte, sandte der große Geist den Nasa den Donner Kapic'h als Boten. Er sollte ihnen Furcht einjagen, doch die Nasa hörten nicht auf, sich gegenseitig zu töten. Um sie davon abzuhalten, sandte der große Geist ihnen Izut Wes, der ihnen das Jagen und die Gesetze brachte. Auch Izut Wes bemühte sich vergeblich. Schließlich schickte der große Geist Am Wes zu den Nasa, und dieser lehrte sie den Ackerbau. Leider ebenfalls ohne Erfolg, im Gegenteil: Die Nasa hatten die Belehrungen durch die besserwisserischen Fremden so satt, dass sie die drei Ausgesandten mit dem Rauch von verbranntem Chili verjagten.

Bevor sie sich zurückzogen, wählten Kapic'h, Izut Wes' und Am Wes' aber einen Nasa aus, dem sie beibrachten, was sie wussten. Ihr Auserwählter wurde zum *te'wala*, dem spirituellen Anführer seines Volkes. Sein Auftrag lautet, den Weg zu einer Gesellschaft zu finden, in der die Nasa in Harmonie untereinander und mit der Welt leben können. Bis heute ist das die Aufgabe der Te'walas.

Die Geschichte passt gut zu den Nasa, denn sie sind ein kämpferisches Volk. Seit den Siebzigerjahren arbeiten ihre Anführer daran, die alten Traditionen wiederzubeleben und gegen den weißen Mainstream zu behaupten, und sie gehen dafür ungewöhnliche Wege. Der österreichische Autor Werner Hörtner, der Kolumbien sehr gut kannte, nannte die Bewegung der Nasa die »wichtigste Widerstandsbewegung der jüngeren Zeit«. Er hat faszinierende Dinge darüber berichtet. Seine Geschichten sind ein Grund, warum ich die Nasa kennenlernen will.

Hunderte Nasa seien im bewaffneten Konflikt zwischen staatlichen Sicherheitskräften, Paramilitärs und der Farc-Guerilla gestorben, schrieb Hörtner, aber der Gedanke an Rache und Vergeltung sei den Überlebenden fremd. Stattdessen übten sie gewaltlosen Widerstand. Als beispielsweise die Farc einen Nasa-Bürgermeister entführte, hätten sich vierhundert Menschen auf den Weg gemacht, um den Mann zu suchen. Sie fanden das Versteck der Guerilla und befreiten den Bürgermeister. Und als das Militär einen Stützpunkt auf einem den Nasa heiligen Berg errich-

tete und damit gegen ihre Regeln verstieß – keine Bewaffneten auf
unserem Land! – , hätten sie die Soldaten einfach weggetragen.

Offenbar setzen die Nasa darauf, Eindringlinge, die sie bedrohen, durch ihre schiere Übermacht so einzuschüchtern, dass die
Fremden keine Gegenwehr mehr wagen. Und es scheint zu klappen. Ich finde das ein sehr sympathisches Konzept und ziemlich
bewundernswert, denn es kann nur funktionieren, wenn man sich
wirklich aufeinander verlassen kann.

Das Territorium der Nasa wird durch die Guardia Indígena
überwacht: Männer und Frauen, die durch das Land patrouillie-
ren, um es vor bewaffneten Eindringlingen zu schützen. Sie sind
unbewaffnet, tragen aber mit bunten Bändern geschmückte Stö-
cke als Zeichen ihrer Würde. »Stellt einer von der Guardia eine
verdächtige Truppenbewegung fest, so alarmiert er zehn andere,
von diesen verständigt jeder wiederum zehn andere, und so versammeln sich in ein bis zwei Stunden mindestens 300 Personen«,
schrieb Werner Hörtner. »Sollte es ernsthafte Auseinandersetzungen geben, so setzen die Guardias originelle Kampfmittel ein: Sie
schleudern Plastiksäcke mit einer Sorte aggressiver Bienen gegen
ihre Widersacher, oder Zweige, die sehr starke Hautjuckungen
hervorrufen!«

So ganz gewaltlos scheint der Widerstand der Nasa also doch
nicht zu sein. Aber im Vergleich zu der Brutalität, mit der in Kolumbien politische Kämpfe sonst oft geführt werden, darf man
Bienen und Zweige als Waffen vermutlich getrost vernachlässigen.

In den nächsten Tagen will ich die Nasa außerhalb von Popayán besuchen; genauere Pläne habe ich noch nicht. Der Freund
eines Freundes, selbst ein Nasa, hat mir versprochen, etwas für
mich zu organisieren. Meine Absicht war, den heutigen Tag zu
nutzen, um alle nötigen Absprachen zu treffen. Leider muss ich
mich von der Idee ganz schnell verabschieden. Es ist ein Feiertag,
und so gut wie niemand ist zu erreichen. Die Innenstadt Popayáns
ist wie ausgestorben.

Zuerst verstehe ich nicht, warum: Heute ist Montag! Also ein Werktag. Dann wird mir klar, dass die Behörden wieder einmal einen Feiertag verlegt haben, um den Arbeitnehmern ein langes Wochenende zu verschaffen, und die Arbeitnehmer sind ganz offensichtlich zu Hause geblieben. Im Zentrum von Popayán schlendern nur ein paar einsame Spaziergänger, kein Geschäft ist geöffnet. Einzige Ausnahme ist ein Fastfoodladen mit knallbunten Plastikmöbeln, in dem ich gefüllte Pfannkuchen esse und frisch gepresstem Orangensaft trinke. Etwas anderes ist hier heute Abend nicht zu bekommen.

Nur in der Kathedrale ist Betrieb. Als ich auf dem Rückweg zu meiner Unterkunft daran vorbeigehe, sehe ich, dass sich Menschen im Inneren drängen. Bis zum Tor stehen die Betenden, und der Bischof liest die Messe. Popayán soll sehr katholisch sein, jedenfalls habe ich auf meinem kleinen Spaziergang viele Kirchen gesehen. Dies ist offenbar ein besonderer Gottesdienst, ein Anlass, zu dem sich mehrere Gemeinden treffen. Ich bleibe dennoch nicht. Lieber verziehe ich mich in mein Hotel; vielleicht kann ich ja doch noch ein paar Termine für die nächsten Tage organisieren.

Straßenblockaden

Am Morgen danach ist alles anders. Die Straßen im Zentrum sind voll, auf den Bürgersteigen sammeln sich die Menschen, hupende Autos stehen im Stau. Ich brauche eine Weile, bis ich sehe, warum: Die Lehrer blockieren die Innenstadt.

Die aufgebrachten Demonstranten haben einen Ring um den zentralen Platz der Stadt gelegt, den Parque Caldas. Etwa einen Häuserblock entfernt versperren sie sämtliche Zufahrtswege und lassen niemanden durch; keine Autos, keine Fußgänger, keine Touristen und auch Einheimische nicht, die dringende Besorgungen zu machen hätten. Das Dumme ist: Ausgerechnet auf dem Parque Caldas befinden sich wichtige Banken und Behörden, zum Beispiel das Rathaus von Popayán. Viele der Fußgänger, die nun zum Warten gezwungen sind, müssten vermutlich dringend dorthin. Ich auch.

Die Lehrer tragen rote Umhänge und Transparente, und sie halten Bilder von Ché Guevara in die Höhe. Einer ruft revolutionäre Parolen durchs Megafon. Es herrscht eine angespannte Atmosphäre. Eins ist ziemlich klar: Die Protestierenden denken gar nicht daran, hier so bald wegzugehen.

An einen Besuch bei der Bank ist einstweilen nicht zu denken. Also bitte ich einen Taxifahrer, mich zum Busbahnhof zu bringen; dort will ich mich nach den Verbindungen nach Puerto Asís erkundigen, meinem nächsten Reiseziel. Ich frage ihn, weshalb die Lehrer protestieren. Er erklärt mir, dass sie ihre Krankenversicherung selbst verwalten wollen. Angeblich werden sie in vielen Arztpraxen und Kliniken nur schlecht versorgt, weil ihre Versicherung so wenig dafür bezahlt. Die Lehrer vermuten, dass ihr Geld auf undurchsichtigen Wegen im Behördendickicht verschwindet. Sie wittern Korruption. Und wollen ihre Interessen lieber selbst vertreten.

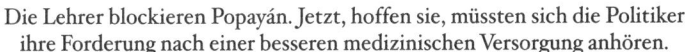

Die Lehrer blockieren Popayán. Jetzt, hoffen sie, müssten sich die Politiker ihre Forderung nach einer besseren medizinischen Versorgung anhören.

Als ich wieder zurück in der Stadt bin, ist immer noch alles dicht. Dort, wo die Lehrer stehen, unnachgiebig am selben Platz, haben sich wartende Passanten versammelt, und es werden immer mehr. Gleichmütig sitzen sie auf den Gehsteigen. Sie kennen das offenbar schon. Was sollten sie auch tun?

Ich hingegen werde langsam nervös, und dafür habe ich gleich zwei Gründe. Der erste: Ich müsste ein Guthaben auf meine kolumbianische SIM-Karte einzahlen, um telefonieren und meine Verabredungen treffen zu können. Aber das Büro der Telefongesellschaft befindet sich ausgerechnet im blockierten Teil der Stadt. Solange ich dort nicht hinkomme, kann ich hier in Popayán niemanden anrufen. Bis die Lehrer aufhören zu demonstrieren, bin ich *incomunicado*.

Der zweite Grund: Ich habe meinen Rückflug von Puerto Asís nach Bogotá im Internet gebucht, aber die Fluggesellschaft akzeptiert meine Kreditkarte nicht, weshalb ich dringend Bargeld abheben, bei einer bestimmten Bank einzahlen und den Beleg an die Fluglinie mailen müsste. Alles ziemlich umständlich. Schaffe ich das heute nicht, verfällt die Reservierung, und in den kommenden Tagen werde ich vermutlich unterwegs sein und mich nicht darum kümmern können. Was, wenn danach alle Flüge ausgebucht sind?

Vermutlich ist die Sorge völlig unbegründet, aber ich würde – ganz ungeduldige Nordeuropäerin – mein Problem wirklich gern heute lösen. Aufschub werde ich jedenfalls keinen kriegen. Als ich vom Hotel aus die Hotline anrufe und der Dame am anderen Ende meine Lage schildere, reagiert sie sehr verständnisvoll – aber unnachgiebig in der Sache. Sie hat ihre Anweisungen, und die wird sie befolgen. Bis fünf Uhr, erklärt sie mir sehr freundlich, müsse mein Geld eingegangen sein. Anderenfalls hätte ich leider Pech gehabt.

Die Lehrer kündigen an, dass sie die Straßen um den Platz bis drei Uhr besetzen werden. Vorher kommt niemand durch. Warum sind sie nur so wütend? »Seit Monaten versuchen wir, mit der Regierung ins Gespräch zu kommen«, sagt einer. »Sie reagiert nicht einmal. Jetzt erhöhen wir eben den Druck.«

Dass die Eliten ihre Bürger ignorieren und dass die dann in ihrer Verzweiflung Straßen sperren, kommt in Lateinamerika gar nicht so selten vor; erst im Frühjahr haben aufgebrachte Bauern in der Nähe von Popayán tagelang die Panamericana abgeriegelt. Das ist ein starkes Druckmittel. Die Panamericana ist über Land die wichtigste Verkehrsverbindung zwischen Ecuador im Süden, der kolumbianischen Hauptstadt Bogotá und den Häfen der Karibik im Norden. Doch ob die Regionalregierung sich für eine Blockade des Zentrums von Popayán interessieren wird? Ich bezweifle das. Keiner der maßgeblichen Funktionäre wird gezwungen sein, sich ausgerechnet an diesem Tag in die Innenstadt zu begeben. Sie sind privilegiert, ganz anders als die Passanten, die hier warten.

Eine Frau scheint das ähnlich zu sehen, sie diskutiert mit einem Demonstranten und wirft ihm vor, den Bürgern zu schaden. Sie ist verärgert, und sie will durch. Aber sie hat keine Chance. Mit dem Megafon werden jetzt einzelne Gruppen von Lehrern aufgerufen, sich zu melden, vielleicht sind es Schulen oder Untergruppen der Gewerkschaft, ich blicke da nicht recht durch. Aber die Angesprochenen antworten umso klarer: »*Presente!*« skandieren sie laut. Es ist eine deutliche Ansage: Sie sind bereit zum Kampf.

Ich drehe Schleifen durch Popayáns Innenstadt. Es ist ein aussichtsloser Versuch, doch noch irgendwo eine offene Bankfiliale zu finden. Überall stoße ich auf unnachgiebige Lehrer, die mir die letzten Meter Weg versperren. In einem Hotel finde ich einen hilfsbereiten Portier, der für mich per Google eine Adresse außerhalb der Blockade findet, wo die Fluggesellschaft angeblich ein Büro unterhält, doch als ich dort ankomme, informieren mich freundliche Nachbarn darüber, dass diese Niederlassung schon vor Monaten aufgegeben wurde. Meine Anspannung steigt. Wer weiß, ob die Lehrer ihre Blockade tatsächlich um drei Uhr aufheben? Ich erkläre ihnen meine Lage. Aber natürlich lassen sie mich nicht vorbei. Was interessiert sie schon das Luxusproblem einer Touristin, wenn es um ihre Krankenversicherung geht? Zwei Polizisten an der Straßenecke beobachten unsere Diskussion interessiert.

Irgendwann gebe ich auf und beschließe, einfach abzuwarten. Und tatsächlich, mit beamtenhafter Pünktlichkeit löst sich die Demonstration Schlag drei Uhr auf. Zwei Stunden bleiben mir, um alles zu regeln. Sie reichen gerade so.

Später in der Abenddämmerung ist zwischen den weißen Kolonialbauten wieder alles entspannt. Die Sonne wirft lange Schatten und taucht Popayán in ein warmes Licht. Auf dem zentralen Platz, gegenüber der Kathedrale, treffen sich Jongleure und Skater. Familien spazieren durch den Park. Nur an einer Ecke des Platzes, dort, wo die Busse abfahren, sind die Straßen noch verstopft. Es ist der übliche Feierabendverkehr. Doch ich weiß jetzt, dass es unter der idyllischen Oberfläche brodelt. Je weiter ich von Cali aus nach Süden reise, desto angespannter wird die Atmosphäre.

Santander de Quilichao

Am nächsten Tag fahre ich zu den Nasa. Genauer: Ich besuche Nelson Cucuñame in Santander de Quilichao, einer kleinen Stadt, die zwei Stunden weiter nördlich direkt an der Panamericana liegt. Nelson ist Rechtsanwalt bei einer Organisation, die sich für die Rechte der Ureinwohner im Cauca einsetzt: der Asociación de Cabildos Indígenas del Norte del Cauca (ACIN). Von ihm will ich mehr über sein Volk erfahren.

Bei Herinaldy hatte ich gelesen, dass die Nasa alle wichtigen Entscheidungen in einer Vollversammlung, der *nasa wala*, gemeinsam treffen. Jedes Jahr wählt die Versammlung einen neuen Gouverneur, der genau ein Jahr im Amt bleibt, den *tu'tenza*. Gemeinsam haben Te'wala, Nasa Wala und Tu'tenza den Auftrag, das

Territorium und damit das Volk der Nasa zu schützen. Ich möchte wissen, wie das genau funktioniert. Und was bedeutet das: das Territorium schützen?

Es ist noch nicht Mittag, aber schon ziemlich heiß, als mich der Bus an einem trubeligen Platz im Zentrum von Santander absetzt. Die Stadt liegt tiefer als Popayán. Ein Mototaxi bringt mich zu der Adresse, an der ich mit Nelson verabredet bin.

Weil ich zu früh dran bin, platze ich mitten in eine Besprechung. Nelson und seine Kollegen bitten mich, Platz zu nehmen, reichen mir ein Glas Wasser und beachten mich nicht weiter. Sie sprechen über Landkonflikte, so viel kann ich verstehen; darüber, wie man sie am besten löst, und über die Frage, ob man den Staat verpflichten kann, Schadenersatz zu leisten. Die Nasa wehren sich gegen Firmen, die Land aus ihrer Sicht unrechtmäßig nutzen. Im Moment aber, das höre ich aus dem Gespräch heraus, haben Unternehmer und Nasa das gleiche Problem: die Guerilla und kriminelle Banden, die aus ehemaligen paramilitärischen Gruppen entstanden sind, bedrohen sie und fordern Geld.

Später erklärt mir Nelson, warum die Nasa sich mit den Unternehmern streiten. Seit ein paar Jahren besetzen sie Zuckerrohrfelder, die sie für sich beanspruchen. Liberación de la Madre Tierra nennen sie das, Befreiung der Mutter Erde. Sie schneiden das Zuckerrohr ab, reißen es heraus, brennen es nieder, dann pflanzen sie Kochbananen, Mais, Maniok und Kürbis. Auf den Feldern sollten Nahrungsmittel wachsen, die sie satt machen könnten, statt Zuckerrohr für den Profit anderer. Meist werden die Besetzer von Polizisten oder privaten Sicherheitskräften vertrieben, oder sie verschwinden von sich aus. Aber sie kommen wieder, und sei es an anderer Stelle auf der gleichen Farm. Manchmal kampieren sie im Dickicht neben den Feldern, verborgen unter Bäumen, unsichtbar für die Aufklärungshubschrauber, die das Ackerland täglich überfliegen.

Es ist wie ein Katz-und-Maus-Spiel – ein Spiel, das die Nasa zwar nicht gewinnen können, aber sie sind entschlossen, nicht nachzugeben. Sie fühlen sich im Recht und gestärkt durch die Kraft der Altvorderen.

Gerade sind wieder Leute im Zuckerrohr, sagt Nelson. Das Unternehmen, dessen Land sie besetzen, wehrt sich mit Spezialeinsatzkräften. »Es ist nicht so, dass das immer friedlich abgeht.« Manchmal gibt es Verletzte, manchmal stirbt jemand.

Es gibt einen kurzen Dokumentarfilm des Fernsehsenders Univisión auf YouTube über die Besetzungsaktionen. Darin erklärt der Nasa Feliciano Valencia, eine der bekanntesten Führungspersönlichkeiten seines Volkes: »Diese Erde des Cauca-Tals hat unseren Großeltern gehört. Unseren Vorfahren.« Die Nasa bestellten das Land so lange, bis sie sich vor den Spaniern in die Berge zurückziehen mussten, nach Tierradentro. »Heute wird die flache Erde des Cauca-Tals von der Zucker-Agrarindustrie in Besitz genommen. Aber in Wahrheit gehört das Land immer noch uns.«

Im Film binden sich die Besetzer auf dem Zuckerrohrfeld Tücher vors Gesicht, zum Schutz vor Tränengas. Sie halten Steinschleudern in den Händen und tragen schmale Rohre auf den Schultern, aus denen sie Geschosse abfeuern können. Ihnen gegenüber stehen Polizisten im Kampfanzug und private Wachleute. »Die Erde ist unsere einzige Mutter«, sagt ein Mann. »Ohne sie sind wir keine Nasa. Deshalb kämpfen wir.«

Als Schadensersatz für ein Massaker, an dem Polizisten beteiligt waren, habe die Regierung seinem Volk vor Jahren Land versprochen, erklärt ein anderer, aber sie habe ihre Zusage nicht eingelöst. Deshalb fordere man das Recht nun auf diese Weise ein. Juristisch scheint die Lage verzwickt: In der Regel haben die Zuckerrohrfarmer anerkannte Besitztitel. Aber die Nasa berufen sich auf uralte Urkunden aus der Zeit der spanischen Vizekönige, die damals in Quito, im heutigen Ecuador, notariell beglaubigt wurden. Zwar habe ein lokales Gericht entschieden, dass die Papiere wertlos seien, aber die Nasa zweifeln die Zuständigkeit der kolumbianischen Richter an. »Das sind internationale Verträge zwischen der spanischen Krone und unserem Volk«, sagt Nelson. »Ein Gericht in Popayán ist gar nicht in der Position, darüber zu befinden.«

Seit fast fünfzig Jahren dauert der Kampf der Nasa um Land nun schon an – das heißt, streng genommen kämpfen sie, seit die Spanier 1553 ihre Territorien besetzt und sie militärisch besiegt haben. Aber seit den Siebzigerjahren organisieren sie sich politisch. Am 24. Februar 1971 gründeten sie in der Stadt Toribío, ungefähr vierzig Kilometer von Santander de Quilichao entfernt in den Bergen, den Consejo Regional Indígena del Cauca (CRIC), den Regionalen Indigenen Rat des Cauca. Seine wichtigsten Ziele sind: das Land, das den Nasa zugesichert wurde, zurückzugewinnen und zu vergrößern; ihre Ratsversammlungen zu stärken; keine Pacht zu zahlen. Außerdem die Gesetze, die die Ureinwohner betreffen, bekannt zu machen und ihre gerechte Anwendung zu fordern; die eigene Geschichte, die Sprache und die Gebräuche zu verteidigen.

Ein paar Jahre nach der Gründung des CRIC entstand im Cauca eine indigene Guerilla, benannt nach Quintín Lame, einem Anführer der Nasa, der schon zu Beginn des 20. Jahrhunderts um Landrechte für sein Volk gekämpft hat. Auch das Movimiento Armado Quintín Lame (MAQL) sah es als seine wichtigste Aufgabe an, das Land der Ureinwohner zu verteidigen. Im Jahr 1991 wurde es aufgelöst. Ganz in der Nähe von Santander de Quilichao, in einem Camp beim Ort Caldono, schlossen seine Unterhändler mit der Regierung einen Friedensvertrag. Dann nahmen die Vertreter des MAQL an der verfassunggebenden Versammlung Kolumbiens teil und trugen dazu bei, dass das neue Grundgesetz die Rechte der Ureinwohner besser schützt.

Wenig später geschah eine Katastrophe, die die Rückbesinnung der Nasa auf ihre eigene Kultur noch beschleunigte. Im Juni 1994 bebte die Erde in Tierradentro. Mehr als tausend Menschen

starben, etwa tausend Familien mussten ihre Heimatorte verlassen. Die Ältesten sahen in dem Beben einen Fingerzeig, eine War-
nung, wieder stärker nach den alten Traditionen zu leben.

Was heißt das, nach den alten Traditionen zu leben?, möchte
ich wissen. Nelson kann es schwer in Worte fassen. Auch die Nasa
haben ihr Gesetz des Ursprungs, sagt er, und aus ihnen leite sich
alles ab. Es komme darauf an, die Gesetze zu studieren und sie ge-
recht anzuwenden. Genauer kann er es nicht erklären. »Das hat
viel mit Spiritualität zu tun.« Und die zu bewahren ist Aufgabe des
Te'wala. Zu ihm geht ein Nasa im Idealfall einmal im Monat, um
sich spirituell reinigen zu lassen. Pflanzen spielen dabei eine Rolle, auch Koka. Der Te'wala arbeitet auch nach dem Treffen, in Abwesenheit seines Schützlings, mit diesen Pflanzen weiter an dessen spiritueller Gesundheit. Wie genau er das macht, werde ich
heute leider nicht mehr erfahren.

Nelsons Aufgabe ist es, auf juristischem Weg für die Interessen
der Nasa zu kämpfen. Die Verfassung von 1991 garantiert den indigenen Völkern Kolumbiens besondere Rechte, doch in der Praxis
werden sie nicht immer beachtet. Spontan gibt Nelson mir einen
kleinen Grundkurs in kolumbianischem Verfassungsrecht. Artikel
sieben erkenne die ethnische Diversität des Landes an, sagt er, Artikel zehn schütze die Sprache, Artikel 63 das Territorium der
Nasa, Artikel 246 ihre spezielle Rechtsprechung, und die Artikel
286, 229 und 230 die Sicherung der Art, wie die Nasa das Zusam-
menleben in ihren Territorien regeln.

»Wir wollen dem indianischen Recht zu einer besseren Stellung gegenüber dem Recht der Weißen verhelfen«, sagt der Anwalt. Denn die eigene Justiz funktioniere gut, das sei durch viele
Beispiele belegt, etwa in Fällen von Drogenhandel, öffentlicher
Gesundheit und Fällen, die die Sicherheitskräfte beträfen. Doch
die Weißen zweifelten die Rechtmäßigkeit der Urteile immer
noch an.

Dass das stimmt, bezeugt ein besonders prominenter Fall: der

von Feliciano Valencia, dem Mann, der im Univisión-Film über die
Gründe für die Liberación de la Madre Tierra spricht. Valencia war
einer der Leiter der ACIN und ihr Direktor für Menschenrechte,
er bekleidete Führungspositionen im CRIC, er kandidierte für das
Bürgermeisteramt in Santander de Quilichao und bewarb sich sogar
um eine Präsidentschaftskandidatur. Und er war bekannt dafür, die
Nasa dazu zu bringen, für ihre Sache auf die Straße zu gehen. Weil
er sich immer dafür einsetzte, dass der Protest ohne Gewalt ablau-
fen sollte, erhielt er einen nationalen Friedenspreis.

Im Jahr 2008 entdeckte die Guardia Indígena während einer
Protestaktion auf Nasa-Territorium einen Soldaten, der nicht zu
ihnen gehörte. Er war bewaffnet, ein Eindringling, offenbar ein
Spion. Die Gemeinschaft entschied, ihn nach ihrem Recht zu bestrafen. Sie versetzten ihm zwanzig Hiebe, badeten ihn in heilkräf-
tigen Pflanzen, um ihn zu harmonisieren, und hielten ihn vierzehn
Stunden lang fest. Es war eine gemeinschaftliche Entscheidung,
doch Valencia wurde zum Sündenbock. Sieben Jahre später verur-
teilte ihn ein Gericht in Popayán wegen Entführung und Körper-
verletzung zu einer Haftstrafe von achtzehn Jahren. Derzeit entscheidet der Oberste Gerichtshof darüber, ob das rechtens war.
Nelsons Arbeitgeber ACIN begleitet den Fall. Man hofft, dass das
Urteil aufgehoben wird.

Pueblo Nuevo

Ich übernachte bei Freunden auf dem Land, zwischen Popayán
und Santander de Quilichao. Das Haus steht auf einer kleinen Anhöhe, inmitten von Palmen und Mandarinenbäumen, deren
Früchte gerade geerntet wurden.

Der Vollmond beleuchtet die grünen Berge; in seinem Licht
sehen die Bäume aus wie Scherenschnitte. Lichter funkeln zwischen den Hängen, nach und nach erlöschen sie. Hier geht man
früh zu Bett. Nur die Lastwagen auf der Panamericana, die man

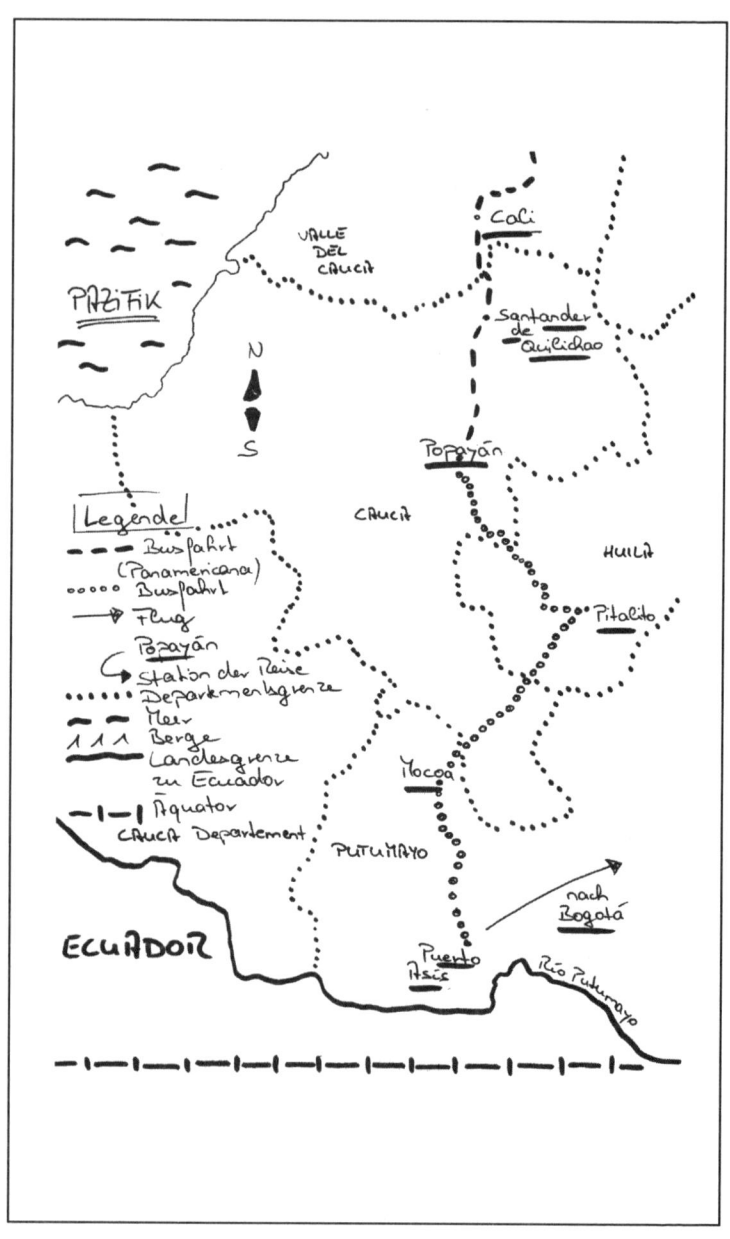

von hier aus gut sehen kann, fahren noch. Sie werden die ganze Nacht unterwegs sein.

Am nächsten Tag könnte ich mit Nelson und seinen Kollegen ein Fest besuchen; sie haben mich eingeladen, sie zu begleiten. Es scheint eine Art Erntedankfeier zu sein, mit reichlich Essen, Musik, Tanz und dem rituellen Konsum von Koka. Ich bin versucht, die Einladung anzunehmen – und entscheide mich dann doch dagegen. Zur gleichen Zeit tagt der Rat der Nasa in Pueblo Nuevo, einem Dorf in der Nähe von Caldono, und mein Besuch dort ist schon angekündigt. Ich will den Ratsherren nicht in letzter Sekunde absagen. Außerdem bin ich auch ziemlich neugierig auf sie.

Am Vormittag werde ich von einem Fahrer abgeholt. Mit dem Jeep geht es immer weiter in die Berge, eine schmale, gewundene Straße entlang, die dem Schwung der Hänge folgt. Irgendwann wird sie zur staubigen Schotterpiste. Der Jeep wirbelt so viel Staub auf, dass Fußgänger, die wir überholen, sich Tücher zum Schutz vor den Mund ziehen.

Doch trotz des Staubs ist es um uns herum ziemlich grün. Hier wachsen Palmen, Bananen und Bambus, und obwohl die Landschaft eher erhaben und wild wirkt, tauchen immer wieder einzelne Häuser auf oder wir kommen durch kleine Siedlungen, in denen Hühner und Hunde unseren Weg kreuzen. Irgendwann passieren wir ein riesiges Werbeplakat der Guerilla, festgezurrt an armdicken, übermannshohen Bambusstäben. »*Frente Jacobo Arenas, Farc-EP: Nosotros cumplimos*« steht darauf, Front Jacobo Arenas der Farc-EP: Wir halten unsere Versprechen. In Pueblo Nuevo sehe ich später noch ein anderes Plakat der gleichen Gruppe: »*Frente Jacobo Arenas, Farc-EP: Nuestra determinación es compromiso de paz*« – Front Jacobo Arenas der Farc-EP: Wir sind entschlossen, uns dem Frieden zu verschreiben. EP steht für Volksarmee, *Ejército del Pueblo.*

Es ist kein Zufall, dass die Guerilla ausgerechnet hier ihren Willen zum Frieden betont. Von Freunden weiß ich, dass ein The-

ma die Nasa im Moment besonders bewegt. Wenn der Friedensvertrag unterzeichnet ist und die Farc ihre Waffen abgeben, dann
werden sie das an ausgewählten Orten des Landes tun. Einer davon ist Pueblo Nuevo. In dem Dorf soll eine *zona de concentración*
entstehen, also eine Siedlung, in der die ehemaligen Kämpfer einige Wochen lang wohnen können und sich mit staatlicher Hilfe
und unter dem Schutz unabhängiger Beobachter und des Militärs
an ein Leben in der Zivilisation gewöhnen sollen.

Die Nasa-Anführer, die dem zugestimmt haben, erhoffen sich
davon Investitionen, Impulse für die Landwirtschaft, vielleicht
auch Zuschüsse für soziale Zwecke. Sie könnten das Geld gut ge-
brauchen. Denn die Panamericana, auf die ich in der Nacht ge-
schaut habe, ist nicht nur für den legalen Handel eine wichtige
Route, sondern auch für den Drogentransport. Für die Nasa bedeutet das: Das schnelle Drogengeld verlockt zu viele ihrer jungen
Leute, in das schmutzige Geschäft einzusteigen, denn mit Mari-
huana und Kokain können sie viel mehr verdienen, als ein ehrli-
cher Beruf ihnen jemals einbringt. Deshalb beenden manche die
Schule nicht, und dann haben sie erst recht keine Aussicht auf einen vernünftigen legalen Job. Die Nasa versuchen, ihr Gebiet dro-
genfrei zu halten. Aber nicht allen Gemeinschaften gelingt das.

Womöglich könnte Geld vom Staat den Leuten bessere Perspektiven bieten. Aber es gibt Nasa, die daran nicht glauben. Sie
wollen die Zonas de Concentración auf ihrem Land nicht. Sie werfen ihren Anführern vor, die Gemeinschaft entgegen allen Regeln
nicht um Zustimmung gebeten zu haben. Sie fürchten Investiti-
onsruinen, und sie haben Angst vor der Anwesenheit der Farc.

Zumindest aber bezweifeln sie, dass alles so einfach werden
wird, wie ihre gewählten Vertreter es ankündigen. Ich spreche mit
einer Frau, der Mutter einer Familie. Ihr Bruder ist seit Jahren verschwunden. Sie selbst wurde oft bedroht. Sie sagt, sie wolle alles in
ihrer Macht Stehende tun, um diesen Frieden möglich zu machen,
der so nahe scheint. »Aber was wäre, wenn mein Bruder jetzt als

Nahverkehr auf dem Land: Die bunten Busse namens Chivas sind hier das
traditionelle Fortbewegungsmittel.

demobilisierter Guerillero zurückkommen würde? Könnte ich
ihm unbefangen gegenübertreten? Wie kann man den Hass im
Herzen überwinden?« Darauf habe ich keine Antwort.

Ich würde gern mit den Ratsleuten in Pueblo Nuevo darüber
reden, was sie von der Skepsis der Leute halten. Sie tagen schon,
als ich im Dorf ankomme. Draußen ist Markttag, wie jeden Donnerstag; drinnen, in einem Gebäude aus roten Ziegeln, sitzen sie
unter dem Porträt von Quintín Lame und beratschlagen. Fast alle
Anwesenden tragen die Insignien der Guardia Indígena: einen
dunklen Holzstab, etwa doppelt so dick wie mein Daumen, geschmückt mit roten und grünen Bändern und dem Wappen des
CRIC oder mit bunten Puscheln und einem goldfarbenen Ring
am oberen Rand.

Leider verstehe ich kein Wort, denn es wird Nasa Yuwe gesprochen. Gerade sieht es so aus, als würde ein Ehestreit geschlichtet.
Ich betrachte Quintín Lame, der etwas streng aus seinem Rahmen
schaut. Er hat einen akkuraten Seitenscheitel, kurz gestutzte Ko-

teletten, und über seine Schultern fließt langes Haar. Mit dem
schwarzen Gewand und dem weißen Kragen sieht er aus wie ein
Priester.

Dann bin ich dran. Die Ratsherren fordern mich auf, mein Anliegen vorzutragen, denn bevor ich hier irgendetwas unternehmen
kann, müssen mir die lokalen Autoritäten ihre Erlaubnis erteilen.
Glücklicherweise heißen sie mich willkommen, aber danach bitten sie mich, draußen zu warten. Im Moment haben sie keine Zeit.
Vielleicht hätte ich doch auf diese Erntedankfeier gehen sollen.

So spaziere ich über den Markt, vorbei an Ständen aus schlan-
ken Baumstämmen und Planen, die nur für den einen Tag hier aufgebaut wurden. Rechter Hand wird Mais, Reis und anderes Ge-
treide feilgeboten. Die Kunden kaufen säckeweise. Links haben
die Metzger ihr Angebot an Fleisch ausgebreitet. Es sieht so aus,
als hätten sie heute früh frisch geschlachtet. Neben ihren Ständen
dösen satte Hunde zwischen blanken Pferdekiefern und anderen
Knochen. Am Straßenrand liegen noch mehr Knochen. Daneben
grasen Lastpferde mit leeren Holzgestellen auf dem Rücken. Während sie Halme vom Boden rupfen, würdigen sie die Überreste ihrer Artgenossen keines Blickes.

Doch nicht alle Hunde sind satt. Vor einem Metzgerstand, an
dem gerade Fleisch abgewogen wird, stehen fünf von ihnen, aufs
Äußerste angespannt, mit hoch erhobener Schnauze. Es sind
ziemlich gut erzogene Hunde, die sich ganz in der Gewalt haben.
Hungrig mit anzusehen und zu wittern, wie der Metzger Fleisch
schneidet und verpackt, muss eine Tortur für sie sein. Aber sie machen keinen Mucks, selbst den unbeaufsichtigten Nachbarstand
voller Fleisch rühren sie nicht an. Erst als die Kundin mit vollen
Taschen gegangen ist, erbarmt sich der Metzger und wirft ihnen
ein paar Reste zu.

Mir fällt auf, wie still es hier ist. Man hört keine laute Musik,
nirgendwo, ganz anders als in Cali. Die Leute unterhalten sich gelassen und gedämpft, die meisten nicht auf Spanisch. Die Frauen

tragen Rock, Poncho und Hut oder westliche Kleidung wie die Männer; die Männer tragen Jeans, Hemden und Baseballkappen. Eine alte Frau mit ernstem Gesicht fällt mir auf. Unter ihrem schwarzen Hut schaut ein grauer Zopf hervor, über die Schultern hat sie einen himmelblauen Poncho gelegt, ein grellgrüner Rock schwingt um ihre Beine. Ich grüße sie auf Spanisch, um ins Gespräch zu kommen. Aber sie reagiert nicht.

Weiter hinten am Platz befinden sich die Gemüsestände mit einer unglaublichen Auswahl an Kartoffeln. Außerdem bekommt man auf dem Markt T-Shirts, Hosen, Schuhe, Schnüre, Gürtel und sogar Fernseher. Dazwischen essen die Leute an Imbissständen, an denen frisch gekocht wird. Ich habe noch keinen Hunger und bleibe abseits, warte auf die Ratsherren.

Schon um die Mittagszeit räumen die Händler ihre Stände wieder ab. Die Metzger packen ihr Fleisch ein, falten die Planen akribisch zusammen, hieven die Holzstangen aus dem Boden und binden sie zu Bündeln. Die Leute, die ihren Wocheneinkauf erledigt haben, nehmen ihre Säcke und Kartons und besteigen einen bunten, an den Seiten offenen Bus, der schon mit laufendem Motor wartet, kleine Wölkchen aus Dieselabgasen in die Luft pustend. »*Dios guía mi camino*«, steht auf der Motorhaube: Gott, geleite meinen Weg. Wer drinnen keinen Platz findet oder besonders gelenkig ist, so wie zwei Schuljungen, klettert zu den Säcken hinauf aufs Dach. Eine Mutter stillt drinnen ihr Kind, während draußen der mobile Eisverkäufer seine letzten *cremas* ausruft: Nur fünfhundert Pesos! Dann fährt der Bus los. Der nächste wartet schon, bereit, seine Passagiere einsteigen zu lassen.

Wer es nicht so weit hat, geht zu Fuß. Ganze Familien zurren Einkaufssäcke auf den Kiepen ihrer Lastpferde fest und machen sich dann gemächlich auf den staubigen Weg bergan.

Während sich der Markt auflöst, sitze ich immer noch da und warte. Dann endlich erscheint José Wilman Tumbo Chepe, neununddreißig Jahre alt und von den achtzig Ratsmitgliedern des

Nasa-Gebiets zwischen Caldono und dem Ort Silvia zu ihrem Vizegouverneur gewählt. Von Januar bis Dezember hat er sein Amt inne, dann muss er es weitergeben. Jetzt hat er Zeit zum Reden. Wir gehen zurück ins Ratsgebäude. In der Bibliothek sind wir ungestört.

Der Rat, sagt Wilman, entscheide vor allem über Familienstreitigkeiten, Untreue zum Beispiel. Oder wenn es Streit über die Nutzung von Land gebe. Denn das gehört bei den Nasa allen gemeinsam, aber einzelne Personen können ein Nutzungsrecht erhalten. Machen sie nicht im Interesse der Gemeinschaft Gebrauch davon, etwa indem sie ihr Feld brachliegen lassen oder Koka in großem Maßstab anbauen, kann der Rat ihnen ihr Grundstück wieder entziehen.

Ich frage ihn nach der Zona de Concentración. Wilman sagt, die Nasa hätten selbst vorgeschlagen, dass die Guerilla zu ihnen kommt. »Das ist eine Frage der Versöhnung, des Vergebens. Es hat mit der Weltsicht der Nasa zu tun. Das Ley de Origen, unser Gesetz des Ursprungs, erlaubt uns, mit dem Kosmos in Verbindung zu leben und mit der Mutter Erde. Wir wollen die Dinge harmonisieren. In Harmonie zu leben, das ist unser Ziel.«

»Fürchtet der Rat nicht das Risiko?«, hake ich nach.

»Die Farc-Kämpfer waren schon immer in dieser Gegend. Jetzt laden wir sie eben ein, zu uns zu kommen. Ihnen muss klar sein, dass wir hier den Ton angeben. Und die Guardia Indígena wird für Sicherheit sorgen.«

So wie die Guardia das schon immer tut, seit den Siebzigerjahren. Ihre Mitglieder schlichten interne Konflikte, sie weisen die Betreiber von Tagebauen in ihre Schranken, indem sie Bagger beschlagnahmen und verbrennen – so oft, bis die Bergbaubetriebe von Nasa-Land verschwinden. Sie setzen Guerilleros fest, die Mitglieder der Gemeinschaft belästigten; sie befreien Entführte; sie beteiligen sich an der Liberación de la Madre Tierra. Und jetzt sollen sie eben die Demobilisierten im Auge behalten.

Sobald der Friedensvertrag in Kraft tritt, werden wohl zwei- bis dreihundert Mitglieder der Farc nach Pueblo Nuevo kommen, vermutet Wilman. »Sie werden ihre Waffen abgeben, sich aufs zivile Leben vorbereiten und dann wieder gehen.«

»Aber was, wenn Nasa unter ihnen sind?«, frage ich Wilman. »Müssen sie auch gehen?«

»Nein, sie können bleiben, sofern sie sich an die Regeln der Gemeinschaft halten«, sagt der Vizegouverneur. Wenn er so redet, klingt das alles ganz einfach. Dass es nicht so leicht werden wird, weiß er aber vermutlich auch.

»Wie wäre das wohl, im Frieden?«

»Frieden? Das bedeutet, in Ruhe miteinander leben zu können.«

»Und der Friedensvertrag?«

»Es ist ein richtiger Schritt, aber er allein bringt keinen Frieden. Konflikte wird es immer geben. Vielleicht bewirkt das Abkommen aber, dass die Spannungen weniger werden.«

Dann lädt Wilman mich zum Mittagessen ein. Nebenan, in einer offenen Küche, bereiten Frauen über offenem Feuer in riesigen schwarzen Pfannen und großen Töpfen einen Eintopf zu. Ein paar Mitglieder der Guardia haben schon an der Feuerstelle Platz genommen und essen; ihre Stäbe mit den rot-grünen Bändern lehnen in einer Ecke an der Wand. Über dem Feuer hängt Fleisch im Rauch. Getrocknetes Fleisch ist auch in der Suppe, außerdem Kartoffeln, Mais, Erbsen, Möhren, Kohl. Eine Frau schöpft für uns große Portionen in Plastikschüsseln, dazu serviert sie kalten, süßen Kaffee. Wir essen mit Löffeln und Fingern. Es schmeckt sehr gut.

Nach Mocoa

Am folgenden Tag will ich über Mocoa nach Puerto Asís, doch am Vorabend erreicht mich die Nachricht einer Umweltschützerin aus Mocoa. Sie bittet mich, aus Sicherheitsgründen erst einmal in ihrem Wohnort Halt zu machen und dort zu übernachten.

Was ist los? Die Nachrichten sind widersprüchlich: Während ich bei den Nasa zu Gast war, hat sich die Lage weiter südlich im Putumayo angespannt. Im Internet lese ich, es gebe einen *paro agrario,* also Blockaden der Bauern. Über WhatsApp erreicht mich dann das Foto eines Schreibens, in dem alle Transportunternehmen des Putumayo davor gewarnt werden, ihre Fahrzeuge auf die Straße zu schicken, »es sei denn, ihr wollt, dass man sie anzündet.«

Das klingt, als sollte ich dort lieber nicht mit dem Bus unterwegs sein. Unterzeichnet ist der Brief mit: *»Ejército de Liberación del Sendero Luminoso La Nueva Guerrilla«,* Befreiungsarmee des Leuchtenden Pfades Neue Guerilla. Das macht die Sache noch dubioser, denn niemand kennt eine Gruppe, die so heißt. Vielleicht sind es nur Trittbrettfahrer. Aber wer weiß das schon? Seit bekannt ist, dass die Friedensverhandlungen kurz vor dem Abschluss stehen, ist die Lage in den abgelegenen Regionen Kolumbiens wieder unsicherer geworden. Es scheint, als machten sich die bewaffneten Gruppen unterschiedlichster Couleur schon bereit für den Kampf um das Machtvakuum, das durch die Demobilisierung der Farc entstehen wird. Die eine Mafia will das Herrschaftsgebiet der anderen erobern. Und einzelne Farc-Gruppen, gerade im Putumayo, haben schon angekündigt, ihre Waffen auf keinen Fall abzugeben.

Bis Mocoa sei es sicher, sagt meine Bekannte. Ich beschließe, ihrem Rat zu folgen, dort anzuhalten und dann zu sehen, wie es weitergeht.

Der Bus, den ich morgens um zehn besteige, kommt aus Cali und ist schon drei Stunden unterwegs. Sein Ziel ist Puerto Asís, mit Zwischenstopp in Mocoa. Die Fahrt ist lang, an die zwanzig Stunden braucht man über die Berge von Cali bis zur Endstation. Deshalb sind zwei Fahrer an Bord, die sich abwechseln, und deshalb fahren wir mit einem Minibus, der schneller vorankommt als große Fahrzeuge.

Welche Nachteile das hat, merke ich sehr schnell. Kurz hinter Popayán halten wir für ein Mittagessen – und direkt danach beginnen die Serpentinen. Unsere Fahrer aber denken gar nicht daran, die Kurven langsam zu nehmen. Schließlich haben sie noch eine lange Strecke vor sich und wollen pünktlich in Puerto Asís sein. Wir rauschen durch die Serpentinen, als gäbe es kein Morgen. Während der Beifahrer fürsorglich Spucktüten nach hinten reicht, falls jemandem schlecht werden sollte, flirtet der Fahrer mit einer Anhalterin, die vorne zwischen den beiden sitzt. Ich versuche, nicht auf etwaige Würgegeräusche um mich herum zu hören und auch nicht darüber nachzudenken, ob der Fahrer vielleicht besser auf die Straße achten sollte. Stattdessen sage ich mir, dass er bestimmt auch heil am Ziel ankommen möchte, und konzentriere mich darauf, geradeaus aus dem Fenster zu blicken und tief zu atmen. Sauerstoff und Gleichgewichtssinn sind jetzt alles. Zum Glück hatte ich vorhin, als wir angehalten haben, noch keinen Hunger.

Die Landschaft tut ihr Bestes, um mich abzulenken. Wir fahren durch mächtige Berge und schrauben uns immer weiter nach oben. Nadelgewächse lösen die Mangobäume ab, auf sie folgt dichtes Gebüsch. Als auch das sich zurückzieht, bleiben Wiesen mit kurzhalmigem Gras. Zwischen den Berghängen tun sich immer wieder Blicke in weite Täler auf. Es ist eine erhabene Szenerie.

Weiter oben wird es schroffer. Wir passieren Gebirgsbäche, und in einer engen Kurve rauscht ein Wasserfall über Felsen in die Tiefe. Neben ihm wacht eine Marienstatue. Ich hoffe, sie beschützt auch unseren kleinen Bus.

Dann tauchen plötzlich grasende Kühe auf. Die Luft ist kühl. Und irgendwann ist selbst das Gras verschwunden, und wir sind den Wolken ganz nah. Eine bemooste Hochebene öffnet sich, über die der Blick bis zum Horizont reicht. In der Ferne ergießt sich Regen über den Berggipfeln, und auch das Moos um uns herum scheint voller Wasser. Immer wieder kreuzen wir Bäche.

Überall sehe ich winzige Blüten, gelb und weiß, im Moos, zwischen Grashalmen, auf Felsen. Ist das schon der Páramo?

Die Páramos Kolumbiens wirken wie ein Wasserkissen, das einen großen Teil des Trinkwasservorrats speichert. Die Moose saugen den Niederschlag auf wie ein Schwamm. Deshalb genießen sie auch einen besonderen gesetzlichen Schutz. Sie dürfen in keiner Form wirtschaftlich genutzt werden – und doch hat die Regierung in manchen Páramo-Gebieten den Abbau von Gold und Kohle erlaubt.

Noch hätten wir den Páramo noch nicht erreicht, aber wir seien nahe dran, sagt eine Frau im Bus. Ich bin gespannt, aber kurz danach – der Weg hat sich inzwischen in eine Schlaglochpiste verwandelt – dreht der Fahrer um und fährt zurück. Was ist los? Wir haben eine Reifenpanne. Zum Glück müssen wir nicht weit, denn dort, wo die Schotterpiste anfängt, gibt es eine Werkstatt – der Betreiber hat seinen Standort klug gewählt –, ein paar Kioske und auch eine Toilette.

Eine Stunde dauert es, den Reifen zu reparieren. Wenig später sehe ich *frailejones*, Rosettenstauden mit spitzen, lanzenartigen Blättern und gelben Blüten, die Pflanze, die für die Páramos so charakteristisch ist. Dann tauchen wir in die Wolken ein. Die Piste verwandelt sich in eine Mischung aus Schotter und Schlamm, aber unser Fahrer lässt sich nicht verunsichern. Routiniert manövriert er den Bus durch die Pfützen. Draußen ist es diesig und grün. Feine Tröpfchen schweben in der Luft, benetzen die Busfenster, die Farne, Moose, Schlingpflanzen und Epiphyten, die auf, neben und über knorrigen Bäumen wachsen. Wir sind im Nebelwald.

Der Regen nimmt zu, der Bus fährt immer weiter. Wir überwinden Schlammpfützen, Engpässe, Baustellen, scharfe Kurven und Brücken, lassen gestrandete Lastwagen und Busse rechts liegen und überholen Lastpferde mit Brennholz auf dem Rücken. Zum Glück ist unser Reifen nicht erst hier geplatzt. Aus dieser

Gegend wären wir wohl nicht so schnell wieder herausgekommen.

Irgendwann kommt der Asphalt zurück, aber die Wolken um uns herum sind immer noch da. Vom Wald sehe ich nur noch dunkle Schatten. Dann geht es schnell nach unten, die Berge weichen zurück, ein breites Tal öffnet sich, und in der warmen Abendsonne nähern wir uns der Stadt Pitalito. Die Bäume am Wegrand werfen schon lange Schatten. Bis Mocoa dürfte es jetzt nicht mehr lange dauern.

In Pitalito haben die beiden Fahrer ihre Plätze getauscht. Mit frischem Schwung wirft sich die Ablösung in die Serpentinen, und es geht noch einmal nach oben in die Berge. Nach einer Stunde müssen wir jedoch schon wieder anhalten. Vor uns warten in einer langen Reihe Busse, Privatautos, Tankwagen, Chemie- und Holzlaster. Die Straße ist komplett gesperrt. Ein Unfall ist der Grund: Am Tag vorher ist an dieser Stelle ein Tanklastwagen von der Strecke abgekommen und hat Feuer gefangen. Der Fahrer starb. Erst jetzt kann er aus seinem Fahrzeug geborgen werden. Von seinem Laster ist nur noch das ausgebrannte Skelett übrig.

Wir hingegen kommen zum Glück heil an. Gegen acht, es ist schon dunkel, sind wir in Mocoa.

Kapitel 9

Der Fluss: Putumayo

Das Netzwerk der Frauen

Etwa die Hälfte der gesamten Bevölkerung des Putumayo ist als Opfer des Bürgerkriegs in den offiziellen Registern der Behörden verzeichnet. Das heißt, in Wahrheit sind es vermutlich noch mehr.

Auf dem zentralen Platz von Mocoa erinnert ein Bündnis von Frauenorganisationen an ihre Toten. Vor buntem Hintergrund haben sie hundertsiebzig Namensschilder angebracht, darunter sieht man die Umrisse einer Familie vor einem Fluss, daneben steht die Inschrift: *No, no más,* Nein, nie mehr. *Muros de la verdad* nennen sie solche Gemälde, Mauern der Wahrheit. Auch in anderen Städten des Putumayo gibt es sie.

Vor dem Bild wartet Ilvia Niño auf mich. Sie ist aus Mocoa und arbeitet hier für eine Umweltorganisation. Sie ist verantwortlich für alles, was mit dem Schutz der Region Piedemonte zu tun hat.

Wohl nur wenige Städter kennen die Landschaften, durch die ich am Vortag gefahren bin, so gut wie sie.

Ilvia will mich den Frauen vorstellen, die für das Wandbild verantwortlich sind. Es sind die Mujeres Tejedoras de Vida del Putumayo, die Lebensweberinnen vom Putumayo, eine Vereinigung, zu der sich mehrere Frauenorganisationen zusammengetan haben. Heute treffen sich ihre Repräsentantinnen in Mocoa: Indigene, Afrocolombianas, Weiße. So gut wie alle sind Überlebende, haben selbst Gewalt erlebt oder Angehörige in diesem Krieg verloren. Sie vernetzen sich, um sich gegenseitig zu stützen. Um weiterleben zu können.

Die Gründerin des Frauenbündnisses heißt Fatima Muriel: eine zupackende Fünfundsechzigjährige mit kurzgeschnittenen braunen Locken und Lachfalten um die mit zartblauem Lidstrich geschminkten braunen Augen. Fatima arbeitet als Schulinspektorin. Ihre Familie stammt aus dem Ort Puerto Limón, etwa eine Stunde von Mocoa entfernt, und es ist eine besondere Familie. Fatimas Mutter gehörte dem indigenen Volk der Inga an, dessen Vorfahren vor fünfhundert Jahren im Gefolge der Inka in die Region des Putumayo kamen. Mit an die 20.000 Angehörigen sind die Inga, anders als die Wayúu oder Nasa, kein großes Volk.

Fatimas Vater war ein Weißer. Durch ihn bekam sie die Möglichkeit zu studieren. Durch die Familie ihrer Mutter aber lernte sie etwas ebenso Wichtiges: »Die Inga hängen nicht am Eigentum und haben keinen Ehrgeiz, im Beruf oder sozial aufzusteigen«, sagt sie. »Glück ist für sie nicht, viel zu besitzen. Glück ist, wenn alle gemeinsam ums Feuer sitzen und ihr Essen teilen.« Es klingt nach einer idyllischen Kindheit, doch die Idylle zerbrach, als schwarze Goldsucher nach Puerto Limón kamen. Die Glücksritter hätten viel Unsicherheit mit sich gebracht, sagt Fatima. »Man konnte die Häuser nicht mehr offen lassen. Alles hat sich verändert.«

Sie studierte in der Stadt Sibundoy, um Lehrerin zu werden, heiratete, bekam vier Töchter. Wegen ihrer Arbeit als Schulins-

pektorin war sie viel auf dem Land unterwegs. »Ich habe viel gesehen, viele Probleme. Die Kinder sind nicht zur Schule gegangen,
weil sie auf den Kokafeldern arbeiten mussten. Die Felder wurden
mit Glyphosat besprüht, aber das Gift zerstörte alle Pflanzen,
auch die erlaubten und auch die, die den Bauern als Nahrung dien-
ten. « Eine Katastrophe.

Fatima erzählt von der Zeit, als »das Schlachten begann«. So
nennt sie es: »*Comenzaban las matanzas.*« Die Farc und die Paramilitärs kämpften um die Vorherrschaft im Putumayo und brachten
sich gegenseitig um. Die Guerilla entführte Kinder und zwang sie,
in ihren Reihen zu dienen. Die Armee habe das Gleiche getan,
sagt Fatima.

Sie sah, wie sehr die Frauen litten, und nahm sich vor, sie zu
vernetzen, »ganz egal, ob es Indígenas waren, Afros oder Weiße«.
Heute gehören ihr zufolge mehr als sechzig Organisationen zu ihrer Allianz, jede zählt um die dreißig Mitglieder. Fatima ist eine,
die davongekommen ist. Im Gegensatz zu anderen Frauen wurde
sie weder vergewaltigt noch ungewollt schwanger noch gezwungen, auf den Kokafeldern zu arbeiten. Aber die Farc ermordete
zwei ihrer Brüder, weil diese für den Staat arbeiteten. Fatima hingegen verschonten sie.

Als Vertreterin der Überlebenden ist Fatima nach Havanna gereist, wo sie auf die Unterhändler der Farc traf. Plötzlich stand sie
den Verantwortlichen für die Morde persönlich gegenüber. »Ich
traf Joaquín Gómez«, sagt sie, den ehemaligen Chef des Bloque
Sur der Farc, der im Putumayo und den Nachbardepartements
operiert und besonders tief im Drogengeschäft steckt – und es besonders brutal verteidigte, denn es brachte der Guerillaorganisati-
on sehr viel Geld. Die USA haben auf Joaquín Gómez ein Kopf-
geld von 2,5 Millionen Dollar ausgesetzt.

Er erklärte Fatima, die Farc habe auch sie überwacht. »Er sagte, sie seien mir auf Schritt und Tritt gefolgt. Er kannte alle Einzelheiten! Aber sie hätten mich dennoch nicht angerührt, weil ich im

Bildungssektor arbeite.« Mich schaudert ob der verqueren, will-kürlichen Logik der Guerilla.

Dabei ist Fatima sehr politisch, und was sie tut, ist öffentlich sichtbar. Im Jahr 2003 zum Beispiel organisierte sie mit den Teje-doras eine Demonstration in Puerto Caicedo, einem Ort zwi-schen Mocoa und Puerto Asís. In der Umgebung wurde viel Koka angebaut. Viele Bauern hätten gar keine andere Möglichkeit, sagt Fatima, denn was sie legal anbauen dürfen – Bananen, Kakao, Kaf-fee –, bringt einfach viel zu wenig ein.

Die Wirtschaft des Putumayo ist eine Boom-und-Bust-Öko-nomie. Es gab den Kautschuk- und den Ölboom – heute bringt, neben dem Gold aus den Flüssen und illegal gefälltem Holz, die Koka das Geld. Manche Pflücker verarbeiten die Blätter zu Hause gleich selbst zu Kokapaste, weil die mehr einbringt. Kolumbiani-schen Medien zufolge hat sich die Fläche des Kokaanbaus im Pu-tumayo in den vergangenen Jahren verdreifacht, ebenso die Men-ge des dort hergestellten Kokains.

Auch in Puerto Caicedo versprühten Flugzeuge Glyphosat, und die Tejedoras de Vida wollten das nicht mehr hinnehmen. Da-her der Protestmarsch.

Fatima ging voran. »Ich ging nackt und war bemalt«, erinnert sie sich. »Aus meiner linken Brust sprossen Pflanzen, Früchte, Avocados.« Die rechte Seite sah aus wie vom Ackergift verbrannt. Ihr Mann fand das gar nicht lustig, aber er erfuhr es erst hinterher. Die Demonstration löste eine Debatte über das Glyphosat aus, die allerdings an der Praxis so gut wie nichts änderte. »Es ist ein großes Geschäft«, sagt Fatima schulterzuckend. »Für viele, auch für Leute aus den USA. Was interessiert sie schon der arme Putu-mayo.« Erst ein knappes Jahr vor meinem Besuch in Mocoa gab die kolumbianische Regierung die Sprühaktionen aus der Luft auf.

Im Jahr 2016 marschierten die Frauen nach El Placer. Auch dort blühte das Geschäft mit dem Kokaanbau, und im Bürger-krieg war der Ort deshalb zwischen Farc und Paramilitärs sehr umkämpft. In den Neunzigerjahren regierte die Guerilla in El Placer. Dann nahmen die Paramilitärs den Ort ein, und weil die Farc ihn so lange beherrscht hatte, stempelten sie alle Bewohner als »zivile Guerilleros« ab. Sie töteten die Bauern und vergewaltigten ihre Frauen. »Sie haben das ganze Dorf zerstört«, sagt Fatima.

Doch die Leute von El Placer schweigen nicht, sondern reden über das, was ihnen widerfahren ist. Der Marsch dorthin wurde angeführt von Jineth Bedoya, und so wie sie machen auch die Frauen von El Placer ihre Geschichte öffentlich. Jetzt wollen sie gemeinsam mit den Behörden ihre Rückkehr ins Dorf organisieren, sagt Fatima.

Sie hilft Frauen, die Prozesse gegen die Gewalttäter zu überstehen, die ihre Familien ermordet haben. »Eine Frau hatte vier Töchter«, erzählt Fatima, »die jüngste war dreizehn Jahre alt. Sie war Schülersprecherin.« In einer Racheaktion hätten die Paramilitärs alle vier Mädchen vergewaltigt und zerstückelt. »Als einer von ihnen vor Gericht schilderte, was er getan hatte, musste ich mich übergeben. Ich wurde richtig krank. Aber die Mutter stand auf und sagte: ›Ich vergebe ihm.‹ Weil er gesagt hatte, wo ihre Töchter begraben sind.« Fatima wirkt immer noch fassungslos. Andere seien zu solcher Großmut nicht in der Lage. »Manche Frauen können nicht einmal sprechen über das, was sie erlitten haben. Wie sollen sie da verzeihen?«

In Havanna hat sie die Verhandlungen zwischen Farc und der kolumbianischen Regierung begleitet, um den Anliegen der Frauen zu einem Platz im Friedensvertrag zu verhelfen. Ihre Forderungen: Ein Ende der Besprühung mit Glyphosat. Die Vertriebenen sollen ihr Land zurückerhalten, Kinder sollen ihren Eltern zurückgegeben werden, und die Kampfhandlungen sollen aufhören.

Was erhofft sie sich vom Friedensprozess? »Wir haben so viel gelitten«, sagt sie, »und es gab so viele Versuche, die erfolglos verlaufen sind. Wir müssen diese Gelegenheit ergreifen, wie auch immer das Ergebnis ausfällt.« Was bleibe den Frauen schon anderes übrig? »Wir müssen unsere Tränen abwischen und weitermachen.«

Nach Puerto Asís

Am Nachmittag bringt mich Ilvia zum Busbahnhof, und ich besteige einen Jeep, der mich nach Puerto Asís bringen wird. Entlang der Straße ist alles ruhig: keine Gefahr. Auf der Ladefläche herrscht lautes Gezwitscher, denn der Jeep transportiert Küken in Kartons, fein säuberlich nach Geschlechtern getrennt. Links sind die weiblichen Tiere gestapelt, rechts die männlichen. Mein Gepäck bekommt einen Ehrenplatz auf dem Dach, und ich darf auf dem Beifahrersitz Platz nehmen. Der Panoramablick ist garantiert.

Mocoa liegt etwa sechshundert Meter über dem Meer. Nördlich der Stadt erheben sich die Berge der Anden. In Richtung Süden, nach Puerto Asís, treten sie immer weiter zurück, bis sie nicht mehr zu sehen sind. Wir fahren durch eine flache, tropische, grüne, von Flüssen durchzogene Ebene. Die Sonne sticht. Je weiter wir kommen, desto mehr Polizei- und Militärkontrollpunkte passieren wir. Ecuador ist nicht mehr weit.

Kurz hinter Santa Ana gabelt sich die Straße, rechts ginge es noch hundert Kilometer weiter bis zur Grenze. Wir nehmen die linke Abzweigung. Noch fünfzehn Kilometer bis Puerto Asís.

Regenwald retten im Putumayo

Mein ursprünglicher Plan war, eine Gruppe von Naturschützern und Lokalpolitikern auf einer Tour durch den Wald um Puerto Asís zu begleiten. Die Umweltschützer wollten den Politikern zeigen, welche Schäden die geplante Straße zwischen Puerto Asís und dem Pazifikhafen Tumaco anrichten würde. Ich wollte den Regenwald des Putumayo sehen. Doch dann sagte die Umweltorganisation den Ausflug ab – aus Sicherheitsgründen.

Für die nationale Regierung in Bogotá ist die geplante Straße ein sehr wichtiges Projekt. Sie soll helfen, die Landstriche am süd-

lichen Rand Kolumbiens zu erschließen und wirtschaftlich zu entwickeln – selbstverständlich ohne den Urwald dabei zu beschädi-
gen. Zumindest ist das die offizielle Sprachregelung. Die
Umweltschützer nennen das »schizophren«. Beides gehe nicht, sagen sie, denn die Pläne seien ganz eindeutig darauf ausgerichtet,
brasilianisches Soja, produziert auf großen Flächen, an den Pazifik
zu bringen. Und auch in Kolumbien selbst wolle die Regierung vor
allem die Agroindustrie fördern, nicht die kleinen Bauern, die Unterstützung viel nötiger hätten.

So, wie sie bisher geplant ist, wird die Straße durch ein Gebiet
führen, in dem ungewöhnlich viele verschiedene Pflanzen- und
Tierarten wie Jaguare und Bären leben, und durch geheiligtes Territorium alter indigener Kulturen. Hier, am Übergang zwischen Anden und Amazonas, gebe es einen einzigartigen Reichtum an alten
Kulturen, an Flora und Fauna, sagen die Umweltschützer – noch.

Sie sagen auch: Was die Regierung in Bogotá sich ausden-
ke, habe mit der Wirklichkeit des Putumayo rein gar nichts zu
tun. Es sei, als lebten Regierende und Regierte in zwei völlig unterschiedlichen Welten. Das Tiefland, die Küsten, der Regenwald entlang der Grenzen, die ländlichen Regionen – das alles
sei für die herrschende Klasse ein unbekanntes Land. Das sei ein
Grund für die Armut der Menschen, die hier leben, und dafür,
dass die regionale Wirtschaft sich nicht entwickelt – aber auch
ein Grund dafür, dass die Natur in manchen Gebieten noch immer relativ unberührt sei.

Der Streit um die Straße ist der alte Streit um die Frage, welche
Art von wirtschaftlicher Entwicklung man möchte: Gewinne für
die großen Unternehmen und Investoren, in der Hoffnung, letztlich würden auch alle anderen etwas abbekommen? Oder will man
bessere Bedingungen für die kleinen Bauern schaffen und dabei
auch die Umwelt möglichst gut schützen? Es sieht so aus, als hätte
die kolumbianische Regierung sich schon längst für die erste Variante entschieden, nicht nur im Putumayo.

Claudias Castillos Lieblingsplatz am Putumayo-Fluss.
Von hier aus ist der Amazonas nicht mehr weit.

Claudia Castillo ist enttäuscht, dass die Tour abgesagt wurde. Sie hatte den Ausflug vorbereitet, sie kennt Puerto Asís und die Umgebung gut, denn sie ist hier aufgewachsen, und sie glaubt, dass die Sorge übertrieben ist. Sie wollte den Politikern klarmachen, wie wichtig der Umweltschutz hier ist. Der Putumayo ist ihre Heimat, und es ärgert sie, wie gedankenlos manche Leute hier mit der üppig wuchernden Natur umgehen.

Jetzt nimmt sie sich zwei Tage Zeit, mir ihren Putumayo zu zeigen – soweit das geht, denn obwohl es entlang der Hauptstraßen sicher ist, muss man sich vorsehen, wenn man tiefer in den Wald eindringen will. Glücklicherweise weiß Claudia, wie weit wir uns vorwagen können, und so steige ich jeden Morgen hinter ihr aufs Moped, und wir fahren raus aus der Stadt.

Einmal bringt sie mich zu ihrem Lieblingsplatz am Fluss. Kinder baden, drei Männer paddeln in einem hölzernen Kanu vorbei, vertrocknete tote Stämme liegen im Sand. Eine mächtige Baumkrone spendet uns am Ufer Schatten. In der Sonne schimmert das

schlammfarbene Wasser des Putumayo leicht grün. Weil das Flussbett hier eine Biegung macht und das Wasser nur langsam fließt,
sieht es aus, als stünden wir an einem See.

Es ist ein ruhiger, friedlicher Ort, doch ein paar Meter weiter,
an einer Brücke, stehen Soldaten und halten Wache.

Im Wilden Westen

Claudia arbeitet für die Vereinigung der Viehzüchter von Puerto
Asís. Früher holzten sie für die Rinder große Flächen ab – im
Schnitt nutzen die Züchter im Putumayo pro Tier einen Hektar
Land. Heute bringt Claudia die Bauern dazu, ihre Weiden wieder
aufzuforsten. Doch nicht alle spielen mit.

María del Carmen Flores schon. Die zierliche alte Dame mit
den weißen, welligen Haaren, über neunzig, aber immer noch
wach und rüstig, lebt mit ihrer Familie auf einer Finca in der Nähe
der Stadt. An die zehn Minuten brauchen wir mit dem Moped
über die Asphaltstraße, um sie zu besuchen. María del Carmen
aber kann sich noch gut daran erinnern, wie es war, als die Stadt für
sie praktisch unerreichbar war, so weit weg, dass ihre Kinder nicht
jeden Tag aus der Schule in Puerto Asís nach Hause kommen
konnten, sondern dort im Internat lebten. Und selbst wenn man
die Stadt erreichte, bedeutete das noch lange nicht, dass man dort
gut versorgt war. »Anfangs«, sagt María del Carmen, »gab es in Puerto Asís nicht einmal einen Arzt.«

Sie kam in den Fünfzigerjahren hierher. Damals war sie eine
junge Frau. Sie und ihre Familie fanden nichts vor als Urwald: ein
wildes Land, dem man den Ackerboden abringen musste, aber zugleich so reich an Früchten und Tieren, dass man eine Weile auch
ohne Acker überleben konnte.

Dennoch war es besser als in dem Dorf in den Bergen des nordöstlichen Putumayo, wo sie herkamen. »Wir hatten dort weder
Licht noch Wasser noch Strom noch Informationen.« In Puerto

Asís lebten sie anfangs zwar ähnlich abgeschieden und arm, aber sie hatten Aussicht auf etwas Besseres. Nach und nach bauten sie das stabile Holzhaus, in dem María del Carmen heute noch lebt. Der Staat sprach ihnen Land zu. Heute bewirtschaftet ihre Familie achtzig Hektar.

Zweimal war María del Carmen verheiratet. Ihr erster Mann starb jung an einer Krankheit, der zweite wurde umgebracht. Dreizehnmal war María del Carmen schwanger. Zweimal verlor sie das Kind vor der Geburt. Zwei Söhne ertranken, zwei weitere wurden im kolumbianischen Bürgerkrieg ermordet. Geblieben sind ihr vier Söhne und drei Töchter. Ein paar leben noch bei ihr.

Während wir bei ihr auf der Veranda sitzen und sie ihre Geschichte erzählt, hat ihr Sohn Álvaro in der Küche eine Ananas geschält und aufgeschnitten. Sie stammt aus dem eigenen Garten, María del Carmen fordert mich auf zu probieren. So süß, so intensiv nach Ananas können Tropenfrüchte in deutschen Supermärkten niemals schmecken. Außerdem baut die Familie Pfeffer und Bananen an, und sie halten stachellose Melipona-Bienen und Rinder. María del Carmen sagt, sie würde nirgends sonst leben wollen als hier in der Natur. Auch wenn die Stadt Puerto Asís ihr mittlerweile doch ein wenig mehr Bequemlichkeit bieten könnte.

Früher hatte die Familie ihre Rinderweiden eingezäunt, und alles war abgegrast, erfahre ich von Claudia. Inzwischen aber wachsen dort wieder Bäume. Sie zeigt es mir: Von einer Anhöhe hinter María del Carmens Haus sehen wir Pferde grasen, durch ihre Weide windet sich ein Fluss. Daran, wo der Waldrand verläuft, kann man noch erkennen, wie groß die Fläche war, die einst abgeholzt wurde. Doch mittlerweile wachsen wieder Palmen im Flussbett, und auch über die Wiese verteilt stehen überall Bäume. Es dauert, sagt Claudia stolz. Aber es wird.

Ein paar Kilometer weiter hat Esneda Castañeda ihre Finca. Ihre Eltern kamen Ende der Sechziger-, Anfang der Siebzigerjahre in die Gegend, erzählt die drahtige Dreiundfünfzigjährige. »Damals konnte man sich das Land hier einfach nehmen.« Wir setzen uns an einen Holztisch vor ihrem Haus, und sie bietet uns einen Kaffee an. Wie María del Carmen hat auch Esneda eine Pioniergeschichte zu erzählen. Sie ist es gewohnt, sich durchzusetzen, das merkt man an ihrer zupackenden Art, ihrem offenen Blick, ihrer kräftigen, kratzigen Stimme.

Esnedas Vater gefiel das Jagen, erzählt sie. Bevor er nach Puerto Asís zog, war er ein einfacher Landarbeiter gewesen. Dann sollte er befördert werden. »Aber er konnte nicht schreiben.« Die Aussicht auf eine Tätigkeit, für die er hätte schreiben müssen, erschreckte ihn so sehr, dass er einfach von seiner Arbeitsstelle verschwand und sich nie wieder bei seinem Chef meldete.

Als die Familie in Puerto Asís ankam, war Esneda acht. »Mein Vater baute uns ein Haus aus Holz und Palmstroh. Es stand auf Stelzen, damit wir vor den Tigern geschützt waren. Wir kauften Öl, Seife und Salz; was wir sonst brauchten, kam von unserem eigenen Land.«

So viel Angst Esnedas Vater vor dem Schreiben hatte, so furchtlos setzte er sich im Urwald durch. Im Jahr 1977 kam er auf die Idee, eine Straße zu bauen, denn er wollte seine Erzeugnisse schneller zum nächsten Markt bringen. Bis zu diesem Zeitpunkt transportierten die Bauern ihren Reis und ihre Bananen zu Pferd nach Ecuador, durch Dickicht, Schlamm und Flüsse.

»Damals taten sich sechs Verrückte zusammen«, sagt Esneda. Mit ihren Macheten begannen sie, einen Pfad in den Wald zu schlagen. Die riesigen Urwaldbäume fällten sie mit der Axt und Handsägen, mit Stangen hebelten sie die Ungetüme aus dem Weg. Die Kinder spielten mit dem mächtigen Stamm einer Ceiba, einem mit Stacheln bewehrten Gewächs, dessen Wurzeln allein größer waren als ein erwachsener Mensch. »Wir haben so getan, als sei der Baum ein Flugzeug.« Später machten die Männer eine Brücke aus dem Holz.

Heute verläuft an der gleichen Stelle eine asphaltierte Straße nach Ecuador. »Die Siedler haben sie gemeinsam gebaut«, erinnert sich Esneda. »Mein Vater ging von Haus zu Haus. Jede Finca hat Arbeiter gestellt und Essen beigesteuert, und die Frauen haben für alle gekocht.«

Sie vermisst, wie damals alle zusammengehalten haben. Anfang der Achtziger habe sich das verändert. »Damals kam die Koka, und mit ihr kamen merkwürdige Leute, die sich weder für die Landwirtschaft noch für den Fortschritt interessierten, so wie mein Vater.« Sie kamen aus Peru, aus Bolivien, aus dem kolumbianischen Departement Cauca. Sie brachten Arbeiter mit, die sie nicht bezahlten. Nach der Ernte, wenn die Tagelöhner ihren Lohn verlangten und nach Hause zurückkehren wollten, wurden sie umgebracht.

Claudia Castillo, Umweltschützerin; Esneda Castañeda und María del Carmen, Pionierinnen; Fatima Muriel, Frauenrechtlerin (von links oben im Uhrzeigersinn)

Mit den Drogen begann die Zeit der Morde und des schnellen Geldes. Wer nicht aufpasste, sagen die Frauen, konnte sich sehr leicht in dieser Halbwelt verlieren.

Esneda machte eine intensive Erste-Hilfe-Ausbildung in Mocoa, da war sie fünfzehn Jahre alt. »Eigentlich war der Kurs erst ab achtzehn, aber ich bin trotzdem hingegangen. Nicht alle haben bestanden. Ich schon.« Von da an versorgte sie die Nachbarn, sobald jemand medizinische Hilfe brauchte. »Ich habe die Arbeit eines Arztes gemacht«, sagt sie, »und wenn jemand Angst hatte, ins Krankenhaus zu gehen, habe ich ihn hier versorgt, den Arzt am Hörer, der mir telefonisch Anweisungen gab.« Damit sie alle Fincas erreichen konnte, gab man ihr ein Pferd. »Ich habe über dreihundert Kinder auf die Welt geholt, Schlangenbisse und Machetenwunden verarztet«, sagt sie. Als die Guerilla nach Puerto Asís kam, musste sie auch deren Verletzte versorgen. Dann gab sie ihre Arbeit auf, denn sie hatte Angst, von der Farc entführt zu werden. Inzwischen hatte sie drei Kinder.

Später kamen die Paramilitärs, und das Gemetzel wurde schlimmer. »Mädchen, die sich nicht mit ihnen einlassen wollten, wurden umgebracht, und ihre Schwestern gleich mit. Frauen, die einen Para ablehnten, mussten Puerto Asís verlassen. Sie haben die Leute ohne jeden Grund getötet – weil ihnen ihr Lachen nicht passte oder ihr Blick, oder weil ihr Auto im falschen Moment an der falschen Stelle stand. Und als der Pfarrer gegen die Schüsse predigte, haben sie Motorsägen genommen.«

Im Jahr 1999 habe sie Puerto Asís verlassen, berichtet Esneda, um ihren Töchtern diese Gewalt zu ersparen. Viele machten es wie sie. Ihre Häuser blieben verlassen zurück. Den Paramilitärs waren sie willkommene Beute. Drei Jahre lang blieb Esneda weg.

Um die Jahrtausendwende teilte dann die damalige Regierung unter Álvaro Uribe den Putumayo in Erdölparzellen auf. Seither gibt es einen Erdölboom. »Die Leute wollen nicht mehr arbeiten«, sagt Esneda. »Es interessiert sie nur das schnelle Geld. Und die

Folge ist, dass wir um ein bisschen Reis anstehen müssen, sobald die Straßen wieder einmal blockiert sind.« Heute ist sie Händlerin, pendelt zwischen Ecuador und Kolumbien, verkauft Reis, Öl, Konservennahrung, Butter. Und seit 2002 besitzt sie wieder eine kleine Finca.

Ich stelle ihr die gleiche Frage, die ich auf meiner Reise schon an so viele gerichtet habe: »Esneda, wie wäre es wohl im Frieden? «

»Es wäre ein Leben ohne Konflikte.«

»Wie groß sind die Chancen, dass es so kommt?«

»Das wird es nicht geben«, sagt Esneda knapp. »Dafür bräuchten wir soziale Gerechtigkeit. Und die Guerilleros, die jetzt aus der Wildnis kommen, werden für die Leute hier immer schlechte Menschen bleiben. Wir nehmen es ihnen nicht ab, dass sie bereuen und sich künftig friedlich verhalten werden.«

Die Jahre des Krieges

Wenn man die Leute in Puerto Asís noch nicht gut kennt und mit ihnen über die Jahre der Morde spricht, sagen sie: Zum Glück ist uns damals nichts passiert. Doch je mehr Zeit man mit ihnen verbringt, desto mehr stellt sich heraus, dass »Uns ist nichts passiert« eine Chiffre ist für: »Wir haben überlebt, und wir sind gesund.« Es gibt im Putumayo niemanden, der keine Gewalt erlebt hat. Auch die, denen »nichts passiert« ist, haben Tote gesehen, mussten ihre Häuser verlassen, haben alles verloren, schwebten womöglich in Lebensgefahr oder sind entführt worden. Aber sie sind immer noch da.

Zum Beispiel Claudia. Ihre Eltern kamen nach Puerto Asís, weil ihr Vater hier eine Stelle im öffentlichen Dienst annahm. Hier wuchs Claudia auf. Doch in der Zeit, in der die Gewalt besonders schlimm war, schickte ihr Vater seine Familie weg, um das Leben seiner Kinder zu schützen.

Später sah Claudia die Toten am Wegrand liegen, wenn sie zum Arbeiten von Puerto Asís aus aufs Land fuhr, um die Bauern aufzu-

suchen. Und sie fuhr oft hinaus. Einmal wurde ein Mitarbeiter ermordet, den sie gerade in einer Siedlung zurückgelassen hatte, in
dem guten Glauben, er sei dort sicher.

Einmal wurde sie von der Guerilla entführt, als sie mit ihrer gerade acht Monate alten Tochter in einem Dorf zu Besuch war. Die
Bewaffneten setzten sie mitten im Dschungel aus. »Sie sagten zu
uns: ›Ihr könnt gehen!‹ Ich habe geantwortet: ›Ich gehe nicht‹,
denn sobald ich euch den Rücken zukehre, werdet ihr mich erschießen.‹ Sie sagten noch einmal: ›Geht!‹ Also sind wir gegangen,
aber wir wussten nicht, wo wir waren.« Claudia hatte Glück, dass
bereits ein Suchtrupp der Polizei unterwegs war und sie fand. Ihr
Baby hatten die Bewaffneten vorher schon zu Claudias Mutter gebracht, die überzeugt war, sie würde ihre Tochter nie mehr wieder-
sehen. Alle überlebten. Claudias Tochter studiert inzwischen.

»Zum Glück ist uns damals nichts passiert«, sagt auch Claudia.
»Meine Familie ist noch vollzählig, und wir sind gesund.«

Eine Ahnung von Amazonien

An meinem letzten Tag in Puerto Asís fahren wir noch einmal zum
Fluss. Claudia bringt mich zum Anleger ein paar Kilometer hinter
der Stadt. Auch er wird von Soldaten bewacht. Sie achten genau
darauf, in welche Richtung wir fotografieren.

Träge zieht der schlammfarbene Putumayo dahin. Am Kai wird
gerade Treibstoff in ein Schiff gepumpt; ein Schild warnt vor der
Brandgefahr. 520.000 Liter fasst so ein Schiff, erklärt uns ein Mann
von der Besatzung, drei Tage lang dauert es, seinen Tank zu füllen.
Sechs Personen bilden die Mannschaft. Das Schiff gehört einer Pri-
vateigentümerin, sie hat die Männer persönlich angeheuert.

Von Puerto Asís aus bringen die Schiffe das Benzin in Richtung
Amazonas, in die kolumbianische Stadt Leticia. Die Fahrt dauert
gut zwei Wochen; es geht durch dichten Dschungel, den vielen
Mäandern des Flussbetts folgend, das kurz nach Puerto Asís erst

die Grenze zu Ecuador und dann die Grenze zu Peru bildet. Dann durchquert der Río Putumayo auf einer kurzen Strecke noch einmal das kolumbianische Staatsgebiet, bis er endlich in Brasilien ankommt. Dort wird er zum Fluss Içá und mündet dann, nach vielen weiteren Windungen, endlich in den Amazonas. Auf ihm müssen die Benzinschiffe ein Stück flussaufwärts fahren, bis sie Leticia erreichen. Leer kommen sie wieder zurück.

Die Benzinschiffe nehmen keine Passagiere mit. Aber es gibt auch Trockenfrachter. Wollte ich von hier aus weiterreisen zum Amazonas, könnte ich in Puerto Asís warten, bis einer von ihnen ablegt und mich mitnimmt. Aber das ist eine Fahrt, die ich mir für ein anderes Mal aufbewahre. Diesmal endet meine Reise hier an dieser Mole. Morgen fliege ich zurück nach Bogotá.

Epilog:
Zelte

Am 24. August 2016 verließ ich den Putumayo
– und in dem Moment, in dem ich in Puerto Asís ins Taxi Richtung
Flughafen stieg, verkündeten die kolumbianischen Fernsehsender
große Neuigkeiten: Auf Kuba hatten sich die Unterhändler auf einen Friedensvertrag geeinigt. Der jahrzehntelange Konflikt zwischen der Farc-Guerilla und den staatlichen Sicherheitskräften
schien sich endlich dem Ende zuzuneigen.

Einen Monat danach zelebrierten Regierung und Farc die Unterzeichnung des Abkommens in Cartagena. Es war eine Feier-
stunde voller Symbolik. UN-Generalsekretär Ban-Ki Moon war
persönlich anwesend, ebenso viele Staats- und Regierungschefs,
und alle trugen Weiß. Die Alabaoras aus Bojayá, eine Gruppe von
Cantaoras, die sonst um die Opfer des Krieges trauern, besangen
an diesem Tag ihr Glück darüber, dass die Waffen bald schweigen

würden. Präsident Juan Manuel Santos und der oberste Farc-Kommandeur Rodrigo Londoño unterschrieben den Friedensvertrag mit einem Stift, der aus einer Gewehrkugel gefertigt worden war. Künftig sollten die Auseinandersetzungen mit Worten geführt werden, nicht mehr mit Waffen – das war die Botschaft.

Auf Facebook sah ich die privaten Erinnerungsfotos von Freunden, die der Feier beigewohnt hatten. Auch sie trugen Weiß, und auch sie wirkten überglücklich. Der Friede schien nah.

Dann kam der 2. Oktober, an dem die Kolumbianer aufgefordert waren, über den Friedensvertrag abzustimmen. Alle Umfragen sagten voraus, dass eine große Mehrheit ihn annehmen würde. Doch dann verlor die Regierung das Referendum, wenn auch denkbar knapp: Nur 13 von 35 Millionen Wahlberechtigten, umgerechnet 37 Prozent, gaben überhaupt ihre Stimme ab. Das Nein-Lager gewann mit weniger als 54.000 Stimmen, umgerechnet 0,43 Prozentpunkten Vorsprung. Ich saß währenddessen in Europa auf dem Sofa und konnte über Facebook und Twitter verfolgen, wie die Euphorie meiner Freunde, die fast alle glücklich und öffentlich mit Ja gestimmt hatten, in Fassungslosigkeit umschlug.

Ich verstand die Welt nicht mehr. Wie konnte man gegen einen Friedensvertrag stimmen? Und warum gaben so viele ihre Stimme gar nicht ab? Dann dachte ich an Roberto, den Arzt aus Medellín, der in Manaure so entschieden gegen das Abkommen argumentiert hatte. Aber hatten nicht alle Umfragen das Ja-Lager ganz klar vorne gesehen? Was war passiert?

Kolumbien ist nicht *ein* Land, es ist viele verschiedene Länder, schrieb mir ein Bekannter aus Bogotá. »Sie sind wie Schichten, die sich auf dem Staatsgebiet übereinanderschieben. Sie denken unterschiedlich. Sie handeln unterschiedlich.« Ganz offensichtlich haben sie auch unterschiedlich abgestimmt, sofern sie ihre Stimme überhaupt abgegeben haben.

Die Aufgabe des Präsidenten sei es, die verschiedenen Gruppen zu einen, schrieb mein Bekannter noch. Das war Juan Manuel

Santos nicht gelungen. Wie auch? Als Angehöriger einer Familie
aus der städtischen Oberschicht ist er ja selbst ein Teil der Spal-
tung.

Das Ja-Lager gewann vor allem auf dem Land: dort, wo der
Konflikt am grausamsten war. Im Putumayo stimmten fast zwei
Drittel derer, die am Referendum teilnahmen, mit Ja. In der Gua-
jira waren es 61 Prozent. Am stärksten war die Zustimmung für
den Friedensvertrag mit 80 Prozent im Chocó. In Bojayá, dem
Ort, in dessen Kirche im Jahr 2002 so viele Menschen durch einen
Angriff der Farc umgekommen waren, erhielt das Ja-Lager gar
96 Prozent der abgegebenen Stimmen.

Der Sieg der Friedensvertragsgegner versetzte das Land in
Aufruhr. Aus der Sierra Nevada zogen die Arhuaco zu Fuß nach
Bogotá. Überall im Land gingen die Menschen für den Frieden auf
die Straße; sie demonstrierten mit Kerzen, mit Blumen, in Weiß
gekleidet, schweigend. Sie füllten die Plaza Bolívar in Bogotá, und
sie bedeckten den Platz mit weißen Tüchern, auf die sie die Na-

Welche Chance hat der Frieden? In Mocoa erinnert ein Wandgemälde an die
Opfer des Bürgerkriegs und fordert: »Nie mehr!«

men der Kriegsopfer geschrieben hatten. Sie hörten nicht auf, einen Friedensvertrag zu verlangen – und zwar sofort: »*Acuerdo YA!*«
Der Vorsitzende der katholischen Bischofskonferenz forderte die Gläubigen auf, für den Frieden zu beten. Auch aus dem Ausland kam moralische Unterstützung: Wenige Tage nach dem verunglückten Referendum erhielt Präsident Santos den Friedensnobelpreis.

Auf dem Land schien die Lage unterdessen unsicherer zu werden. In Puerto Asís kamen fünfzehn Bauern zu Claudia Castillo und baten sie um Düngetipps – für Koka. Sie erschrak. »Wie bitte?‹ habe ich gefragt. Sie antworteten mir, man hätte ihnen gesagt, dass sie das jetzt wieder tun dürfen. Aber mehr Kokaanbau bedeutet noch mehr Abholzung. Noch mehr Drogenhandel. Noch mehr Gewalt. Dabei dachten wir, es sei endlich vorbei.«

In Bogotá schlugen zwei Dutzend Friedensaktivisten am 5. Oktober auf der Plaza Bolívar ein Zeltlager auf. Innerhalb weniger Tage verzehnfachte sich ihre Zahl. Es waren Studenten, Künstler, Kirchenleute, Lehrer, Bauern, Überlebende; Erwachsene jeden Alters und jeder politischen Richtung, die beschlossen hatten, den Platz so lange zu besetzen, bis ein Friedensvertrag geschlossen wird, der einen endgültigen bilateralen Waffenstillstand garantiert.

»Wir sind wie eine Uhr im Zentrum der Macht«, schrieb mir Deissy Perilla, eine junge Anthropologin, die auf dem Platz kampierte. »Wir erinnern ständig an die Minuten, Stunden und Tage, die ohne einen Friedensvertrag vergehen.« Jineth Bedoya besuchte das Zeltlager und solidarisierte sich mit den Besetzern. Opferorganisationen schickten Abordnungen, Bürger versorgten die Aktivisten mit ihren Spenden. Auch die Überlebenden von Bojayá sandten Unterstützung.

Das Nein-Lager forderte, die ehemaligen Guerilleros härter für ihre Taten zu bestrafen. Seine Vertreter kritisierten, dass die Kämpfer Geld erhalten sollten, um ihnen die Rückkehr in die Zivilisation zu erleichtern. Und sie waren dagegen, der Farc eine feste Vertretung im Parlament zu garantieren. Hinzu kamen weltanschauliche Fragen, die zwar mit dem Friedensvertrag rein gar nichts zu tun hatten, aber dennoch die Debatte bestimmten.

Ein Teil ihrer Forderungen fand Eingang in eine neue Fassung des Friedensvertrags, der ein paar Wochen später dann doch in Kraft trat. Als er unterzeichnet wurde, sang Cecilia, die Cantaora aus Cartagena, die Nationalhymne; die Trommler der Schule begleiten sie. Der Moment bewegte Cecilia so sehr, dass sie nach ihrer Darbietung in die Garderobe ging, um dort zu weinen.

Doch das Nein-Lager ist immer noch gegen das Abkommen. Seine Vertreter boykottierten die Abstimmung über den neuen Vertrag im Parlament, während draußen Deissy Perilla und ihre Freunde mit bunten Regenschirmen für den Vertrag demonstrierten. Und Präsident Santos wagte es nicht, das Risiko eines Referendums ein zweites Mal einzugehen.

Rein rechtlich war das zwar in Ordnung, aber war es auch gut für die politische Legitimität des Vertrags? Im Moment sieht es eher so aus, als würde der Streit um das Abkommen den nächsten Präsidentschaftswahlkampf bestimmen und als bliebe Kolumbien gespalten.

Unterdessen blüht im Putumayo die Drogenwirtschaft. Der illegale Bergbau gedeiht, und in den abgelegenen Regionen des Landes, dort, wo der Staat weit weg ist, werden so viele lokale Führungspersönlichkeiten umgebracht wie seit Langem nicht. Der Rückzug der Farc hinterlässt ein Machtvakuum, das andere jetzt gewaltsam füllen.

Vermutlich aber werden die Menschen, die in Kolumbien leben, auch in Zukunft das tun, was sie immer getan haben: weitermachen, den Kopf oben behalten, der Gewalt widerstehen. In Cartagena werden Rafa, seine Musiker und die Kinder von La Boquilla weiter trommeln. Cecilia wird mit ihnen singen und so ihre Geschichte erzählen; Wilfran und die Compañía del Cuerpo werden mit den Kindern Cartagenas tanzen.

Die Völker der Sierra Nevada werden auch in Zukunft alles tun, um die Welt – und ihr Land – ins Gleichgewicht zu bringen. In der Nähe von Popayán wird die Guardia Indígena der Nasa auch künftig ihr Territorium beschützen, und sie wird noch dazu ein Auge auf die ehemaligen Farc-Kämpfer haben, die inzwischen in ihren Camps angekommen sind. Im Putumayo wird Claudia die Campesinos weiter davon überzeugen wollen, den Wald zu schützen, statt ihn zu roden. Und Jineth Bedoya, Sandra Gutiérrez und all die anderen starken Frauen Kolumbiens werden weiter für Gerechtigkeit und Versöhnung kämpfen. Sie alle sorgen dafür, dass das schöne Kolumbien, ihr Kolumbien, weiterexistiert.

Und ich habe nicht vergessen, was Camilo, der Mamo, mir mit auf den Weg gegeben hat. Ich werde auf jeden Fall wiederkommen.

Tipps zum Lesen, Hören, Anschauen

Auftakt

Zum Lesen

Endres, Alexandra: »Die Kohle ist blutbefleckt«. Die ZEIT No. 17,
18. April 2013, online unter www.alexandraendres.de/
sites/default/files/artikel/pdf/kohle_kolumbien.pdf, abgerufen
am 18. Februar 2017

1 Trommeln: Cartagena

Zum Lesen

Burgos Cantor, Roberto (Hg.): Rutas de libertad. 500 años de
travesía. Bogotá: Ministerio de Cultura, República de
Colombia, 2010 – *500 Jahre afrokolumbianische Kultur: Ursprünge,
Geschichte, Gegenwart; Sklaverei, Befreiung, Territorien*

Cesaire, Aimé: Discourse sur la négritude 1987

García Márquez, Gabriel: Die Liebe in den Zeiten der Cholera.
Frankfurt 2004

García Márquez, Gabriel: Von der Liebe und anderen Dämonen.
Frankfurt 2004

Santa Cruz, Victoria: Me gritaron negra (auch als Video auf Vimeo:
https://vimeo.com/32322421 abgerufen am 29. Januar 2017)

Zapata Olivella, Manuel: Changó, el gran putas. Bogotá, Oveja
negra 1983 (Roman über die afrikanische Diaspora auf dem
amerikanischen Kontinent)

Zum Hören

Cohen, Leonard: Puppet time. Aus dem Album: Book of Longing,
2007 (aus: Flowers for Kazuo Ohno)

Cohen, Leonard: Take this waltz. Aus dem Album: The Essential
   Leonard Cohen, 1988 (nach Federico García Lorca)
Cohen, Leonard und Sharon Robinson: Alexandra Leaving. Aus
   dem Album: Ten New Songs, 2001 (aus: Flowers ...)
Diverse: Soundtrip Colombia (CD). ReiseKnow-How Verlag,
   2010 (Zusammenstellung kolumbianischer Musik
   verschiedenster Stilrichtungen, u.a. mit Totó La Momposina
   und Chocquibtown)
Hegarty, Antony: If it be your will, 2006 (aus: Flowers ...)
Pérez Cruz, Silvia: Pequeño vals vienés. Aus dem Album: Granada,
   2014 (nach Federico García Lorca; aus: Flowers...)
Silva Caraballo, Cecilia: Duelo de tambores (aus: Changó, el gran
   putas)
Silva Caraballo, Cecilia: Tembandumba (aus: Changó, el gran
   putas)
Silva Caraballo, Cecilia: Velorio de boga adolescente (aus:
   Changó, el gran putas)
Simone, Nina: Mississippi Goddam. Aus dem Album: Nina
   Simone in Concert, 1964
Simone, Nina: Suzanne. Aus dem Album: To Love Somebody,
   1969 (aus: Flowers ...)
Simone, Nina: To Be Young, Gifted and Black. Aus dem Album:
   Little Girl Blue, 1958
Tambores de Cabildo de la Boquilla: Changó, el gran putas.
   Musiktheaterstück nach dem Roman von Zapata Olivellas.
   CD, 2014
Tambores de Cabildo de la Boquilla: No al maltrato (unveröffentlicht)
Tambores de Cabildo de la Boquilla: Piensa (unveröffentlicht)
The Webb Sisters: If it be your will, 2009 (aus: Flowers ...)
Totó la Momposina: Prende la Vela. Aus dem Album: Gaitas y
   Tambores, 2014
Totó la Momposina: Tambolero. Aus dem gleichnamigen Album,
   2015

Totó la Momposina: Tembandumba. Aus dem Album: La Bodega,
2010

2 Poporos: Santa Marta

Zum Lesen

García Márquez, Gabriel: Der General in seinem Labyrinth.
Frankfurt 2004

Zum Anschauen

Velasco, Andres: Tejedoras Arhuacas 2016 (Etwa zehnminütiger
Dokumentarfilm über die Kunst des Mochila-Knüpfens bei
den Arhuaco; YouTube, auf Spanisch)

Villafañe Chaparro, Amado: Nabusimake: Memorias de una
independencia, 2012 (Knapp 40-minütiger Dokumentarfilm
über den Kampf der Arhuaco gegen die Mission der
Kapuziner im Ort Nabusimake, zuvor San Sebastián de
Rábago genannt; YouTube, auf Spanisch)

3 Mochilas: La Guajira

Zum Lesen

Endres, Alexandra: Wer weniger Macht hat, verliert. Blogbeitrag,
online unter www.latinario.de/2015/05/kohle-kolumbien-
tamaquito-cerrejon-das-gute-leben/, abgerufen am 18. Februar
2017

Gómez Valencia, Herinaldy: Los Wayúu: Concepciones y
prácticas de justicia (unveröffentlichtes Manuskript)

Zum Hören (ausgewählte Vallenatos)

Díaz, Leandro (Er war einer der bekanntesten Komponisten des
Vallenato, und seine Stücke tauchen auch in García Márquez'
Roman »Die Liebe in den Zeiten der Cholera« auf. Bekannt

sind z.B. La Diosa Coronada und Matilde Lina; beide wurden
u.a. von Carlos Vives gesungen.)
Oñate, Jorge: Festival Vallenato. Album, 1968
Oñate, Jorge: Patrimonio Cultural. CD, 2016
Vives, Carlos: La Gota Fría. Aus dem Album Clásicos de la
  Provincia, 1993
Vives, Carlos: Déjame Entrar. CD, 2001

Zum Anschauen
Guillén, Gonzalo: El Río que se robaron, 2016 (Dokumentarfilm
  über die Wasserknappheit in der Guajira und die Not der Wayúu,
  der vor der Interamerikanischen Menschenrechtskommission
  als Beweismittel diente)
Padilla, Priscila: La eterna noche de las doce lunas, 2013
  (Dokumentarfilm über die zwölf Monate, während denen die
  junge Wayúu Fila Rosa Uriana in Einsamkeit lernte, eine Frau
  zu sein)
Schanze, Jenz: Das gute Leben, 2015 (Dokumentarfilm über die
  Wayúu-Gemeinschaft aus dem Dorf Tamaquito, die
  umgesiedelt werden, damit der Kohletagebau von Cerrejón
  sich weiter ausdehnen kann)

4 Beton: Bogotá

Zum Lesen
Endres, Alexandra: Wo Kinder für eine Stunde den Bürgerkrieg
  vergessen. ZEIT ONLINE, 8. Juni 2014. Online unter
  www.zeit.de/gesellschaft/zeitgeschehen/2014-06/bogota-
  kirche-armut-kinder, abgerufen am 18. Februar 2017

5 Graffiti: Medellín

Zum Lesen

Abad, Héctor: Brief an einen Schatten. Berlin 2012

Aricapa, Ricardo: Comuna 13. Crónica de una guerra urbana.
Ediciones B 2005

Bowden, Mark: Killing Pablo. Die Jagd auf Pablo Escobar,
Kolumbiens Drogenbaron. Berlin, 12. Auflage 2015

Endres, Alexandra: Milliarden für einen nutzlosen Krieg. ZEIT
ONLINE, 30. April 2016. Online unter www.zeit.de/
wirtschaft/2016-04/drogenpolitik-un-konferenz-new-york-
mexiko-konsum, abgerufen am 18. Februar 2017

García Márquez, Gabriel: Nachricht von einer Entführung. Köln
2008

Vallejos, Fernando: Die Madonna der Mörder. Wien, 2000 (auch
als Filmadaptation von Barbet Schröder aus dem Jahr 2000)

Zum Hören

Estados Alterados: Muévete. Aus dem Album Estados Alterados,
1991

Estados Alterados: Fiebre de marzo. Aus dem Album Rojo sobre
rojo, 1995

Estados Alterados: Intruso Armónico. Album, Independent, 2014

Estados Alterados: Por Ti. Single, 2016

C15: Aquí sí hay amor

C15: IRSE. CD, 2016

Zum Anschauen

Dalton, Scott; Martínez, Margarita: La Sierra – Muerte en
Medellín (dt.: La Sierra – Zum Killer geboren)
(Dokumentarfilm aus dem Jahr 2004 über jugendliche
Mitglieder einer paramilitärischen Bande in Medellín)

Jeihhco: Revolución sin muertos. TedxTigre (Video auf YouTube,
Spanisch mit englischen Untertiteln; Jeihhco von der Gruppe

C15 spricht über Hip-Hop als identitätsstiftende Kultur, über die Comuna 13 und die Operación Orión)

6 Gold: Quibdó

Zum Lesen

Bojayá: La Guerra sin Límites. Informe del Grupo de Memoria Histórica de la Comisión Nacional de Reparación y Reconciliación. Ediciones Semana, Bogotá 2010 (Bericht über das Massaker von Bojayá)

García Márquez, Gabriel: El Chocó que Colombia desconoce. Vier Reportagen: Una familia unida, sin vías de comunicación (online unter: www.programaacua.org/index.php/acua-ar/208-una-familia-unida-sin-vias-de-comunicacion, abgerufen am 13. Januar 2017) – História Íntima de una manifestación de 400 horas. (online unter: www.programaacua.org/index.php/acua-ar/206-historia-intima-de-una-manifestacion-de-400-horas, abgerufen am 13. Januar 2017) – La riqueza inútil del platino colombiano (online unter: www.elespectador.com/noticias/nacional/riqueza-inutil-del-platino-colombiano-articulo-332114, abgerufen am 13. Januar 2017) – Aquí se aprende a leer en el Código Civil (online unter: www.programaacua.org/index.php/acua-ar/209-aqui-se-aprende-a-leer-en-el-codigo-civil, abgerufen am 13. Januar 2017)

García Márquez, Gabriel: Leben, um davon zu erzählen. Frankfurt, 6. Auflage 2004

Humboldt, Alexander von: Ansichten der Kordilleren und Monumente der eingeborenen Völker Amerikas. Frankfurt 2004

Humboldt, Alexander von: Reise nach Südamerika. Göttingen 2002

Villa, Willam: San Pacho en Quibdó. Fiesta y Religiosidad.
Quibdó 2015 (Über die Ursprünge und heutigen Feiern zu
Ehren des Heiligen Franziskus)
Waosolo: Enamórate del Chocó. http://enamoratedelchoco.co/

Zum Hören
Chocquibtown: Somos Pacífico. CD, 2007
Chocquibtown: Oro. CD, 2009
Herenica Viva: Chirimía Experimental. CD, 2016
La Contundencia: Un Viaje Por Mi Cultura. CD, 2016
La Contundencia: Kilele. Single, 2015
Rancho Aparte: Poniéndote a Gozar. Single, 2014

Zum Anschauen
La Contundencia Chirimía (Konzert der Chirimía-Band La
Contundencia aus Quibdó auf dem Smithsonian Folklife
Festival in Washington, D.C., am 7. Mai 2011; Aufnahme
online unter www.kennedy-center.org/video/index/M4702,
abgerufen am 17. Januar 2017)
Hendrix Hinestroza, Jhonny: Chocó, 2012 (Spielfilm über eine
Frau im Chocó)

7 Cantaores: Cali
Zum Lesen
Isaacs, Jorge: María. Spanische Ausgabe, Catédra, Letras
Hispánicas 2004
Isaacs, Jorge: Blumen von María. Auszug aus dem Roman, in:
Kolumbien fürs Handgepäck. Zürich 2011

Zum Hören
Herencia de Timbiquí: De Mangle a Mango y siguiendo el
camino. CD, 2006

Herencia de Timbiquí: This is Gozar! CD, 2014
Victor Hugo Pacific Soul: Soy De Río Soy De Mar. Single

8 Stöcke: Popayán

Zum Lesen

Gómez, Herinaldy: De la justicia y el poder indígena. Universidad del Cauca, Popayán 2000

Hörtner, Werner: Kolumbien verstehen: Geschichte und Gegenwart eines zerrissenen Landes. Zürich 2007

Zum Anschauen

Univisión Noticias: La Liberación de la Madre Tierra, 2015 (Kurze Dokumentation über die Besetzung von Zuckerrohrfeldern durch Nasa auf YouTube, online unter www.youtube.com/watch?v=bsmjYb66vqQ, abgerufen am 25. Januar. 2017)

Nasaacin: Continuamos la Lucha para la Liberación de la Madre Tierra, 2016 (Film, den die Nasa selbst über die Besetzungen gedreht haben, online unter www.youtube.com/watch?v=DFobPexEEWA, abgerufen am 25. Januar. 2017)

9 Der Fluss: Putumayo

Zum Lesen

Carrizosa, Joaquín: Deforestación, Políticas Nacionales y Derechos de los Pueblos Indígenas en la Amazonía Colombiana. Bogotá 2016

Endres, Alexandra: Die Farc geht auf Kokain-Entzug. ZEIT ONLINE, 17. Mai 2014, online unter www.zeit.de/politik/ausland/2014-05/farc-kolumbien-kokain, abgerufen am 18. Februar 2017

Epilog: Zelte

Zum Lesen

Endres, Alexandra: Leben nach der Farc. ZEIT ONLINE,
    16. Januar 2014, online unter: www.zeit.de/politik/
    ausland/2014-01/kolumbien-farc-guerrilla-demobilisierung ,
    abgerufen am 18. Februar 2017

Endres, Alexandra: Frieden ohne Vertrauen. Christ und Welt No.
    50/2016, online unter www.alexandraendres.de/sites/default/
    files/artikel/pdf/hauptartikel_2016_5014_view.pdf, abgerufen
    am 18. Februar 2017

Endres, Alexandra: »Jetzt beginnt der Kampf der Ideen.« ZEIT
    ONLINE, 25. August 2016, online unterwww.zeit.de/politik/
    ausland/2016-08/kolumbien-frieden-vertrag-regierung-farc-
    rebellen, abgerufen am 18. Februar 2017

Weitere Artikel zu Kolumbien von Alexandra Endres unter:
www.alexandraendres.de/themen/kolumbien

Texte, Fotos und Videos im Blog unter:
www.latinario.de/category/kolumbien/

Glossar

campesinos – Kleinbauern auf dem Land

cantaoras – afrokolumbianische Sängerinnen, die den Menschen ihrer Gemeinschaft beistehen und in ihren Liedern deren Geschichte erzählen

chirimía – Die kolumbianische Chirimía ist ein besonders in Quibdó und Umgebung heimischer Musikstil, gespielt mit Trommeln, Becken und auf jeden Fall einem Blasinstrument, etwa einer Klarinette

indígena – Ureinwohner Amerikas

Ley de Origen – »Gesetz des Ursprungs«: traditionelles Regelwerk, nach dem die Arhuaco und andere indigene Völker Kolumbiens leben

mamos – spirituelle Führer der Arhuaco

mantas – traditionelles, weites Gewand der Wayúu-Frauen

mochilas – von den Arhuaco, Wayúu oder anderen Ureinwohnern Kolumbiens gehäkelte oder geknüpfte Beuteltaschen

mochileros – Rucksackreisende

pagamento – Ritual, in dem die Arhuaco der Erde einen Ausgleich für die Dinge darbringen, die sie ihr genommen haben, um zu überleben, wie Nahrungsmittel, Pflanzen, mineralische Stoffe

palabrero – eine Art Mediator, der bei den Wayúu für ausgleichende Gerechtigkeit sorgt

páramo – feuchte Hochfläche in den Anden

poporo – ausgehöhlter Kürbis, in dem die Arhuaco Kalkpulver aufbewahren

ranchería – Siedlung der Wayúu

tierradentro – unzugängliches Gebiet, in das sich die Nasa vor der Übermacht der Spanier zurückzogen

Danke

Früher hielt ich »Widerstand« für ein altmodisches Wort aus längst vergangenen Tagen, so überholt wie die Konfrontation zwischen Ost und West im Kalten Krieg. Zumindest in Deutschland schien das lange Zeit so zu sein. In Lateinamerika aber ist der Begriff noch immer hochaktuell.

Die Menschen, die ich auf meiner Reise durch Kolumbien getroffen habe, haben mir gezeigt, wie falsch ich lag. Für sie heißt Widerstand: sich nicht unterkriegen zu lassen und der allgegenwärtigen Gewalt, der Vernachlässigung durch den Staat, den mangelnden Perspektiven auf ein besseres Leben immer wieder etwas entgegenzusetzen, sei es ihre Musik, ihre Traditionen, ihre Identität, ihren Glauben, ihren Zusammenhalt – oder ihre Solidarität. Noch so ein altmodisches Wort.

Ich danke allen, die zum Gelingen dieses Buches beigetragen haben – ganz besonders Dieter Hoß, der immer da war, um mir den Rücken freizuhalten, mich zu unterstützen und mich anzufeuern. Außerdem danke ich allen Freunden, die mich auf meiner Reise und später beim Schreiben begleitet haben. Dem DuMont-Verlag mit Chefredakteurin Maria-Anna Hälker für die Chance, eine Reise durch ein tolles Land zu unternehmen und darüber schreiben zu dürfen, Programmleiter Philip Laubach-Kiani für beständiges Anfeuern und meiner Lektorin Irene Rumler für die sehr nette und konstruktive Zusammenarbeit, und meinem Arbeitgeber ZEIT ONLINE für die Zeit, die ich mir dafür nehmen konnte. Etwaige Fehler gehen natürlich einzig und allein auf meine Kappe.

Vor allem aber danke ich den Menschen, die mir in Kolumbien geholfen haben: durch Kontakte und wertvolle Tipps, durch Hintergrundinformationen, die mich besser verstehen ließen, was ich

gesehen habe. Und vor allem dadurch, dass sie mir ihre Herzen geöffnet und ihre persönliche Geschichte erzählt haben. Ohne sie
wäre dieses Buch nie entstanden. Ihnen, ihrer Lebensfreude und
ihrer Kraft zur Selbstbehauptung ist dieses Buch gewidmet.

Paperback, 312 Seiten
ISBN 978-3-7701-8254-1
Preis 14,99 € [D]/15,50 € [A]
Auch als E-Book erhältlich

*»Im wahrsten Sinne eine
Reise der Extreme«*
Axel Lischke, Tontechniker

Über die Anden
bis ans Ende der Welt

8000 Kilometer Motorrad extrem

von Thomas Aders

»Ich segne die Motorräder mit den amtlichen Kennzeichen NG 71981 und 71988«. Der wettergegerbte Priester Julio Mamani gießt hochprozentigen Schnaps über die staubigen Straßenmaschinen des Fernsehteams, in der anderen Hand schwenkt er den getrockneten Fötus eines Lamas. Schnellsegen auf 4300 Metern Höhe, in der Nähe eines Andenpasses in Bolivien. Gleich werden ARD-Südamerikakorrespondent Thomas Aders und sein Kollege den »Camino de la muerte« hinunterfahren, eine halsbrecherische Route, die über 3000 Höhenmeter hinunter ins tropische Tal der Yungas führt. Eine enge Schlaglochpiste, glitschig wie Schmierseife, extremes Gefälle, keine Leitplanken, kein Warnschild. Nebenan geht es senkrecht in die Tiefe. Hunderte Menschen sind hier zu Tode gekommen. Der »Weg des Todes« ist die gefährlichste Straße der Welt.
Eine Episode aus der fast siebenwöchigen Tour, die das Team um den Journalisten Thomas Aders von Peru über Bolivien bis nach Feuerland bringt. Spannungsgeladen und dramatisch, witzig und hautnah schildert der Autor seine Erlebnisse in Südamerika. Sie sind extrem für Technik und Team, bis hin zu Höhenkrankheit, Lungenentzündung, vollkommener Erschöpfung und mehreren Beinahe-Katastrophen.

PAPERBACK, 280 SEITEN
ISBN 978-3-7701-8252-7
PREIS 14,99 € [D]/15,50 € [A]
AUCH ALS E-BOOK ERHÄLTLICH

DUMONTREISE.DE

Als Spion am Nil

4500 Kilometer ägyptische Wirklichkeit

von Gerald Drißner

Große Kulturgüter und großartige Strände – so kennt man Ägypten. Der überwiegende Teil des nordafrikanischen Landes jedoch ist anders. Die Menschen sind arm, folgen den alten Regeln und sind zutiefst religiös. Sie sind herzlich, humorvoll und liebenswert. Der Autor nimmt den Leser mit auf seine Reisen in fünfzehn Dörfer und Städte. Er fährt mit dem Minibus, der ihn in fast jeden Winkel des Landes bringt. Die Gespräche im Bus drehen sich um Gott, den ägyptischen Alltag, Korruption und abstruse Verschwörungstheorien. Die Fahrten münden mal in Pannen und nicht selten in einem Abenteuer. So erfährt der Autor, warum die meisten Ägypter noch nie die Pyramiden besucht haben und was eine deutsche Firma, die Autokennzeichen herstellt, mit dem korrupten Mubarak-Regime verbindet. Er besucht das Dorf im Nildelta, in dem der Terrorpilot des 11. September aufgewachsen ist, und die Stadt, in der die mächtige Muslimbruderschaft gegründet wurde. Er fährt in Gegenden, in denen die Revolution bis heute nicht angekommen ist und wird dort von der Polizei auf Schritt und Tritt verfolgt.

Und immer wieder wird er bei seinen Reisen als Spion verdächtigt und landet deshalb fast in einem Militärgefängnis.

PAPERBACK, CA. 350 SEITEN
ISBN 978-3-7701-8256-5
PREIS 14,99 € [D]/15,50 € [A]
AUCH ALS E-BOOK ERHÄLTLICH

Empire Antarctica

Eis, Totenstille, Kaiserpinguine

von Gavin Francis

Übersetzt von Christina Schmutz und Frithwin Wagner-Lippok

Für Gavin Francis erfüllt sich ein Lebenstraum, als er die Arztstelle in Halley, dem Basislager einer britischen Forschungsstation, bekommt. Halley liegt völlig abgeschieden an der antarktischen Caird Coast und weit von allen bewohnten Kontinenten entfernt. An diesem äußersten Ende der Welt erlebt Francis im Kreis eines kleinen Forscher- und Technikerteams das ewige Schweigen der Eismassen und eine tiefe Einsamkeit – ohne Zerstreuung, ohne Abwechslung, ohne Spuren menschlicher Geschichte. Von konstant taghellen Sommertagen über den dreieinhalbmonatigen dunklen Winter führt er den Leser durch ein antarktisches Jahr. Er erlebt die physischen und mentalen Belastungen bei Temperaturen von minus 50 Grad Celsius, die Stimmungen, die das Leben im Eis auslöst, eine immerweiße Landschaft, in der die Legenden und Mythen von Polarforschern wie Shackleton, Scott, Amundson oder Admiral Byrd weiterleben. Auf seinem Außenposten im Eis verschaffen Gavin die Kaiserpinguine überraschenden Trost. »Empire Antarctica« ist eine bewegende Erzählung über die Dienstzeit eines Arztes auf dem einsamsten Kontinent unseres Planeten.

PAPERBACK, CA. 350 SEITEN
ISBN 978-3-7701-8250-3
PREIS 14,99 € [D]/15,50 € [A]
AUCH ALS E-BOOK ERHÄLTLICH

DUMONTREISE.DE

DUMONT

Die Suche nach Indien

*Eine Reise in die Geheimnisse
Bharat Matas*

von Dennis Freischlad

Über viele Jahre hinweg hat der Dichter und Künstler Dennis Freischlad in Indien gelebt, er hat sich als Übersetzer und Bibliothekar, Farmer, Koch und Hostelmanager verdingt. Nun begibt er sich auf einen weiteren Roadtrip durch *Bharat Mata,* Mutter Indien, um jenen indischen Geheimnissen nahezukommen, die zwischen Mensch und Mythologie einen einzigartigen Zugang zur Welt bilden. Auf der Suche nach Indien reist Dennis Freischlad auf abenteuerlicher Route mit seinem Motorrad vom tempelreichen Süden des Landes über das paradiesische Kerala und das schillernd-zerstörerische Mumbai bis in die Steppe des romantischen Rajasthan. Weiter geht es mit dem Zug in den Punjab, um schließlich an den Ufern des Ganges im mystischen Varanasi anzukommen, der heiligsten Stadt der Hindus.

Hinsichtlich Erfahrungen, Begegnungen und Intensität wird es eine Reise durch das »reichste Land der Welt«. Der Indienkenner schildert den Alltag, die Geschichte und Gegenwart der Inder in spannenden, poetischen und oft skurrilen Begegnungen und erzählt aus erster Hand von ihren Träumen und Realitäten, immerwährenden Katastrophen und Hoffnungen.

PAPERBACK, CA. 450 SEITEN
ISBN 978-3-7701-8257-2
PREIS 16,99 € [D]/17,50 € [A]
AUCH ALS E-BOOK ERHÄLTLICH

Wolkenpfad

Zu Fuß durch das Herzland der Inka

von John Harrison

Übersetzt von Christina Schmutz und Frithwin Wagner-Lippok

Der »Wolkenpfad« verläuft hoch über dem Rücken der Anden, durch raues Land. Kälte, Niederschläge und Höhe machen Harrison während seiner mehrmonatigen Fußreise vom Äquator bis zu den magischen Ruinen der Inka-Stadt Machu Picchu wahrhaftig zu schaffen. Die Menschen, auf die er in den Bergen trifft, haben kaum je einen Weißen gesehen. Harrisons Buch lässt die extremen Landschaften, die er unter den Vulkanen der Anden durchstreift, und die extremen Lebensbedingungen der Menschen ebenso lebendig werden wie die zahlreichen Ruinen des Inka-Imperiums am Weg, die er eingehend würdigt.
Er läuft den Camino Real ab, den Königsweg, auf dem einst die Staffelläufer der Inka aus allen Winkeln des Reiches Nachrichten zu den Herrschern beförderten. Das Gelände ist eine einzige Herausforderung, der Weg beschwerlich. Die vielen Unwägbarkeiten der Reise, die Ängste und die Einsamkeit, kaum einmal unterbrochen durch kurze Aufenthalte in Gebirgsdörfern, werden feinfühlig und spannend erzählt.

PAPERBACK, 252 SEITEN
ISBN 978-3-7701-8253-4
PREIS 14,99 € [D]/15,50 € [A]
AUCH ALS E-BOOK ERHÄLTLICH

Das verlorene Paradies

Eine Reise durch Haiti und die Dominikanische Republik

von Philipp Lichterbeck

Was tut man, wenn man während eines Vodou-Rituals in Haiti plötzlich zum Objekt der Zeremonie auserkoren wird? Was haben Sextouristen in der Dominikanischen Republik mit Kolumbus gemein? Warum ist Haiti eines der ärmsten Länder der Welt, obwohl Milliarden von Dollars in die winzige Nation gepumpt werden? Philipp Lichterbeck ist mehrere Monate durch die Dominikanische Republik und das erdbebenversehrte Haiti gereist. In Sosúa traf er einen Aussteiger, der die Menschheit mit seinen Raumschiffen retten will, in den dominikanischen Zentralkordilleren den Hexenjäger Bernardo Távarez und in Port-au-Prince zwei Bildhauer, die aus Schrott und Menschenschädeln Weltkunst montieren. Er war auf seiner Reise ganz unten: bei den Minenarbeitern, die den Halbedelstein Larimar schürfen. Und er war ganz oben: auf der Citadelle La Ferrière, dem »Machu Picchu Haitis«. Philipp Lichterbecks einundzwanzig Stories sind mal witzig, mal abenteuerlich, mal tragisch. Zusammengesetzt ergeben sie das Porträt einer Insel, auf der Schönheit, Kreativität und Witz neben Korruption, Gewalt und Ausbeutung existieren.